U0832410

本书获福建省传统印刷文化保护项目补助资金资助

清代四堡书坊刻书

福建印刷文化研究丛书

吴世灯 著

海峡出版发行集团
THE STRAITS PUBLISHING & DISTRIBUTING GROUP
福建人民出版社

图书在版编目(CIP)数据

清代四堡书坊刻书 / 吴世灯著. --福州：福建人民出版社，2021.1（2023.5 重印）
（福建印刷文化研究丛书）
ISBN 978-7-211-08528-6

Ⅰ.①清… Ⅱ.①吴… Ⅲ.①刻书—图书史—连城县—清代 Ⅳ.①G256.22

中国版本图书馆 CIP 数据核字（2020）第 193992 号

福建印刷文化研究丛书
清代四堡书坊刻书

作　　者：吴世灯
出版发行：福建人民出版社　　电　　话：0591-87533169(发行部)
网　　址：http://www.fjpph.com　　电子邮箱：fjpph7211@126.com
地　　址：福州市东水路 76 号　　邮政编码：350001
经　　销：福建新华发行（集团）有限责任公司
印　　刷：福州德安彩色印刷有限公司
地　　址：福州市金山工业区浦上 B 区 42 幢
电　　话：0591-28059365
开　　本：890 毫米×1240 毫米　1/32
印　　张：9.5
字　　数：224 千字
版　　次：2021 年 1 月第 1 版
印　　次：2023 年 5 月第 2 次印刷
书　　号：ISBN 978-7-211-08528-6
定　　价：68.00 元

本书如有印装质量问题，影响阅读，请直接向承印厂调换。
版权所有，翻印必究。

前　言

福建传统印刷文化研究的开展，离不开对建阳麻沙、崇化（今书坊）以及长汀四堡（今属连城）坊刻的系统调查与研究。

自 1991 年底我参与《福建省志·出版志》编纂工作开始，就对清代四堡刻书进行了全面、深入地考察，多次到四堡进行田野调查，挖掘出大量遗存与资料。1994 年至 1996 年间，撰写了三篇论文。其中《清代四堡刻书业调查报告》，发表于《出版史研究》第二辑，后又被收入《中国出版史料（古代部分）》第二卷。《建阳书坊的衰落与四堡书坊的崛起》发表于《福建学刊》1996 年第 3 期。《四堡书坊的经营及其特色》发表于《中国出版史研究》2016 年第 4 期。武汉大学曹之教授读了我的论文，认为四堡坊刻有其历史地位和价值，并鼓励我写成专著。其时，美国学者包筠雅也在四堡调查，并以此作为研究课题。有了这几篇论文作为基础，我于 1998 年开始酝酿撰写，旋因工作调动，无暇顾及而搁置。2004 年退休后，我再次深入四堡考察，对四堡刻书又有了全新的认识，深感如果不把这本书写出来，似乎对当年支持和关照过我的四堡人不好交代。于是我埋头著述，草成初稿。此后十余年间的各种机缘，更增强了我写成此书的信心。如今多年心愿得以实现，甚为欣慰。

本书共分五章，第四章《四堡书坊的生产经营》是我研究的重点，意在古为今用、推陈出新，以资当今出版业经营者借鉴。此章对四堡书坊早、中、晚三个时期的生产经营，在个案考述的基础之上，归纳分析出各自的经营特点，理清了其客观存在的偶然性和必然性。对四堡书坊之所以持续繁荣300年，有了更清晰的理解。这也是本书与其他四堡刻书研究专著不同之处，尤其是对于研究的切入点更是完全不同。本书从出版史角度研究四堡刻书；包筠雅《文化贸易——清代至民国时期四堡的书籍交易》则是从社会文化史角度研究，考证严谨，还涉及四川岳池、广东马岗等地书坊；谢江飞《四堡遗珍》则是从版本学角度研究，对四堡刻本有独特见解，且对版本的介绍全面、深入。所以说，虽都涉及四堡刻书，但各有侧重，并行不悖。

写作本书，花费颇多时间与精力，因学识所限，难免存在不足之处，还望专家读者指瑕。

目　录

第一章　四堡刻书综述

一、建阳书坊的衰落与四堡书坊的崛起

明末清初，福建刻书业发生了重大的变化。历经宋元明三代近六百年而不衰的建阳刻书业走向了衰落，而地处闽西的长汀四堡书坊则悄然崛起，并取而代之。四堡地处长汀、连城、清流、宁化四县交界处，旧属汀州府长汀县，1951 年划归连城县管辖。清杨澜《临汀汇考》称："长汀四堡乡，皆以书籍为业，家有藏版，岁一刷印，贩行远近。虽未必及建安之盛行，而经生应用典籍，以及课艺应试之文，一一皆备。城市有店，乡以肩担，不但便于艺林，抑且家为恒产，富埒多藏。食旧德，服先畴，莫大乎是，胜牵车服贾多矣。"[①] 杨澜，字蓉江，长汀人，乾隆五十四年（1789）举人。所述系其亲身所历，较为可信。近年来，笔者多次深入实地考察，发现清代四堡坊刻的规模几乎可以与宋元明三代的建阳书坊相媲美。1956 年，郑振铎在厦门大学作了一次"关于中国文学史研究"的学术报告，报告中谈及版本问题，称福建

---

① ［清］杨澜：《临汀汇考》卷四《物产》，清光绪四年刻本。

长汀四堡是清代全国四大刻书中心之一，与江西浒湾、武昌和北京并列。四堡书坊的崛起，使福建坊刻辉煌的历史又延续了近三百年。为何创造了宋元明三代刻书业辉煌的闽北建阳书坊，到了清代不能持续经营和发展，而被闽西的四堡取而代之呢？其中有诸多复杂的原因。

建阳书坊的衰落

建阳麻沙、崇化书坊刻书在宋元三百多年间经久不衰，至明代，发展到鼎盛时期。特别是崇化书坊的规模，大大超过前代。但其衰落，也较迅速。长期以来，学界往往把建阳书坊的衰落归结于元末和明代中期发生的两场大火，对此笔者不敢苟同。元末的那场大火，发生在至正二十三年（1363）。据清瞿镛《铁琴铜剑楼藏书目录》载，《雪楼程先生文集》全书三十卷，刚刻完前十卷，就被这场大火毁掉。明中期那场大火，则发生在弘治十二年（1499）年。清郭柏苍《竹间十日话》载："弘治十二年十二月初四日，将乐火灾，直至初六，郡署庙学，延烧二千余家。建阳书坊街亦于是月火灾，古今书板，皆成灰烬，自此麻沙板之书遂绝。"[①] 明黄仲昭《八闽通志》载："麻沙、崇化二坊，旧俱产书，号为图书之府。麻沙书坊元季毁。今书籍之行四方者，皆崇化书坊所刻者也。"[②] 可知第二场大火是发生在崇化书坊。实际上，第二场大火之后，并非如《竹间十日话》所言"自此麻沙板之书遂绝"，相反，建阳刻书业在几年后便得以恢复旧观，并于嘉靖、万历间进入鼎盛时期，连毁于元末的麻沙书坊也有所恢

---

① ［清］郭柏苍：《竹间十日话》卷六，福州：海风出版社，2001 年，第111 页。

② ［明］黄仲昭纂：《八闽通志》卷二十五，福州：福建人民出版社，1990 年，第 534 页。

复。如明嘉靖年间所修《建阳县志》卷四《货产》称："今麻沙乡进士张璿，偕刘、蔡二氏新刻书板浸盛，与崇化并传于世。"[①] 该志卷三《乡市》载："书市在崇化里，比屋皆鬻书籍。天下客商贩者如织，每月以一、六日集。"[②] 该志还著录当时建阳书坊刻书共 451 种。明嘉靖后期，周弘祖所撰《古今书刻》亦列有建阳刻书 366 种，为明代坊刻之冠。

史料记载表明，明正德至万历年间是建阳刻书史上最辉煌的时期。这一时期有名号可考的堂铺（书坊）达两百余家。其中仅崇化书坊堂铺，刻本流传至今在 5 种以上的就有 29 家，流传至今的刻本共有 497 种（据《福建省志·出版志》统计）。另从现存《潭西书林地舆全图》中可以看到当年崇化书坊全貌，俨然一座县城规模。当时人口超过 3 万，居民多数"以刀为锄，以版为田"，刻书作坊百余家，并且出现了专门交易图书的"书市"，一派兴盛的景象，这是明代其他地方所没有的。正德年间建阳县令戚雄游崇化书林之后，写诗赞曰："咫尺书林应万户，倚空文焰欲腾腾。"[③]

书林的两场大火并没有使建阳刻书走向衰落，直到明末清初社会大变革，导致历经数百年之久的建阳书坊逐渐走向了衰亡。有如下事实可以为证：一、明崇祯元年（1628），建阳书坊再次遭受一场大火灾，刘氏三桂堂等书肆的版片尽付一炬，此后元气大伤，每况愈下。二、清顺治年间，闽北建安（今建瓯）、建阳

---

① ［明］冯继科等纂：嘉靖《建阳县志》卷四，《天一阁藏明代方志选刊》本，上海：上海古籍书店，1962 年。

② ［明］冯继科等纂：嘉靖《建阳县志》卷三，《天一阁藏明代方志选刊》本。

③ ［明］冯继科等纂：嘉靖《建阳县志》卷六下，《天一阁藏明代方志选刊》本。

等地多有农民抗清活动，连年兵燹，令建阳书市受到严重冲击，正如清初王士禛所言："近则金陵、苏、杭书坊板盛行，建本不复过岭。"① 所谓"不复过岭"系指建本不出福建省界，与往日"行四方者，无远不至"的盛况相比，不啻天壤。三、清康熙十三年（1674）的耿精忠叛乱对建阳书坊摧残极其严重。叛乱平定之后，"时城市中虚若谷焉，茸若薮焉。比屋洞开，阒无人也。道路崎岖，败瓦积也"。② 此后，建阳书坊纷纷倒闭，书市也随之一蹶不振了。不过，历经数百年沧桑的建阳书林，并非一朝一夕就能冲垮的，而是逐渐走向衰落。清康熙中期，有短暂的恢复。但好景不长，到雍正、乾隆年间就基本上偃旗息鼓了。乾隆皇帝询及建阳余氏宋代刻书情况时，就连建阳余氏后裔余廷勷等，对于祖上刻书之事也不甚了了。道光间，钱塘施鸿保在所著《闽杂记》里描述当时麻沙称："今则市屋数百家，皆江西商贩鬻茶叶，余亦日用杂物，无一书坊也。"③ 显然，这时建阳书坊早已荡然无存。

建阳书坊衰落的原因

从建阳书坊衰落的过程中，人们不难发现，明末清初的兵燹，虽说是建阳书坊走向没落的直接原因，但还不是根本原因。实际上，建阳书坊衰落的原因应从社会政治、文化经济背景等方面进行考察。

---

① ［清］王士禛：《居易录》卷十四，《景都文渊阁四库全书》第869册，上海：上海古籍出版社，2012年，第480页。

② ［清］梁舆等纂：道光《建阳县志》卷十九《杂类志三・兵燹》，清道光九年刻本。

③ ［清］施鸿保：《闽杂记》卷八，福州：福建人民出版社，1985年，第116页。

一、社会原因。明代以前，战乱较少波及建阳，社会秩序相对安定，有“潭阳自古好避兵”之说；且建阳又是福建古代粮仓之一，这就给建阳书坊长期的生存和发展创造了良好的环境。但到了明末清初，情况就与过去完全不同了。闽北是清军入闽的必经之地，建阳等地成为福建抗击清兵的前沿。除上述提到的之外，还有清顺治年间福建沿海的大规模迁界、郑成功抗清以及康熙初年严重的水旱灾害。各地瘟疫流行，“界内之民，死于刀役，死于饥饿，死于征输，至有巷无居人，路无行迹者”。[①] 这是全省性的天灾人祸，闽北亦然。民不聊生，饿殍遍野，无力校刻图书。后来虽有所谓“康乾盛世”，但清初的文字狱极为残酷，而建阳书坊又是引人注目的地方，文人墨客都不敢轻举妄动，这是建阳书坊衰败的首要原因。

二、文化原因。建阳是历史文化名城，宋元时期人才荟萃，学术文化气息极为浓厚，也是朱熹理学的发祥地。朱熹与其弟子们在此创立了“考亭学派”，建阳也因此被誉为“南闽阙里”。臧励龢等编《中国人名大辞典》收宋代建阳籍名人66人，为福建诸县之首。明代5人，清代则仅有3人。由此也可看出建阳文化和教育的衰落之势，这必然给刻书业带来不良影响。到了明末清初，建阳书坊已很难找到参与刻书的学者。总之，此时的建阳刻书业已经失去了一批间接、直接支持刻书业的推动者。笔者以为，这是建阳刻书业必然走向衰亡的深层次原因之一。

三、建阳刻书业自身的原因。有明一代，建阳刻书业持续发展，于嘉靖、万历年间，进入了鼎盛时期。然而到了明末清初，

---

① ［明］余飏：《莆变纪事·人稀篇》，南京：江苏古籍出版社，2000年，第26～27页。

建阳刻书业在全国同行业竞争中，出现了明显的劣势。首先，图书质量屡遭批评。如谢肇淛在《五杂组》中说："金陵、吴兴、新安三地，剞劂之精，不下宋板。闽建阳有书坊，出书最多，而版纸俱最滥恶，盖徒为射利计，非以传世也。"[①] 前人对于建本图书质量的评价也是贬褒不一，既有陋刻，也有佳椠。特别是陋刻，在建阳刻书业兴盛时期影响尚不是很大。到明末清初，随着建阳刻书业的全面衰落，建本质量上的劣势也更加凸显，必然导致图书市场竞争中的失败。其次，在地理位置上，建阳地处闽北山区，交通不便，图书外销发行较江浙一带也呈劣势。到了明代，江西、南直隶、浙江等地刻书业相继崛起，并形成了发行网络，以地理和质量上的优势，逐渐占领建本原有的市场。再次，图书经营上难以形成大规模。明代中期以后，江南一些地区开始出现资本主义萌芽。如常熟毛晋汲古阁从事刻书，以雄厚的资金展开规模经营，并讲求质量与信誉，故能在三十年间刻书600多种，"板逾十万"，行销大江南北，"毛氏之书走天下"。而建阳书坊因经济基础相当薄弱，只能小本经营，根本不能与毛晋这样的大户匹敌，表现出经营上的明显劣势。建阳刻书业本身的劣势，是导致走向衰落的主要原因。

综上所述，建阳书坊从衰落走向消亡，是历史发展的必然，并非偶然发生的几场大火所致。

四堡书坊的崛起

关于四堡书坊的起源，有四种说法，即南宋说、明成化说、明万历说和清初说。"南宋说"认为，长汀是历史文化名城，早

---

① ［明］谢肇淛：《五杂组》卷十三，上海：上海书店出版社，2001年，第266页。

在宋代就有刻书，文献记载长汀刻书有《九章算经》《临汀志》《群经音辨》《古灵先生集》《嵩山集》等20种。但是，长汀刻书不等于四堡刻书，因为四堡先人于南宋末年才从各地陆续迁入，那时不太可能出现刻书之事；况且汀郡刻本多为官刻或者私刻，而四堡刻本是坊刻，故此说没有史实依据。"明成化说"指成化年间，在外做官多年的四堡马屋人马驯告老还乡，其族人将汉口的印刷术引入家乡。马驯于成化二十三年（1487）回到长汀，定居府城逾十年。但其亲属是否带回印刷术，方志与族谱均无记载，只是一种传说，故亦不可信。"明万历说"指万历八年（1580），时任杭州府仓大使的邹学圣辞官归里，其妻（杭州人）邵妙正因担心子女教育问题不肯同行。邹学圣答应将苏杭元宵灯艺和雕版带回，方使妻子乐意成行。此说也没有史料为证，故亦不可靠。"清初说"指出，四堡书坊最早创办于康熙年间，创始人是雾阁村的邹葆初。《范阳邹氏族谱》（简称"邹氏上祠谱"，下同）卷三十四记载十五世邹葆初"壮年贸易广东兴宁县，颇获利，遂娶妻育子，因居其地刊刻经书出售。至康熙二十年辛酉方搬回本里，置宅买田，并抚养诸侄，仍卖书治生。闽汀四堡书坊，实公所开创也"。[①]（邹日升考证，认为应是康熙二年回里）又称颂："丰功伟绩，全在刊经。公刻书来，多人学步。通里文明，实公宣布。"[②]这是迄今为止唯一有史料依据的起源说，虽然是族谱记载，却是可信的。

邹葆初先在外地从事刻书，回乡后继续操持旧业，这种情况在四堡并非个别现象。笔者查阅邹、马两氏族谱后发现，大多数业主都是先在外地贩书，有了积累之后回乡置宅、买地开办书

---

① 《范阳邹氏族谱》卷三十四《行实》，民国三十六年木活字本，第9页。
② 《范阳邹氏族谱》卷三十四《行实》，第9页。

坊。例如，《长汀四堡里马氏族谱》（简称“马氏下祠谱”，下同）所载四堡马屋村最早刻书者马维翰（万竹楼业主）也是这样：“公幼习举业，……遂操持家政，兼贾书于江广间者凡十四五年，颇获利，其父尝顾而乐之。而弟适殁，所遗一孤又患废疾，其父悲伤莫解。……乃不复业贾书而募匠剞劂梨枣，募印书籍，以为诸贾贩，其利且倍蓰于远贾，而得朝夕奉侍于父母侧。”① 马维翰，生于崇祯十二年（1639），卒于康熙三十九年（1700）。

另外，邹、马二氏书坊创办者的前辈大多都有经商或售书的经历。《闽汀龙足乡邹氏族谱》（简称“邹氏下祠谱”，下同）记载，邹氏下祠最早刻书者邹抚南之父邹兆熊，明末清初在江西浒湾卖书，而浒湾当时是有名的刻书之地。邹学圣儿子邹仰鲁、邹维宗，侄儿邹什鲁也都在外经商或售书。谱载邹什鲁足迹遍四方；邹仰鲁到粤东经商，最终“富比陶朱”。马氏下祠谱记载，马孟吉“幼业儒不售，弃而业贾，遂有赢余”。同时代的马略，也为养家糊口而“牵车服贾”。到17世纪晚期，四堡邹、马二氏族人经商已经相当普遍，以致马氏族人在重修族谱时抱怨道：“商贾他方者十居七八，尔时执笔修谱难，向妇人赤子而问其先世之配氏，考其先世之懿行，叩其箧笥之遗文，故虽有志而未逮也。”②

清康熙年间，四堡书坊蓬勃兴起。据邹、马两姓族谱记载，在清雍正之前，就已创办大书坊十余家。他们世代相传，到乾、

① 《长汀四堡里马氏族谱·七集列传》卷一，民国三十四年木活字本，第38页。

② 《马氏十二修族谱》卷首，1993年马氏孝思堂排印本，第16页。

嘉时期达到极盛，“吾乡在乾、嘉时，书业甚盛，致富者累相望”。[①] 经笔者实地考察后统计，有清一代四堡先后创立堂铺达150家，其中能查到业主的有139家，只知堂名不知业主的有11家；所刻图书见到实物或有文献记载的1484种，除书名重复外，共1228种；出外售书或开书店者多达667人。其规模不亚于当年建阳的麻沙和崇化。

显然，四堡书坊的兴起，源于邹、马两氏族人在外经商或售书，创办书坊则始于清康熙年间。不过，其他三说虽不合史实，却与清初说有内在联系，可见四堡书坊的创立并非偶然，有其深刻的历史渊源，实是汀州社会经济文化长期发展的产物。

二、四堡书坊崛起的原因

清初，在外售书的四堡人纷纷回乡开办书坊并都获得成功，有其特定的原因。第一，四堡书商能审时度势，抓住历史机遇。清康熙间三藩之乱平定之后，国泰民安，利于民众休养生息、发展生产。特别是康熙帝推行“恤商”“利商便商”政策，刻书、售书不收税，这就为四堡刻书业发展创造了有利条件。同时清廷继续实行科举制度，科举考试用书，诸如《四书》、《五经》、诸史、律令、诗赋和策论等，还有一些韵书、字典、类书以至特为考试而编印的文选等都很畅销。四堡书商显然看到了这些市场需求，在有一定的积累之后，就决定回乡开办书坊。

另外，一直是福建刻书中心的建阳，遭受清初兵燹之后，一蹶不振，走向衰败，留下大量的图书市场空间，给四堡刻书业创造了极好的机遇。

---

① 《范阳邹氏族谱》卷三十三《传文》，第98页。

四堡书坊，每年农历正月十五后，在马屋与雾阁交界处的官地坝（即洋坑尾）设书市，粤、赣、浙、桂、湘等各地书商云集，进行新一年的贸易，除现货批发外，还签订期货合同，成交额甚大。据传马屋书坊业主马伟才，每年书市开张之日，要做一千两白银的生意才吃早饭，这也许有些夸张，但也反映出当时书市的盛况。除了一年一度的书市外，每月还有三次墟集。这样，建阳书坊原来所占全国图书市场的份额，基本上为四堡书坊继承。

第二，生活环境。四堡地处山区，但跟其他山区又有两个显著不同之处：一是人多地少；二是读书人多，就业机会少。当时科举仕途极窄。据统计，自明代中叶至清末，邹氏家族中共有169人中秀才，仅两人中举人，多数人终因“业儒不就”而走上贩书、刻书之路。他们先是出外贩书，致富之后回乡筑大厦、置良田，继续刻书、卖书。这条路致富较快，且从者众，让更多的人加入这一行业，使得四堡的雕版印刷业日趋兴盛了。

第三，文化基础。四堡在历史上是文化之乡，崇尚读书，学而优则仕者也不乏其人，这就为刻书业创造了良好的文化环境和人才优势。宋代有邹应龙，官端明殿大学士、知枢密院兼参知政事。明代有马驯，曾官都察院左都御史，又曾巡抚湖广，据说在外为官期间带去不少马姓族亲，这些人在外经风雨、见世面，学习了不少技能，包括雕版印刷术，因此有人认为四堡雕版印刷始于马驯。清初有邹圣脉，即增补旧本《幼学故事琼林》的作者，一般人只知道他是清代文人，而不详其生平。邹圣脉是四堡雾阁村人，他的故事在四堡世代流传，他的书法被当地人视为珍宝。其父邹抚南是当地有名的乡绅，也从事刻书。其子邹可庭参与增订《新增幼学故事琼林》，孙邹克襄有《采辑新联图章佳句》等书行世。四堡文人辈出，人才济济，为刻书业发展打下了坚实可靠的基础，创造了得天独厚的条件。

第四，物质基础。四堡雾阁、马屋周边山高林密，盛产各种木材和竹子。和建阳书坊一样，雕版印书所需木板、纸张、松烟等可就地取材，非常方便。当地刊版所用木材有枣木、梓木、梨木和小叶樟等。枣木色偏红，质地好；梓木又称白楠木，质地好且硬度适中，最适于雕书版；梨木和小叶樟松软轻便，可刊速成之书。印书用的毛边纸和连史纸，都是用嫩竹加工而成。长汀、连城盛产毛竹，是造纸之乡。特别是当地所产的连史纸，色洁白、吸水好、不变色、柔软不皱，最适合印书。四堡书坊用这种纸印刷的《四书》《五经》《幼学琼林》《西厢记》等，清晰明目，久看不倦眼。明清时长汀有 103 个村庄造纸，拥有纸槽 620 个。到了 1946 年，四堡乡仍有纸槽 14 个，年产纸 67 吨。

三、四堡书坊的持续繁荣

四堡书坊的持续繁荣，突出表现在四个方面：一是世代传承，越做越大；二是坊刻堂铺数量多、规模大；三是刻书品种多，印量大；四是在外省各地分店多、发行范围广。四堡书坊的最大特点是以家庭为单位，以家族为依托，形成刻书群体。一个家庭就是一个书坊，家长就是业主，父传子，子传孙，世代相传，虽有起伏消长，却也延绵不断。目前已知有 30 多个刻书世家经营时间都在百年以上，至少历经四代。其中规模最大、时间最长的有八大刻书世家，分别是：一、邹葆初家族，由 15 世延续至 22 世，经营 250 余年；二、邹希孟家族，由 14 世延续至 24 世，经营 300 余年；三、邹兆熊家族，由 18 世延续至 24 世，经营 250 余年；四、邹述文家族，由 18 世延续至 24 世，经营 200 余年；五、马维翰家族，由 19 世延续至 26 世，经营 250 余年；

六、马大蕃家族，由18世延续至24世，经营260余年；七、马其炳家族，由18世延续至25世，经营200余年；八、马源锡家族，由19世延续至26世，经营300余年。

四堡书坊业主大多属于邹氏上、下祠和马氏下祠。仅乾隆至道光间，四堡开设的书坊就有73家，包括邹氏上祠22家，下祠31家，马氏下祠20家，其中有半数经营在三代以上。邹氏上祠有邹尚忠书坊（碧清堂）、邹洪春书坊（佐圣堂）、邹丹文书肆（墨香堂）、邹观辉书坊（观澜堂）、邹锦绪书坊（会文堂）、邹麟史父子书坊（崇德堂）、邹龙川书坊（翰文楼）、邹忠瑞兄弟书坊（德新堂）、邹子肇书坊（翰宝楼）、邹孔嘉书坊（祖述堂）、邹丕彬书坊（天宝楼）11家；邹氏下祠有邹圣脉父子书坊（寄傲山房）、邹圣修书坊（萃华堂）、邹圣禄兄弟书坊（永言堂）、邹圣耀书坊（瑞文堂）、邹廷治书坊（培德堂）、邹廷忠书坊（同志堂）、邹廷胪兄弟书坊、邹廷聘书坊、邹传书书坊（天福堂）、邹传瑞书坊（聚贤堂）等13家；马氏下祠有马富良书坊（藏经阁）、马烈书坊（务本堂）、马萃仲书坊（在兹堂）、马继溪书坊（继溪堂）、马玉峰父子书坊（同文堂）、马祚冠父子书坊（百薮堂）、马贵昌书坊（德新堂、德文堂）、马源锡书坊（林兰堂）8家。

这些书坊规模之大，可以从当年业主的财产分关（分家）文书看出。例如务本堂业主马烈（斯扬）的六个儿子，在乾隆三十八年（1773）分关时，除了各得田园10余亩、房屋10余间之外，又各分得书版10余套，共计87套（种），若每套书版以100片计，就有8700多片。又如在兹堂业主马萃仲（松存）于道光十九年（1839）分授六个儿子财产，分关中载明共有书版107套，若以每套100片计，总数就超过万片。这样的分关文书已经发现六件，共记载书版356套，以每套100片计，约35600片，而四堡整个清代已知刻书延续三代的书坊 67 家，所藏书版是上述有据可查的 11 倍，由此可推知四堡坊刻雕版总量当在 40 万片左右。

明代建阳书坊已有在省外开书铺的先例，清代四堡书坊在这方面走得更远，遍及长江以南各省，取得的成就更大。邹、马两氏族谱中关于族人外出贩书的记载特别丰富，在外贩书的人数要比在家从事刻书的人数多五六倍。马氏下祠谱记载在外贩书者 377 人，邹氏上、下祠两谱共记载在外贩书者 252 人，两者合计 629 人。邹氏下祠谱人物传中，56 人有在外贩书的经历。这些人主要在广东、广西、江西、浙江、湖南等省从事贩书。其中广东以潮州、兴宁、梅县、翁源、香山等地为多，广西以南宁、灵山、贵县、横州、梧州等地为多，浙江以温州、金华、杭州等地为多，湖南以益阳、桂阳、永兴、安化等地为多。最典型者莫如邹新城在外一人开设五家书店。邹新城（1848—1898），号建池，“太学生殿赓公长子也。……幼业儒，家世商于粤之灵山县。殿赓早卒于灵，深惧父业之失坠也，弃读而贾，设肆于灵，又添于南宁，又于潮、于汀、于横，开张书肆五处，以一身经略其间，各皆就绪，大获资财”。① 邹新城设四堡文海楼分号，在旧时交通不便情况下，还能“一身经略其间，各皆就绪”。笔者 1992 年在四堡考察时，发现文海楼一本账簿，详细记录了清晚期四堡文海楼一年之内 72 次图书进货的品种、数量（以套为单位）、单价和价钱。经统计共有图书 448 种、8789 套，共付银 926.257 两；另有库存图书总价 1800 两。同时记有各地分店经销图书收入货款 1274.937 两。三项相加约 4 千余两，四堡图书经营盛况，由此可见一斑。

四堡书坊在有清一代持续繁荣近 300 年并非偶然，其原因是

---

① 《范阳邹氏族谱》卷三十三《传文》，第 99 页。

很值得深入探讨的。笔者认为，只有抓住四堡人与众不同的特点，再结合清代社会背景去研究，才能找到正确的答案。四堡人有几个显著特点：一是属客家民系。客家是中原地区南下的移民，在长途艰辛跋涉中形成不畏艰苦的坚忍性格，并具备勇于开拓、包容的精神。二是四堡书坊业主大多数是售书出身，十分注意图书品种的选择，以满足不同层次读者的需求为出发点，立足于实用性。三是四堡书商文化素质较高，有“儒商”之称；并以族姓为派系，形成“族商”。儒商的身份使得四堡书商广交各地文士，及时为他们提供所需的各类读物。加上信誉好，品种全，价格低，四堡图书在市场上颇有竞争力。族商团结协作，进而垄断部分地区的图书市场，这在清代全国图书市场竞争更加激烈的情况下尤为重要。因四堡书商能在书坊经营中有的放矢、因势利导、不断创新，具体表现在市场开发、经营方式、行业管理和价值取向等几个方面。

首先，注重在客家聚集区及邹、马两氏移民区开拓图书市场。宋末元初，中原地区因战乱大批南下移民，来到闽赣粤交界偏僻的山区。他们在长期生活中形成独特的方言、风俗习惯和民间信仰，并被称为客家人。宁化石壁成为客家人的祖地。四堡与宁化毗邻，地处客家核心区。由于闽西既偏僻又贫困，随着人口的增加，客家人再向外移民成为必然。社会史学者梁肇庭指出，在十六世纪中叶到十七世纪早期和十七世纪八十年代到十八世纪三十年代，客家人出现了两次移民潮。一些移民仍然在闽赣粤交界地区迁徙，但更多的人向两广、江西、湖南和闽东、温州等地迁移。于是，清代在广东东部、中北部和西部，广西中部和南部及江西、湖南交界处等地已有相当多的客家聚居区。作为客家人，邹、马两氏族人，在十七世纪末十八世纪初开始成群结队地走出福建时，就很自然地选择上述地区。[①] 四堡书坊在这些地区开拓市场，是十分明智和成功的选择。因为他们的语言与当地居民类似，方便交流，并推销图书。同时，可以在当地居民中找到亲友，这些人可以提供关于当地市场的重要信息，还可以提供住所、仓储及借贷的便利。另外，旅途遇到麻烦时也能得到客家人的帮助。

有趣的是，他们在客家地区，并不选择大都市，而选择大都市附近的府城、县城和集镇为主要市场，对河道沿岸人口相对稀少的行政和商贸中心特别感兴趣。因为这些地方人口正在增长，但竞争并不激烈，例如广西南宁、百色，甚至到十九世纪仍然有吸引力。这些地方虽然边远，却又处在连接广西与云贵的商路和水道上。[②]

第二，关注人口增长，及时在人口稠密区开设书店。清代坊刻业的繁荣与人口的迅速增长关系密切，为书业创造了更大的需求和更广阔的市场。有资料表明，我国从 1500 年到 1650 年，人口由 1.55 亿增加到 2.68 亿。清代，人口持续增长，到 1840 年增至 4 亿。以四堡图书销售重点地区广东省为例。康熙二十三年（1684），清廷批准广州独享对外贸易权，海上贸易额激增，有力促进了当地经济发展，吸引了大量移民。广东人口迅速增长，乾隆五十二年（1787）约有 1600 万人，到道光三十年（1850）已经超过 2800 万人。四堡书商先后在广东各地开设了许多书店。据包筠雅粗略统计，有 23 人在广东第二人口稠密地区潮州城开

① ［美］包筠雅：《文化贸易：清代至民国时期四堡的书籍交易》，北京：北京大学出版社，2015 年，第 149～151 页。

② ［美］包筠雅：《文化贸易：清代至民国时期四堡的书籍交易》，第 163～165 页。

设书店，有 15 人在嘉应城、9 人在惠州、7 人在高州和兴宁开店。他们还在内地县城和集镇开设 30 个销售点。①

同样，广西、江西和湖南人口数量也有很大的增长。广西在乾隆五十二年（1787）人口有 637.6 万，十九世纪中叶也不过 782.7 万，但是后来的百年间，激增到 1956 万人。四堡书商在清晚期到广西南宁等地开辟市场，与这里的人口增长有很大关系。江西亦然，乾隆五十二年（1787）人口已达 1915 万，而不到百年间增加到 2451 万。四堡书商在江西的发展不如两广，这里有浒湾等刻书基地，竞争比较激烈。有 13 位书商集中在樟树镇经营，九江有 4 人，其他地方更少。②

第三，采取流动售书与坐店经营相结合的经营方式。四堡图书在外地销售有两种形式，一是流动贩卖，即肩挑车载，流动销售。书商通常一年回四堡一次，以补充图书、结清账目；二是开店经营，即在图书颇有销路的城镇开店经营。两者往往结合进行，即店主坐店经营的同时，又雇佣一批人或家里人进行流动售书。当然，也有专业书贩从四堡书坊批发图书到外地销售。四堡人流动售书经验丰富，多数书坊都是靠贩书起家，有了积累之后开办起来的，典型者如邹葆初和马维翰。流动售书的优势在于走的地方多，接触面广，对需求心中有数，非常有利于书坊以销定产，不会造成产品积压。

书店分号的建立是四堡印刷业持续繁荣的标志。很多书坊为推销图书，在书业鼎盛时期派流动书贩去开拓市场。例如邹氏翰

---

① ［美］包筠雅：《文化贸易：清代至民国时期四堡的书籍交易》，第 154 页。

② ［美］包筠雅：《文化贸易：清代至民国时期四堡的书籍交易》，第 159 页。

宝楼，就是先派书贩到上杭县考察市场，确认有利可图时就在上杭开了一家书店。这家书店成功后，又派人到更远的广东嘉应州做市场调查，随后又在那里开了一家书店。[①] 以市场为导向，哪里有生意，就到哪里开店，是四堡书坊成功的秘诀之一。

四堡书坊本地市场以批发为主，外地分店以零售为主，分店销售对象则更广。族谱中有很多的传记把四堡书商开设的书店描述成当地的文化中心，是传主与地方学者、文人交流的地方。如19世纪末文海楼在南宁兴宁路开设的书店。据统计，兴盛时期的邹、马二氏书坊在福建、两广、江西和湖南开店超百家，由此可见其图书发行范围之广、售书量之大。

第四，在行业管理上，族规严格、出版发行有序，避免恶性竞争。清代四堡里有几十个村庄，龙足乡（雾阁村）和马屋村分别为邹、马二氏聚居地，且两个家族世代联姻，具有共同的利益需求，其经营书坊带有浓厚的宗族观念。族人互相支持、提携，团结合作，以族规保证行规施行。为保证书坊批销业务有序进行，邹、马两族共同商定“岁一刷新”和“藏版所有”两项重要行规。所谓“岁一刷新”，是指每年正月初一前，各书坊把来年能供货的书目全部刷印出样张，张贴在书坊门墙之上，以便正月初一互相串门拜年之际了解各坊出书情况，如遇品种重复，则进行协商解决。互通各自出书信息后，各书坊再经过近半个月的努力，将各种书籍的现货及样本准备就绪，迎接一年一度正月十五的四堡书市，进行上市交易。所谓“藏版所有”，是指四堡人遵循族规，避免族人间竞争，保护版权，严禁翻刻，使各坊已有的书版，起到相对垄断图书市场的作用。如果要自行印书，可向有

---

① ［美］包筠雅：《文化贸易：清代至民国时期四堡的书籍交易》，第169页。

关书坊租赁版片，不能翻刻，亦不能另立牌号，以免正常的图书交易秩序受到破坏。如邹屏翰编《对联大全》，光绪十年重印本内封面上标明“翠文堂藏版，文澜阁兑”，这样就将出版者与租版印行者清楚地区别开来。又如，邹氏下祠谱中记有邹圣脉五子邹廷宾调解版权纠纷一事：“本乡多售印经籍为业，公禁本行毋得同板网利，马姓叛议翻刻二伯父可庭公书板，致于雀角。……先君子（邹廷宾）……以重金资助，使皆得伸理。”[①] 这是一例版权官司。租版金一般是十部抽一，这与建阳书坊租印《朱子文集》大致相同。

第五，坚守儒商的价值取向。首先，在经营作风方面，四堡书商有严格的道德自律，素以勤俭、诚信著称。诚实不欺是儒家传统的道德规范，四堡书商不仅把它视为职业道德，而且认为唯有如此方能致富。邹、马两氏族谱中有关此方面的记载也不少，如邹氏上祠谱中有：邹明镇（19 世）“因家计稍艰，遂弃儒业，以遨游于东西两粤之地。操奇赢，权子母，练达比于老成。为人疏财好义，刚直自持，……然诺不欺，坦衷及物，不设城府，不务机械，深得孔门忠恕二字之旨，而终身行之若不逮。故不独闻风慕义者相推重，而士林高行，亦咸谓公如郭有道，其人可师，其谊为不可及焉”。[②] 邹大亨（16 世）“时遨游于江广闽浙间，……负义气，重然诺。凡乡里中有因公牵车远游而以财本附同生理者，公视人犹己，即有重息归附，一并清交不私。以故，人无不倚重之”。[③] 其次，在价值取向方面，不以赢利为唯一目的。由邹、马

① 《闽汀龙足乡邹氏族谱》卷二十《传文》，清宣统三年刻本，第51页。

② 《范阳邹氏族谱》卷三十三《传文》，第41页。

③ 《范阳邹氏族谱》卷三十三《传文》，第9页。

二氏谱传可知，四堡人走上刻书、售书之路，大多迫于无奈，主要是读书做官的路太窄，多数人因“业儒不就”而从事刻书、售书。马氏下祠谱中有一段记述，马正存（23世）“公讳萃大，号厥中，正存其字也。……顾以家业寒素，无力卒儒业，思弃而为贾，则语人曰：吾辈务什一，日与市井侩贩伍，如面目可憎何！吾甚厌鄙之。计足以谋生而仍得以亲缙绅先生之言论风采，俾得熏育以成其德者，惟贾书之业。无已，吾其事此乎”。[1] 说明在传统儒家思想文化影响下，四堡人认为经商本是贱业，唯有卖书还有可取之处，是从商的首选。因此，他们卖书除了谋生糊口之外，还存有传播儒家文化的理念。如邹圣脉为马周群撰写的祭文中有：“校雠经史，有功先圣实多；广布缥缃，嘉惠来学不少。故龙文之室，学士咸仰其居；折桂之乡，文人尽志其里。”[2] 余国琛于嘉庆二十五年（1820）为邹氏上祠谱撰序也有“其乡耕读之外，储古籍雕板，装为缃帙，以应士大夫觅购者，不可胜计。……此实有裨于文教，因而酝酿乎读书之气，用能发越其英华”。[3] 所以他们在处理义与利的关系时，总是把义放在利之上。如马履堂，“虽以计然术鸣，而明于义利，喜读书。戒其子曰：不学，真无术耳。分内之物，非必矫而去之，若攖之分外，何异旦昼而穿窬也？吾父以此训吾兄弟，于心终不忘，汝曹宜谨识之”。[4] 还有不少书商认为，他们售书的意义主要在于济世，而不在于利己。因之，“择货殖中之术，莫如以书为货矣”。[5] 显然，

---

① 《马氏大宗族谱》卷一《列传》，民国间木活字本，第83页。

② 《长汀四堡里马氏族谱·八集赠文》卷一，第76页。

③ 《范阳邹氏族谱》卷首，第17页。

④ 《长汀四堡里马氏族谱·七集列传》卷一，第108页。

⑤ 孙树：《恭祝瑞轩五兄先生六旬有一大庆》，载《范阳邹氏族谱》卷三十四《寿文》，第60页。

他们是把图书跟一般商品货物区别对待的，十分注重图书的品味和质量，如邹氏上祠谱载："邹翁来平南业书肆，多历年所矣。……余忆历年来，见其肆中牙签万轴，而淫词邪说无一字；与人交易公平，称无宿诺。其富也，因德之所致。"这反映出四堡书商立足于社会的根基信用，销售好书，又坚守信用，公平竞争，将书业越做越大。当然，四堡书坊能够持续繁荣，还有其他因素，比如，以家庭为单位，世代传承，又不放弃农业或其他副业；雇用马岗妇女刻版，节约成本等。

四、四堡书坊的衰落

近代，随着石印、铅印等西方印刷术的传入，并迅速占领大部分市场，延传千年之久的雕版印刷开始走向衰亡。与上海、福州等城市不同，鸦片战争对四堡印刷业的影响不大。到清咸丰年间，太平军转战闽西、闽北，兵燹不绝，四堡刻书业才深受冲击。但此时四堡人早已在外地站稳了脚跟，于同、光年间重振旗鼓，东山再起。

通过对大量资料和史料的考证研究，笔者发现，这一时期的四堡坊刻经营有不少引人注目的特点：一是出现许多新招牌；二是不仅在外开店售书，而且直接在外刻书印书；三是千方百计降低成本，提高质量，力图与石印、铅印出版物抗衡。

我们在四堡所见这一时期的书版，堂号多是过去未出现的。如林文堂、文香阁、翰香堂、玉兰堂、文苑堂、时中阁、五美轩、裕丰堂、广秀堂、楼外楼等。而且四堡人在客居地也开设了许多新堂铺，如梅县文经堂、翼经堂，贵县本立堂，百色启智书局，翁源西园书局，兴宁德文堂，龙川老隆以文阁，潮州文兰书局、萃文书局，长汀大光书局、民生书局等。甚至在堂名前冠以客居地地名，如：南宁文海楼、宁邑德新堂、宁邑五美轩、汀城成文堂和玉兰堂、汀城同日新和周日升、上杭林兰仪记等。

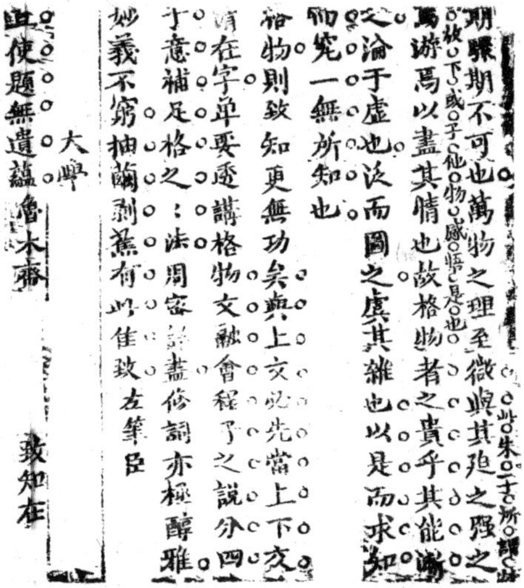
期驟期不可也萬物之理至微與其殆之強之
焉游焉以盡其情也故格物者之貴乎其能游
之論于虛也泛而圖之虞其雜也以是而求知
而究一無所知也
格物則致知更無功矣與上文先當上下交
情在字單要透講格物文融會程子之說分四
于意補足格之法周密詳盡修詞亦極醇雅
妙義不窮抽繭剝蕉有此佳致左筆臣
大學
此使題無遺蘊　魯木齋
致知在

文香阁刊本《大学》

同治年间，石印技术在上海出现，四堡书坊业主们开始感到竞争的压力。为了降低成本，减少运费，多就近取材，雕版印书，或者从家乡运去书版进行印刷；或增加图书版面容量，从而使之价格便宜，容易畅销。如四堡素位堂业主邹允嘉之子邹如山，光绪初年到漳州开办书坊，就在当地刊印《易经精华》《诗经精华》《十五音》及《四书》《五经》等私塾用书，还刊刻了部分地方文献如《高东溪先生遗文集》等。又如长汀大光书局、民生书局，上杭林兰仪记等，都从四堡运去的大量书版，印行的图书有《四书》《家礼广类》《一年杂字》《三字经》《千字文》《千家诗》《大增广》《药性赋》《十里亭》《赵玉麟》等。

咸丰间的兵燹以及上海石印业的发展，都未能从根本上冲垮四堡的坊刻出版业。而从根本上动摇四堡雕版印刷业的，是科举制度的废除和新思想的兴起。光绪三十二年（1906），清廷宣布废除科举取士制度。这样一来，四堡坊刻的大量课艺用书再也无人问津，已印好的也大量积压。我们在四堡发现当年很多科举用书散叶，即与此有关。许多四堡坊主后代至今仍保藏有清末所印的书叶，这些书叶多能配套成书，并非装订时所剩的余叶，四堡邹日升先生曾送给笔者一本由散叶新装订的《蒲编堂训蒙草》。笔者见到的散叶还有《小题正鹄》《诗经读本》《合参通律》《新增说文韵府群玉》《古文详注发硎》《四书典腋》《姜女》《车公子传》《秦雪梅传文》《十里亭》《四言杂字》《人家日用》《开蒙初学论世文》《初学引机》《增广贤文》《千字文》《三字经》《论语》《孟子》《增补苏批孟子》《四书题镜》《百年经》等。科举废除之后，四堡书坊主要生产的科举用书已无需求；而随后产生的新式学校教育所需要的读物，如课本、人文科学读物、自然科学读物、期刊等，地处偏远山区的四堡根本无法供应，四堡坊刻从此一蹶不振了。邹氏上祠谱中邹励成所撰《新城太学生家传》也承认这一事实："吾乡在乾、嘉时，书业甚盛，致富者累累相望；至咸、同以后乃不振。间有起家者，多以节啬积赢而致，然亦不及前人也。"①

因此，四堡书业的衰落并不完全是基于咸丰年间的兵燹，也不完全是石印和铅印技术的冲击，其根本原因是科举制度的废除和新思想的兴起。从此，无法满足新时代需求的四堡书业退出了自己的历史舞台，并以昨日的辉煌永载史册。

---

① 《范阳邹氏族谱》卷三十三《传文》，第98页。

第二章　四堡刻书世家及书坊人物

一、刻书世家

明清时四堡隶属长汀县，人口不足一万，有大小村庄 44 个。四堡书坊主要集中在邹、马两姓居住的雾阁和马屋两村。邹、马两姓各有两大派系，书坊又集中于邹氏上祠、邹氏下祠、马氏下祠三大派系之中。在三大派系中又集中于七个房系，分别是：邹氏上祠的邹学圣、邹葆初、邹述文房系，邹氏下祠的邹周桢、邹明胜房系，马氏下祠的俊公房系、杰公房系。其他房系也有一些，但不多。总之，四堡书坊大多集中在两大姓氏三大派系七个房系之中，经营时间在百年以上的有 30 多家，并出现了邹葆初、邹希孟、邹兆熊、邹述文、马维翰、马大蕃、马其炳、马源锡八大刻书世家，其经营规模之大、持续时间之长，实为清代刻书业中一股不可忽视的力量。

邹葆初世家

邹葆初（1619—1672），名孟纯，以字行。四堡雾阁书坊创始者，早年在广东兴宁开办书坊，康熙二年（1663），迁回故里，创办崇德堂。族谱中称其“起家东粤，归于闽汀。丰功伟绩，全在刊经。公刻书来，多人学步。通里文明，实公宣布”。[①] 邹葆初回乡创办书坊到他去世，十年间刊刻了大量儒家典籍和其他日用图书，如《书经补注附考备旨》《春秋左传句解》《元亨疗牛集》等。其中《元亨疗牛集》尚存有版片若干，署崇德堂藏版。

关于邹葆初子侄刻书情况，族谱中记载他四个儿子曾分别到广东兴宁和江西吉安贩书，还说他“置宅买田，并抚养诸侄，仍卖书治生”。[②] 他的后代仍然以刻书贩书为生。曾孙邹麟史（1710—1760），名孔章，字清玉，麟史为其号，谱系列 18 世。以崇德堂名义，继承祖业刻书售书。谱传称：“持家也，克勤克俭，不惟涉持得体，且有古人百忍之风焉。”[③] 长子邹明辉承继祖业，谱传称：“有弟三人，年俱幼，父早逝，仍袭旧业，贩售经史，游西粤。”[④] 邹明辉不仅在家刻书，还到广东高州府电白县开店售书。邹明辉刻书传至其曾孙邹联和（22 世）。据邹联和曾孙邹金福说，邹联和留下的一整房间的雕版，有《三字经》《千家文》《四书》《五经》等，一直保存到二十世纪六十年代。

邹葆初另一曾孙邹秉均，也把祖业发扬光大。邹秉均（1718—1796），字永生，号鸣盛，邹辅文继嗣。谱传载其经历颇为详细：“缘先畴菲薄，不克卒举业。年十七，服贾于江右之樟镇，所谋未遂。转适巴国（今印尼爪哇），孑然一身，驰万里异域，人情风土迥异，语言服食各异，公行己以恭，待人以信，巴人咸敬爱之，乐相结纳。往返多年，朋侪益广，所获赢余遇知己有急需者，倾囊与之不吝也。年四十余，复束装往星村，游武

①② 《范阳邹氏族谱》卷三十四《行实》，第 9 页。

③ 《范阳邹氏族谱》卷三十三《传文》，第 30 页。

④ 《范阳邹氏族谱》卷三十三《传文》，第 41 页。

夷，积茶通洋，总摄金春字号，持筹握算，如愿而偿。不数载，黄金白镪，累至巨万，以故远近称为荣官。先生名噪三江，达两湖。”[①] 四堡雾阁还流传邹秉均曾到马来西亚贩书。显然，邹秉均颇有其先人勇于闯荡之风。另外，美国学者包筠雅在与邹氏后人访谈中得知，邹秉均一家主要从事书业，年纪较长者誊写书样、雕刻书版，年轻男子外出贩书，而妇女、儿童、雇工等负责印书。作为大书坊，邹秉均家也拥有一座山林和相当可观的田产。在书业淡季时，他们从事耕作；旺季时，便出租田地或雇工耕种。据其后人说，兴盛时期，这户人家竟有130口人。

邹葆初玄孙邹鸣保三代亦继承了祖业。邹鸣保（1755—1805），名秉椿，字崳生，号鸣保，以号行，谱列19世。谱传称，他“年七岁失怙，十八失恃，三兄亦相继夭折。当斯境也，险阻艰难，备尝之矣。仍弃儒业，计货殖，又得贤内助以为之佐，不数年称素封焉”。[②] 邹鸣保经营书业有方，迅速发家致富。邹鸣保长子邹斌才（1778—1839），字圣湘，号均亭，谱列20世。早年随父到广东等地售书，后业儒，转而习武，得中嘉庆六年（1801）第十名武举人。前往京城谋职，得兵部尚书松筠器重，引见，试射全中，特授湖北荆州卫正堂，从而步入仕途，祖业由弟弟邹斐才、邹拔才继承。邹拔才，字圣庭，号超瀛，谱传称他“与二兄在乡开铺，名为贸易，实则攻书”。[③] 后邹拔才儿子亦往广东等地售书。邹鸣保书坊历经三代至清末，是邹葆初世系坚持到最后的一家书坊。

邹葆初世家经营书业由15世延续至22世，历250余年。在

---

① 《范阳邹氏族谱》卷三十三《传文》，第40页。
② 《范阳邹氏族谱》卷三十三《传文》，第39页。
③ 《范阳邹氏族谱》卷三十三《传文》，第56页。

雾阁首开书坊，为四堡开创书坊之先河；把四堡图书沿海上丝绸之路推向东南亚，其家族开拓进取、敢于创新的精神，颇值后人效法，影响深远。

邹希孟世家

邹希孟（1578—1643），名辑鲁，字维宗，号希孟，以号行，邹学圣四子，谱列 14 世。邹学圣于明万历年间任杭州税课仓大使，万历八年（1580）致仕回乡，带回苏杭地区雕版，是为四堡印刷业创始人之一。邹学圣故居叫衙官屋，邹希孟在这里创办益智堂。因父亲从杭州带回大量版片，又有资金可购纸张等原材料，所以印刷起来比较容易。邹氏上祠谱称他："襟怀恢旷，体度端庄。标名泮水，富甲城乡。多生男子，教以义方。八龙三凤，共集一堂。广置书田，诒谋策长。斯文继起，奕世流芳。"[①]

邹希孟自己没有刻书，他的第四子邹孟瑞，奉父命董理家务，经营印刷业。这时，邹葆初在四堡雾阁首开书坊，受此启发，邹孟瑞也开始刻书。邹孟瑞所刻图书今可考的有两种，即康熙年间刊本《夜谭随录》和《第一奇书》（《金瓶梅》），两书均署"本衙藏版，翻刻必究"。《夜谭随录》现藏四堡古雕版印刷展览馆，《第一奇书》今藏大连图书馆和吉林大学图书馆。所谓"本衙藏版"多指私家刻书，并非官府衙门。这个本衙是指邹学圣故居衙官屋，也是益智堂旧址，衙官屋至今尚存。

邹孟瑞在兄弟协助下开设崇圣堂书坊，集编、印、发为一体，发展迅速。其弟孟和，在江苏、广东推销图书。其兄孟启也刻书、售书。族谱称孟瑞能"恢宏先绪，垂裕后人。致资巨万，

---

① 《范阳邹氏族谱》卷三十四《行实》，第 5 页。

博施济贫。宾筵与宴，共仰忠谆。苗裔蕃衍，天报行仁”。[①] 家族日渐富裕，积累万金，置田数百亩，构屋十楹，十位兄弟各分一楹，在雾阁传为佳话。

16 世邹启观（邹孟瑞长子），承父业，在江苏、浙江一带售书，获千金而归。次子邹启壮亦习贾业。他们在祖父创办益智堂、父亲创办崇圣堂的基础上，又创办了鸿文堂。

17 世，即邹希孟曾孙辈继续经营书业。如邹许国“牵车而服贾，千里往来”，“筑大厦，置腴田，镌刊枣梨，以开书肆”；邹庄国“牵牛车服贾”，“屡至千金”；邹表国“运筹有策，恢其先绪”；邹翊国“与次兄（表国）常经营于粤者十有余年，而家丰裕”，“建大厦、广腴田”；邹尧国“挟贸迁术，畅游四方”，“于先人遗产，恪而守之”，“复扩而充之，大为挥霍，所以堂构一新，辉光四映”。[②]

邹希孟家族数代人经营书肆获得巨大成功，但是在赢利之后并未将大部分资金用于扩大再生产，而是购田地、建豪宅，以图光宗耀祖。在当时四堡书坊竞争比较激烈的环境中，若在经营上停滞不前，就容易出现盛极而衰的现象。事实正是如此，到了曾孙辈就开始衰败，玄孙辈则几乎无法在当地立足，只好向外发展，另谋出路了。18 世邹尚忠及其子邹熊云就往广西灵山开书店。当时的家境，邹熊云之子邹树光传文有描述，称“追随父兄于粤东之区，筹算老成，出权子母，无须教诲。……公先畴菲薄，迨公经纪后，其家始富有”。[③]

18 世邹尚忠，名洪夏，又名尼祖，字尚忠，以字行。他是邹

---

① 《范阳邹氏族谱》卷三十四《行实》，第 7 页。

② 《范阳邹氏族谱》卷二十三《传文》，第 16～23 页。

③ 《范阳邹氏族谱》卷三十四《行实》，第 51 页。

希孟重孙、邹孟瑞曾孙，谱传称“存心忠厚，应事率直。不贪不嫉，木讷近仁”。[①] 邹尚忠父子在广西开店销书，有了积累之后，又在故里创办碧清堂。又经过子孙几代人，碧清堂成为四堡首屈一指的大书坊。其后裔邹日升曾撰文称：“据近年搜集到中后期碧清堂及其后代创办的文海楼、萃芸楼、万卷楼、福海楼等大印坊当年的部分账册所记，仅碧清堂每次发货给外埠各书店的价款就有白银近万两之多。外地客商每年前来采购的总额均在十余万两白银。”[②] 现将邹尚忠子孙经营状况简述如下。

19 世邹成能（1716—1792），字熊云，以字行，与父亲邹尚忠一起经营碧清堂并在广西灵山开店销书，邹尚忠育有七个儿子，四代同堂，家业主要由邹成能的子孙发扬光大，而其小儿邹成岳曾在广东鹤山开过书店，后继无人。

邹熊云七个儿子中有三个从事书业。长子邹应乾（1746—1819），字发光，在广西灵山创办应文堂；四子邹立乾（1763—1808），字树光，在广西南宁创办文海楼。邹发光有四个儿子，只有二子邹廷祚参与书业，其余在家务农。邹廷祚之子邹联映（1809—1894），对书业情有独钟，发奋振兴应文堂。邹联映让长子协助经营书坊，让另外两个儿子到广东嘉应州贩书。当时家里还有四五十亩地，书业忙时，他宁可雇工种田，也不耽误刻书、贩书。族谱中有邹联映及其次子邹新邦刻印书籍的记载，同时记有三子邹新潮售书广东，孙子邹恒裕售书广东及广西淳县等事。应文堂后裔至今仍保存有当年雕版 138 片，共 5 种图书。

邹树光创办文海楼之后，书业主要由次子邹廷荣（21 世）继

---

① 《范阳邹氏族谱》卷三十四《行实》，第 16 页。

② 邹日升：《四堡雕版印刷经济的启示》，载《中华文化明珠四堡》，中共连城县委宣传部，2000 年，第 49 页。

承。邹廷荣一脉经营书业延续了五代之久，文海楼成就辉煌，名声远播，至今仍为四堡人所津津乐道。邹廷荣的次子邹联飚，把南宁文海楼办得有声有色，可惜年仅39岁即病逝，家业由其子邹新城、邹新桥兄弟继承，是为文海楼第三代业主。

23世邹新城（1848—1898），名建池，以字行。幼时业儒，父亲早逝，为继承父业，便弃儒经商，设书肆于灵山，后来又在广西南宁、横州，广东灵山、潮州，福建汀州等地设书肆5家，“以一身经略其间，各皆就绪，大获资财。于灵邑建祠置产，以祀祖考；回乡里筑宅购田，以鸠室家”。[①] 此时，文海楼大为发展。据谱载及后人回忆，当时在四堡主持刻书的是其母亲李氏。李氏不仅自己刻书、印书，还大量收购四堡图书运往儿子在外开设的书店销售。南宁文海楼先是由邹新城之弟邹新桥主持，继由邹新城之子邹镜湖主持。历经他的三个儿子、一个孙子，直到邹式臬（1913—1983），经营到二十世纪五十年代。

邹廷荣三子邹联梓（1835—1889），在广东灵山经营文海楼，他的儿子邹建保还在广西衡州办了文香阁书店，孙子邹恒振继承祖业经营到1949年。

邹树光的长子邹廷豪（1797—1863）一脉，经营书业也延续了四代。邹廷豪的儿子邹联瑛（1823—1886），以应文堂的名义刻书、售书；孙子邹建群也在外推销文海楼的书籍。邹建群的儿子邹恒鑫，在广西衡州开办文海楼书店。

另外，邹熊云的二子邹含光（1753—1846），虽然没有从事书业，但儿孙仍有从事书业的，如邹含光之子邹廷楷、孙邹联宗等都曾外出售书。到了曾孙辈（24世）邹恒春、邹恒焕等又在南宁以文海楼名号开办书店并兼营文具，经营到1949年。

---

① 《范阳邹氏族谱》卷三十三《传文》，第99页。

邹兆熊世家

邹兆熊（1528—1673），字周桢，谱列18世，是四堡最早在外售书者之一。谱传称他“常遨游四方，渡海抵澳门，获利无算。为奸侩所欺，客囊倾折。公毫无介意，复揭余资客吴、客粤、客豫章之浒湾，计所获之利，竟偿所失时”。[①] 江西浒湾是当时有名的刻书地，他在那里售书获利，于是指引儿子在四堡开坊印书，自己则在外售书。这个家族的刻书事业延续近300年。

邹兆熊育有四子，次子邹抚南、四子邹镇南后来都成为四堡知名的刻书家。尤其次子邹抚南，是四堡邹氏下祠书坊的开拓者，成就斐然。邹抚南（1650—1738），字仁声，号梅囿，谱列19世，谱传称“建梧冈家塾，以育人才，多镌经史秦汉诸书，广而布之，均有裨于世道人心”。[②] 邹抚南少年有为，颇有父风，14岁时父亲外出售书，命他主持家政并刻书；24岁时父亲客死浒湾，他戴星而往，扶榇而归。后来他的兄弟相继去世，他对诸侄“抚遗孤如己出，行有不当，常温言垂泣相感悟，故诸子侄皆森森玉立”。[③] 他平日居家课儿孙读书外，不问世事，除建梧冈家塾外，还辟有梅园，优游其中。年89卒，育有七子，即圣祈、圣脉、圣瑞、圣默、文彩、文伟、文学。子孙除耕读外，均承祖业，邹抚南之弟邹镇南支系，为邹氏下祠最大的两支刻书世家。

邹镇南（1664—1708），字达生，号梅田，开设书坊略迟于其兄，颇为成功，谱传称“公性恬淡寡营，以镂版为业，所得财帛，修桥梁、筑道路，间以施乡之贫乏者。自辟一廛，平居蔬

---

① 《闽汀龙足乡邹氏族谱》卷二十《传文》，第4页。

② 《闽汀龙足乡邹氏族谱》卷二十《传文》，第8页。

③ 《闽汀龙足乡邹氏族谱》卷二十《传文》，第8页。

食”。[①] 镇南有三子：圣绳、圣地、圣修。圣绳、圣修均承父业。长子圣绳，字武产，号月峰，负责在外推销图书，新婚不久即往江西售书；邹镇南去世后主持家政并参与刻书，治家有条不紊。次子邹圣修亦承书业，延绵数代。

邹抚南七个儿子中，邹圣脉、邹圣瑞、邹圣默继承父业刻书或售书。长子邹圣祈未承父业，但曾孙邹发琛（1770—1832）创办了聚贤堂，直至邹发琛的曾孙邹萃和（1863—1919），谱列 26 世，仍然经营书业。邹圣祈的后裔中，25 世邹翼顺（1832—1919）在漳州创办的素位堂书坊十分兴盛，一直坚持到民国时期。邹圣祈后裔中，26 世邹金镳、邹均、邹金镕、邹金铉、邹金锡等，族谱中都有记载从事刻书或售书的经历。

邹圣脉不仅刻书，还自己编书。邹圣脉（1692—1762），字宜彦、号梧冈，谱列 20 世。其父家教甚严，筑梅园书屋，聘名师课读。邹圣脉自幼聪颖好学，才名籍甚，因不屑于八股文，以致屡踬场屋，终身一介布衣。只好承继祖业，开设寄傲山房书肆，以售经史。他纂辑的图书，有《五经备旨》，含《易经备旨》《书经备旨》《诗经备旨》《春秋备旨》《礼记全本备旨》等，共 45 卷。最广为流传的是《新增幼学故事琼林》，此书在四堡首刊后，二百多年来经久不衰。此外，还有《寄傲山房诗文集》《书画同珍》《人家日用》等书行世。邹圣脉虽为书坊业主，但主要精力放在编书上，校刊印刷图书由儿子邹斐、邹可庭、邹廷宾等主持。邹圣脉著作较多，又工诗擅书法。他的书法遒劲俊逸，“索文求书者，日不暇给，人珍拱璧，而先生曾不少靳”。这样一位默默为传统文化做出贡献的学者是不该被人忘却的。

邹圣脉三个儿子都参与刻书、售书，尤其是邹斐、邹可庭刻

① 《闽汀龙足乡邹氏族谱》卷二十《传文》，第 11 页。

书延续数代。邹斐（1712—1783），字徵鹏，号厚庵。邹可庭（1715—1803），名廷猷、字徵鲲，以号行。兄弟俩主持寄傲山房刻书，主要刊刻其父邹圣脉编纂的各种书籍及实用读物。谱传称邹斐德高望重，“其度量之宏远，涵养之深醇，迥非恒人所可及。好读书，学问渊博，于书籍外无他嗜好，唯四子五经及诸书，订其差讹，刊行于世。俾鲁鱼亥豕之辨，校阅精审，无贻误后人”。[①] 邹可庭生平慷慨好义，其子邹景扬等撰《家大人可庭公六十初度征诗文行实》称其“自幼颖敏，读书就能领略其旨趣。年十三，即代王父梧冈公治家政。间有余闲，务执经问难于王父，遂洞彻书理渊微，常校雠古籍以付梓。现有《书经汇参》《诗经备旨》《酬世锦囊》等书行世，颇邀海内赏鉴”。[②] 邹可庭曾与岳父清流县谢梅林一起校订邹圣脉所著《新增幼学故事琼林》。

邹斐孙邹绍芳、邹均龙承继祖业刻书，曾孙邹嘉谟也从事书业；曾孙邹邦彦开设万卷楼，邹邦钰开设玉兰堂，邹邦岐开设文苑堂等。邹可庭的后代延续五代经营书业，有其子邹景扬、孙邹濬、曾孙邹允康、玄孙邹荣铨等。

邹抚南三子邹圣瑞（1694—1753），字世彦，号守轩。族谱虽不记其刻书，却言其精于岐黄，曾自负言：“不为名相，则为名医。”有五子，邹廷立、邹廷位、邹廷载、邹廷选均承继祖业刻书。尤其廷载、廷选两房，都延续五代之久。邹廷载（1718—1755），字徵锦，号顺庵，谱列21世，创设培德堂。族谱记其协助祖父邹抚南策划刻印书籍。祖父和大伯父去世后，父辈分灶，邹廷载协助父亲邹圣瑞主持家政，以刻印书籍为生，38岁便病逝。邹廷载去世后，家业由长子邹扬主持，是为培德堂第二代业

---

① 《闽汀龙足乡邹氏族谱》卷三十《传文》，第27页。

② 《闽汀龙足乡邹氏族谱》卷十九《寿文》，第21页。

主。谱传称："翁讳扬，字清官，号信乎。十六岁失怙，即总理家政，备极勤劳，俾其子弟皆得专心举业。"[①] 在其支持下，弟邹行、邹联镳、邹联元，儿子邹传仕均获取功名。邹扬淡于自奉，厚于待人，率家族八十余人从事刻书业。后来三弟邹行负责推销图书，"贸易于豫章、东粤、西粤，缥囊缃帙遍羊城，凡所镌经史子集，纸贵洛阳，而家业于以兴隆，人文于蔚起也"。[②] 三弟邹联镳亦弃举业从事书业。至今其后裔仍藏有邹扬所刊《字汇》等书。邹扬次子邹光龙曾"奉严君命售书珠海"。[③]

邹扬年届古稀时，令三子邹元龙主持家业，"遂以书坊杂务之繁剧悉任焉"，是为培德堂第三代。邹元龙（1768—1851），字传仕，号义庭。邹元龙的书业又传承三代，其子邹倬惠、邹倬学皆从事刻书。其孙邹伯玉、邹伯安也承继祖业到十九世纪末。

邹扬兄弟分家之后，二弟邹行一家改由次子邹辅龙主持，谱载："先生讳辅龙，字传范，号楷堂，诚孚公次子。承尊人诚孚公之命，弃铅椠而攘家政，出纳肆应，井井有序，以故尊人诚孚公得以广携经史子集遨游东粤。"[④] 五子邹有龙则随邹行贸书于东粤。邹扬三弟邹联镳一系的刻书，特别兴旺发达。邹联镳（1746—1818），字宗官，号理孚，谱列22世。他沿用培德堂堂号刻书，并由第七子邹荀龙继承。后来，邹荀龙又传长子邹倬云，倬云再传长子邹肇生。至此，培德堂已历五代近200年。四弟邹联元获取功名后并没有放弃家业，主要由两个儿子邹玉龙、邹兴龙继承。邹玉龙（1810—1858），字传祥，号瑞堂，"因父母年高，伯仲二兄早逝，家务是肩，遂舍儒业而经商贾。聚古今书

① 《闽汀龙足乡邹氏族谱》卷三十《传文》，第55页。
② 《闽汀龙足乡邹氏族谱》卷三十《传文》，第56页。
③ 《闽汀龙足乡邹氏族谱》卷三十《传文》，第78页。
④ 《闽汀龙足乡邹氏族谱》卷三十《传文》，第82页。

籍带往江西长宁（今寻乌县）等处发售，渐获资益，援例太学生”。[①] 邹兴龙（1806—1835），字传祯，号庆堂。跟其弟一样到江西长宁售书，并在长宁县澄江镇开书铺，病逝于澄江。邹联元长子邹纪龙仅活到25岁，但邹纪龙之子邹家英、孙邹云经、邹云魁也从事书业。邹云经在清末还创办了文兰书局。

邹圣瑞五子邹廷选一脉也继承书业达六世之久，其孙邹惠龙刻书、售书，裔孙邹宜佑（1852—1902）和邹远昌经营书业到民国时。此外，邹抚南四子邹圣默一支，传其子邹谟，而后改行。

邹兆熊三子邹馁南，他虽然没有刻书，但其孙邹廷忠、邹廷翔都从事刻书。曾孙邹登元、邹嵩元和邹鸿元也都曾刻书。裔孙邹承霖还创设崇文堂，印售书籍。

同志堂创办于乾隆年间，业主邹廷忠（1721—1807），字徽赐，号汝达，邹馁南之孙、邹圣绎三子，谱列21世。族谱载其“幼而聪慧，长而昂藏。务于圣贤微言奥旨，由粗及精，必求洞悉”。[②] 文武兼备，以“武纬树帜黉宫”。后退修家政，主持刊刻事务并著书立说。邹廷忠自编自印的图书有《四书补注备旨题窍汇参》《五经旁训题旨》《唐诗合韵》《酬世精华》《联柬合璧》《时令诗林尤雅》《吐玉新联》等，遍行天下，成为一时畅销书。如今知见刻本有《小仓山房诗集》《监本四书正文》等。

邹廷忠是邹兆熊刻书世家中的杰出人物，可与前辈邹圣脉比肩。其弟邹廷佩及侄邹登元、邹恭元、邹洪元、邹梦元等，负责向外推销图书，主要在广东平远一带售书。邹廷忠后代多以售书为主，并发展到在外地开店坐商经营。

---

① 《闽汀龙足乡邹氏族谱》卷二十《传文》，第88页。

② 《闽汀龙足乡邹氏族谱》卷二十《传文》，第44页。

邹述文世家

邹述文（1692—1756），字信徽，号定祚，邹礼衡后裔，谱列18世。其父邹殿谟（1649—1710）最早从事图书销售。邹述文年少就跟随父亲及四个哥哥在江西樟树贩书，没几年就“大启尔宇，富有田园，所得已逾中人产”。父亲与四个哥哥过世后，邹述文独立支撑，抚养诸子侄，供其业儒，或教其经商。次子邹铉猷，字正望，号龙川，以号行。13岁时，邹述文就带其学习贩书。乾隆二十年（1755），邹述文回到四堡创办书坊，由邹龙川管理樟树的书店，邹龙川两个弟弟邹龙冈、邹龙泉也留在那里售书，后又到其他地方售书。如邹龙泉曾前往闽北崇安、苏州、杭州、湖北汉川等地贩书，后又“列书肆以镌经”。

邹龙冈卒于乾隆二十七年（1762），其后邹龙川仍在樟树管理书店，邹龙泉则在各地贩书，二人至少又干了十年。邹龙川的儿子皆投身书业，长子邹孔书（1745—1793），早年业儒，在24岁时因父亲生病而放弃学业，接掌樟树的书店及两广业务。后次子邹孔爱亦学习经商，15岁时邹龙川带其到湖北武昌售书，后回四堡经营书坊。三子邹孔昌年最幼，邹龙川去世时年仅三岁。曾同长兄邹孔书贩书广西，又在江西赣州、樟树、吴城镇（今属永修）及云南、安南等地贩书多年。

邹龙泉的八个儿子中有四个走上了书籍贸易的道路。长子邹孔茂先在樟树经商，后与三个弟弟到广东、广西贩书。后来，邹龙川又让邹孔茂回四堡管理家庭，当时全家已有30多口人。邹孔茂的四弟邹孔音（1764—1820）在二哥、三哥过世后仍在广西贩书。邹龙冈去世时，两个儿子邹孔椿、邹孔嘉分别为16岁、13岁，亦由邹龙川抚养。邹孔椿随伯父去樟树，邹孔嘉业儒。

乾隆三十七年（1772），邹龙川去世，不久兄弟分家，邹龙泉一房到孙子辈改行，邹龙冈一房仍从事书业。邹龙川过世时，邹孔椿虽然已经得到不少历练，可是家计稍艰。于是其弟邹孔嘉只好放弃举业，跟随兄长到樟树贩书。后来，邹孔椿沿着其父开辟的路线到苏杭、湖北汉川等地贩书；邹孔嘉则到广东贩书，最远到广西贵县（今贵港）。但是其子孙后来都没从事这一行业。

邹龙川一房，从邹孔书、邹孔爱、邹孔昌三兄弟起，人丁越发兴旺。邹孔书长子邹丕彬（1767—1845），18岁时弃儒从商，“始游梅州，继游南宁，两粤名山胜区，公足迹殆遍”。[①] 叔父邹孔爱回四堡后，邹丕彬继续在两广贩书。年幼的弟弟邹丕煌（1785—1865），在广西梧州开设书店。

邹孔爱次子邹丕康，自幼随其伯叔往广西北流、南宁等处贩书，贩书途中病逝于南宁的福建会馆。邹孔爱三子邹丕融也曾跟随父兄到两广贩书。

邹孔爱在四堡经营书坊，邹孔书、邹孔昌在外销售图书，他们配合默契，书业蒸蒸日上，收益颇丰。不但支撑起家庭，还能扩大再生产。族谱中记邹丕彬“虽数千里之跋涉，数十年之风霜，不敢告劳”[②]，将经营所得悉数归公，不谋“一钱尺布”的私利。邹孔爱主持筑建大厦一座，今称子仁屋，九厅十八井，是当时四堡四大宅院之一。还购置良田数百亩，办家塾，聘请名师教导子侄。邹孔爱捐得监生，孔昌、丕彬、丕煌、丕清、丕融、丕康以及孔昌的独子际虞等也先后捐得监生。当邹孔爱三子邹丕融

① 《范阳邹氏族谱》卷三十三《传文》，第78页。

② 《范阳邹氏族谱》卷三十三《传文》，第78页。

回四堡接管书坊时，家庭已达到 70 人，是当时雾阁最大的家族之一。

珂鸣锦里——子仁屋

邹龙川以下三代人丁兴旺，到十九世纪初达到顶峰，此后骤然衰落。这与太平天国运动冲击有关，还有一个原因是家族人口剧增，开支过大。到 22 世，邹丕清之子邹希福（1823—1889）与邹际唐之子邹希道（1815—1884）到浙江温州开办书店，其后代从此在那里定居。邹丕煌及其六个儿子，曾到广西梧州贩书。邹丕融儿子邹希程（1817—1890）在广东贩书。邹际虞的四个儿子中有两个在两广地区贩书。

邹述文世家由 18 世延续到 24 世，时间长达 200 年之久。

马维翰世家

马维翰（1639—1700），字翊腾，号厚斋，马大昭（炳元）长子，谱列 19 世。创办万竹楼，族谱对其刻书缘由记述颇详，称："公幼习举业，每见父劳瘁于家政，心甚痛焉。因请于父曰：'吾弟尚幼，吾父将老，一身难于肆应，不如弟读而男耕商，庶可以相佐乎？'父诺之。遂操持家政，兼贾书于江广间者凡十四五年，颇获利，其父尝顾而乐之。"[①] 但好景不长，其弟马崧腾早逝，所遗一子又患残废，其父悲伤莫解。马维翰思忖从前外出售书，尚有弟奉侍父母侧，如今弟已早逝，父母渐老，身边侍奉无人。于是"仍不复业贾书，而募匠剞劂梨枣，摹印书籍，以为诸贾贩，其利且倍蓰于远贾，而得朝夕奉侍于父母侧者又十余年"。[②]

族谱又称："公秉姿厚重，言词和缓，举止安详，无遽言厉色。待人以恕，与物以诚。生平好学，虽弃举业，事牵车，而古今书籍，于当务之余，辄手不停披，领略其意，记诵其词。或叩之，缕缕千言，有原有委。非徒剿说。而已故凡所接荐绅先生，见其容止，聆其言论，咸目为读书人，不以负贩者概视之也。"[③]

马维翰的三个儿子皆承继父业刻书、售书。孙业儒。曾孙马祚昌，在江西信丰开店售书。马祚昌之子马源盈继承父业，后客死于江西信丰。26 世后裔马益深（1822—1890），字体根，在光绪年间仍然刻书、售书。至此，马维翰创办的万竹楼，延续八代，250 余年。

马大蕃世家

马大蕃（1629—1663），字宗衍，马一骠之子，谱列 18 世。马大蕃家族是四堡马屋最成功的刻书世家，马大蕃后代至少有八

---

① 《长汀四堡里马氏族谱·七集列传》卷一，第 38 页。
② 《长汀四堡里马氏族谱·七集列传》卷一，第 38 页。
③ 《长汀四堡里马氏族谱·七集列传》卷一，第 39 页。

代人从事刻书、售书。马大蕃英年早逝，遗有三子，当时长子马权亨仅 13 岁。马大蕃之兄马大芳，是当地有名望的商人，对侄子关怀备至，视如己出，予以资本，教以贸易。马权亨在伯父的支持下从事书业。马权亨（1651—1710），字利群，以字行。马氏下祠谱对其刻书之事记述颇详："公讳权亨，字利群。年十三，父宗衍公捐馆，次弟乐群公方七岁，季弟周群公未及周。……公忍饥耐寒，凡樵牧农圃小贩之事，无不为之，不敢少有懈怠，而一家四五口乃得以不甚冻馁。及两弟稍长，因资本于伯父而斯征斯迈，渐有余于衣食，各得婚配。既而开坊募刻《四书集注》《备旨》等板，颇获利。……既分居，公之长子定邦，年少而裕于才，公以家政委之，而自贸易于粤。"①

马利群、马定邦故居——中田屋

① 《长汀四堡里马氏族谱·七集列传》卷一，第 42～43 页。

马氏兄弟分家时，马权亨分得三亩地和二十两银子，所有书版及印房都归三弟马权文所有。依靠这批书版，马权文创办了本立堂书坊，并经营得很成功，以至于“募梓集书板充栋，致资倍饶，若素封者然”。康熙二十六年（1687），马权亨前往广东贩书，将家业交给其子马定邦，当时定邦才16岁，却“年少而裕于才”，谱载：“只付小纸两箍与先君（马定邦）为资本，以度家口日用之需。小纸两箍抵银三钱，先君将此纸自为排印，卖完入山买纸，自己担回，又自为排印，如此循环不已。而家不至于饥寒者，皆此两箍小纸之力也。及后二叔完娶，悉自先君，则此两箍小纸即变而为十百千万矣。”①

马定邦一方面通过印刷书籍补贴家用，另一方面还和舅舅邹文光做木材生意，主业仍是印书、售书。等到其弟成年后，马定邦就让他们管理家务，自己往两广地区售书。四弟马定略则到江西售书，三弟马定策（1677—?）在上述地区售书。五弟马定韬（1688—1729）读了几年书后，也到江西、广东、浙江和江南省售书，“所至郡邑，大夫晋接周旋”。马定邦仍然坚持刻书、印书。康熙四十六年（1707），马定邦花巨资刻《四书集注大全》并获得成功，“其书甚行，而家道少舒，日用始不虞”。

马定邦一家兴盛时有50人。康熙六十一年（1722），在母亲邹氏的坚持下，兄弟分家。分拨马定韬的书版，由马定韬和已故的马定略两家共享。几位兄弟后来都开设了自己的书坊，并世代传承。

马定邦创办的书坊叫文萃楼，由其二子马就（1704—1789）掌管，长子马龙（1702—1781）业儒。马就之后，由马龙的儿子

① 《长汀四堡里马氏族谱·七集列传》卷一，第74～75页。

马履智接掌。马履智之后又经营三代，直到 24 世马相皋为止。

马定韬的书坊叫经纶堂，部分书版传给次子马昶（1711—1782）。马昶以此创办同文堂，将图书销往粤西南。马昶之后，书业由长子马履恭（1729—1771）继承，号称鹤山堂。

马定策创办的缃山堂，经营得相当成功。次子马烈继承了父业，并在粤东南售书。马烈生六子，他们合作经营书坊，直到马烈去世 20 年后（1733 年）才分家。六个儿子都分得书版，其中分得较多者还分得一间印书房。[①]

马定策的长子马光（1702—1766）初业儒，后从事图书贸易。马光两孙马萃大（1768—1858）和马萃仲（1770—1848）的图书事业相当活跃。马萃大在福建、广东、广西、湖南、湖北等地售书。马萃仲在福州、广州售书，并开设在兹堂书坊，经营蒸蒸日上，其中部分书版，有可能是祖上所传。在兹堂后由马萃仲的六个儿子共同经营，直到道光十九年（1839）分家。据分家文书可知，长子马玉晖（1791—1876）继承在兹堂，并获书版 19 套及“屋背印房壹所”；次子马玉兰（1797—1829）创办念兹堂，并获书版 16 套；三子马玉章（1801—1852）创办文兹堂，获得书版 18 套及“福省书板”；四子马玉堂（1806—1839），分家时已去世，所得书版 22 套由其子继承，其子后来创办文林堂。五子马玉鸣、六子马玉廷共获 32 套书版，一起创办了新书坊，并在马玉鸣继承的南山印房印书。马萃仲子孙创办的书坊，也都在外地建立了分号，如在兹堂、念兹堂在广西梧州开了分店，文兹堂在福建延平府开了分店，文林堂在广东兴宁县开了分店。

---

① ［美］包筠雅：《文化贸易：清代至民国时期四堡的书籍交易》，第 119 页。

马其炳世家

马其炳，字仲文，号泗波，谱列 18 世，谱传称：“生平授经，儿辈贸书，一家所业，皆泗水余波也。”[1] 故自号泗波。马其炳自幼博学强记，砥行砺节。21 岁明朝灭亡，马其炳泣涕赋诗言志，从此不再参加科举考试。生值乱世，家道中落，却不忘读书。明溪县令曾聘请马其炳，“以为诸子弟师”。与名流如江南刘复新、粤东范生洸以及连城童我梅等往来，结为莫逆之交，数十年生死不渝。马其炳对子孙课教甚勤，耄耋之年，犹督教不倦，故其六个儿子皆有成就，尤其是马良容、马良奇和马良信三兄弟。

马良容（1670—1754），名宽裕，号桂亮，以字行。善克择堪舆，著有《炉传通书》《名公应酬》《新增幼学》《催福通书》《经史典故》等，曾在广东惠州开书坊。马良容是马屋最早在外地开书坊之人。马良容在四堡创办文汇楼，又在广州、惠州和南雄等地开设书店。其子继承父业，长子马隆晋和四子马隆铭在家刻书，三子马隆剑在广东南雄开书店，侄马敏玉则到江西瑞金开书店售书。

江西信丰县奚诗在《马良容先生七十加一寿文》中称他：“言论温厚和平，令人躁心顿释。……自幼孝友嗜学，居家善为人排难解纷，乡党奉为典型。周甲之后，雅意著书，嘉惠后学，洵有功天下，可以传之后世。”[2] 马良容六十岁之后始从事著述，可谓大器晚成。

---

① 《长汀四堡里马氏族谱·七集列传》卷一，第 32～33 页。
② 《长汀四堡里马氏族谱·八集赠文》卷一，第 50 页。

马良奇（1689—1768），名大猷，号启兆。与马良容一样是屡考不中的落第士子，“虽夙通经史，凡圣经贤传、诸子百家，靡不博洽无遗，而制艺其余绪也。以此射策，巍科取隽宜若操券者，乃竟屡试不售”。[①] 遂弃功名仍以恬然之心继续研习。晚年于村南苦株墩建筑书室，求教问学者甚众。著述甚丰，有《书经备旨辑要》《诗经备旨辑要》行世。

马良信，名宽仁。精堪舆择日，出游四方，著有诗集《遨游草》，户部员外郎杨廷为撰序云：“披览讽咏，率能直写胸情，空诸依傍，嵚崎磊落，奔放泙渫。慷慨淋漓之中，寓高旷恬怡之致，真不负一番遨游矣。”[②] 惜此书已佚。

知见文汇楼刻本有康熙年间的《增补鉴略》等。另外，马良容后裔马传渭（27 世）兄弟至今仍珍藏祖上雕版 56 片，分别为《注释小题及锋集》《万法归宗》《孟子》等。

马源锡世家

马源锡（1786—1864），字卫爵，号天成，马祚春五子，谱列 23 世。一般认为其在嘉庆、道光间创设了林兰堂书坊。林兰堂书坊历史，应从马屋大宅林兰堂的兴建说起。四堡马屋有两座并排的林兰堂大宅，一座始建于清康熙年间，由马源锡的曾祖父马兆铭、曾叔祖父马兆广兄弟合建。坐落于马屋村岗背岭的花溪河畔，坐西朝东，占地 5600 多平方米。计有 166 间房，9 个厅，16 个天井，有“九厅十六井”之称。2000 年被列为福建省重点文物保护单位，2001 年同其他四堡古书坊一同被列为全国重点文

---

① 《长汀四堡里马氏族谱·八集赠文》卷一，第 50 页。

② 《长汀四堡里马氏族谱·八集赠文》卷一，第 50 页。

物保护单位。

马兆铭，字新远，号媿汤，别号鹅湖山人。“性聪颖，工文章，兼诗词及篆草书，尤精于青囊家言。出其余才，虽陶壁、塑泥诸技，无不精妙”。[①] 传记中说他为邹公庙设计建造门楣各项，无不精细，栩栩如生，“木刻笔划无所不及，玲珑奇巧为一方之大观，非甚聪颖而能之乎”。[②] 可见马兆铭是个有学问又有极高技艺之人，具备建造林兰堂的技艺。至于资金从何而来，谱传没有说明。但从其弟马兆广传记中得知，其父马元亮生七子，马兆广居少，父亲特别宠爱他并寄予厚望，说：“他日光大吾闾者，必是子也。”马兆广不负父望，成年后，耕读发家，成就斐然。故兄弟同心，终于建成了林兰堂大宅。

至马源锡，家业更加兴盛。先是在广东潮州、汕头以及福建上杭、长汀等地开店销书，家业渐次积累。道光二十年（1840），由其次子马从昭再建一座兼具刻书与居住功能的新林兰堂。该处砖木结构，面积 2000 平方米，堂内建有前、中、后三厅及左右厢房，门额题“东皋拥翠”行草大字，厅堂架上雕刻各种禽兽花鸟，工艺精细，是目前四堡保存最完好的古书坊之一。

马源锡生三子：马从时、马从昭、马从盛。马源锡及其长子马从时、次子马从昭于道光年间在广东潮州、汕头开店销书，堂号林兰堂。到了孙辈，又另立堂号刻书、售书。马从时之子马伯咸于清末民初在福建上杭开店售书，店名为林兰仪记书局，由其长子马益江（1870—1919），孙子马传范、马传远所承，继续经营至 1949 年。马从昭次子马伯准，在广东潮州、汕头设立林兰堂准记书局。

---

① 《长汀四堡里马氏族谱·七集列传》卷一，第 53 页。

② 《长汀四堡里马氏族谱·七集列传》卷一，第 53 页。

马伯准之子马益烯、马益坊等承继父业，坚持经营到民国初年。后来，马益江长子马传图（1895—1960）及其子马痴生在长汀经营大光书局，直至1954年才歇业。马屋马嘉树先生少时曾在大光书局当伙计。林兰堂经营书业延续九代，约300年之久。

林兰堂及林兰仪记、林兰堂准记、大光书局刊印发行的图书，今可考者有：《金瓶梅》《鲁班经》《四书》《药性赋》《家礼广类》《三字经》《大增广》《梁山伯与祝英台》《十里亭》《赵玉麟》《千家诗》《一年杂字》《千字文》《人家日用》《河洛精义》等。据林兰堂后裔马痴生称，其中《四书》《千字文》是以林兰堂名义刻的，《金瓶梅》《鲁班经》是马伯准刻的，《河洛精义》则是租用在兹堂道光十一年（1831）刊版和枕松楼雕版印刷的。枕松楼是在兹堂业主马松存之子的书店堂号。《河洛精义》《千字文》二书现藏马痴生处。

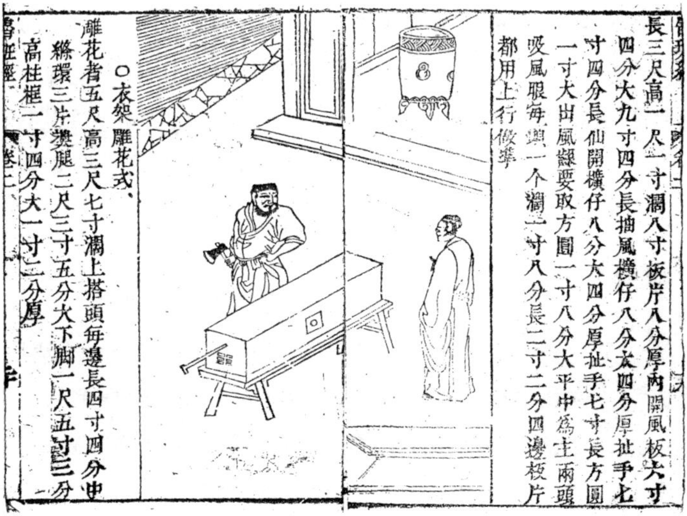

林兰堂刊本《鲁班经》

二、书坊人物

马 驯

马驯（1421—1496），字德良。明正统九年（1444）中举，次年成进士。天顺二年（1458）任户部郎中，奉命督运粮草。成化五年（1469）任四川左参政。成化十二年（1476）任左布政使，时四川松潘卫边境骚乱，掌管边防军事官员主张派大军镇压，马驯极力反对，主张以德怀抚，上疏陈得失，提出只有防护得法，抚谕有方，才是万全之计。但建议未被采纳，结果兵兴无功，众咸称其远见卓识。成化十七年（1481），升为都察院右都御史，巡抚湖广。恰逢关中受灾，大批难民流亡湖广，他鼎力赈济，多方安抚，使无数饥民得救。随后湖南、湖北二度受灾，马驯亲往各地视察，按灾情轻重减免田赋，百姓得以度荒。成化二十三年（1487），六十七岁的马驯告老还乡，在长汀城郊十里铺张家陂盖房数间，名曰“皆山堂”。著有《上边防策》《上兵部止兵揭帖》《奏请减赋诸疏》等。相传，马驯告老还乡时，首次将汉口雕版印刷术引入四堡乡。

邹学圣

邹学圣（1523—1598），字宗道，号清泉。自幼聪慧明敏，能诗善文，仪礼彬彬。少时随父遨游四方，飘泊闽粤滨海。喜与番客往来，深谙番语与礼仪。明嘉靖二十二年（1543）举贡生，入太学。嘉靖二十六年（1547）任户部广积库大使，时严嵩弄权，内外交困，兵燹灾荒不断。邹学圣初登仕途，不随波逐流，为人所忌。嘉靖三十年（1551）外放扬州，继调苏州，后迁杭州税课仓大使。在任期间，廉洁为民，忠于职守，积极筹粮，漕运北上，解民饥困，充实军饷。《邹氏族谱》称其“官虽卑而廉名甚著”。

万历八年（1580），其父邹雄以年迈多疾，累促邹学圣辞官回乡，时朝廷欲迁其湖广任职，邹学圣深感官场黑暗，遂致仕归里。夫人邵妙正，苏州人氏。对邹学圣说：“闽山虽多竹木，然书诗匮乏，请置圣贤板籍、苏杭灯艺归，以教儿孙，以乐暮年。”邹学圣深悉夫人的忧虑，便集苏杭灯艺、图书及古籍雕版装运回乡。

邹学圣回乡后，筑室鳌峰山，养亲课儿，创办书坊，雕版印刷图书，从而开启四堡刻书业之先河。所居之庐，初称学圣书屋，后更名清泉书院，清初改称鳌峰书院，四邻学子咸集，名贤踵至，成为当地的文教之地。

邹　经

邹经（1742—1804），字年官，号耕芦，别号畲五。是清乾隆、嘉庆年间抗击海盗、保卫海疆的有名将领。他家数代以刻书为业。父亲邹廷扬，博古通今，颇有文名。邹经少时便“聪明迥乎庸众，气质远迈恒流”，[①] 在父亲的督导下，他“博学文经，搜罗三坟五典；精通武纬，韬略贯虱穿杨”，[②] 成为文武全才的人。乾隆二十八年（1763）岁试，获福建提学使纪晓岚的赏识，取入邑庠，成为名诸生。乾隆三十年（1765）参加乡试，高中第四十一名武举人。次年在厦门提标效用。后拔补为烽火营千总。到任六日又委署本营守备。乾隆四十七年（1782）调署铜山（今云霄

① 《闽汀龙足乡邹氏族谱》卷二十《传文》，第 52 页。

② 《闽汀龙足乡邹氏族谱》卷二十《传文》，第 52 页。

县铜山港）营守备，因防寇有功，次年入都引见，特受南澳（今广东省南澳岛）守备。

时海盗猖獗，经常聚众骚扰、劫夺福建、浙江沿海一带，南澳岛也常有海盗来侵犯。邹经来到南澳后，废寝忘餐，修甲具，整军纪，联合当地士民，数次歼灭来犯之寇。乾隆六十年（1795），升任南澳游击，嘉庆二年（1797）第二次入都引见，提升铜山营参将。嘉庆五年（1800）海寇百余艘聚攻浙江台州，浙江的定海镇总兵李长庚带领三镇水师出击，海寇不能得逞，便四窜骚扰台湾，台湾吃紧。邹经因治军有方，守土有绩，便被提升为台湾安平营水师协镇，兼带右二营印务。

邹经来到安平后，积极筹谋防务。修建新艇十余艘，建造为数众多的土楼，铸造锋利的刀枪，增加弹药的储备，想尽一切办法加强战备。海盗头目蔡牵，制造了几艘大型船舰，率船百余艘，声势汹汹欲窜入台湾抢夺财物。寇弹频发，烈焰冲天，邹经率领军民，身先士卒，浴血抗战。经一日一夜鏖战，终于重创海寇，将其赶至公海，完成了守土之责，保护了台湾人民的生命财产安全。

邹经因积劳成疾，嘉庆九年（1804）农历四月初六日戌时逝于安平营署，享年六十三岁。次年，长子德辉扶柩归里，葬于北邙之岗。他的故居现仍遗存，就是坐落在雾阁古岭下的“大夫第”。

邹经“知有国而不知有身，知天下之安危而不知吾身之泰否”，[①] 自他任台湾安平协镇之后，台湾海岸“一切海盗平靖”。从此可看出他的为人和功绩。邹经死后，安平守将易人。次年巨盗蔡牵率船百艘，再次东犯台湾，结果破安平，攻入鹿耳门，围

① 《闽汀龙足乡邹氏族谱》卷二十《传文》，第52页。

攻台南，自称镇南王，全台震动。由此也可看出邹经是当时将领中的佼佼者了。他的故居“大夫第”堂上曾悬一块赠匾，文曰“人中龙虎”可谓名实相称，并非虚誉。

邹云亭

邹云亭（1733—1802），名天翔，字羽修，号徽祖，四堡雾阁人。邹云亭自少习武，臂力过人，然而在书香家庭的熏陶下，却也读遍经史，通《春秋》，尤精书法。他在乾隆三十年（1765）中式第十七名武举人，与邹经同科发甲，族人都说这是雾阁“破天荒”的大喜事。历任厦门、长泰千总，旋署福宁守备。在任期间，政绩卓著，正可扶摇直上之时，他却无意于仕途，即辞去官职，回乡把精力用于培育人才。

雾阁之东鳌峰山麓的长坝里，可远眺崇山峻岭，近观茂林修竹，又有清流激湍映带左右，环境秀美幽静，是个讲文习武的好地方。邹云亭回乡之后，在此讲武授文，“择子弟贤达者教之”。后来他的次子邹丝，在中式第八名武举人之后，也回到家乡以教授子弟为业。父子二人对学生因材施教，循循善诱。他们教学的内容，文武并重。早晚教经史、书法，白天教武艺、讲兵法。对家境清贫的学生，不但不收学费，而且在生活上还给予资助。

自邹云亭在长坝里建书屋、辟武场之后，族人子弟多往受业，此后村中便“中不一科，科不一人”，接连中了十多个武举人。因其教授得法，誉满全闽，各地子弟皆纷纷来四堡争拜他为师。邹云亭教学很细致又很严格，所以他的弟子多出类拔萃。据说，有一回邹云亭只带一个弟子往省城应试，和他熟识的旅店主人便取笑道：“胡子老爷，你往场带来的人科科都有高中的，这场就恐怕不行了！”他信心十足地说：“我带半个来也要中半个回去的！”果然不出他的所料，那个弟子是科就高中了。

邹云亭热心教育，循循善诱，数十年如一日，为国家培养了不少英才。他的学生，“其获售而中者，以百计；其显达寄干城者，不下数十人”，其中有台湾解元黄殿邦、雾阁解元邹振官、两任福建全省塘务的邹传任、直隶守府扎尔杭阿（旗下人）、平和守府邹景扬、山东曹州府巨野营副邹春龙、永邑副将刘国林、邵武协标下署中军守备吴凤仪、连邑罗云台等，可以说是名噪一时。他虽然没有做大官、享厚禄，但却为乡为国培育了众多英才，做出了不少贡献，所以四堡族人传颂其事迹历久不衰。

邹圣脉父子

邹圣脉（1691—1763），字宜彦，号梧冈。自幼聪慧，六岁入家塾，十三岁读经史，“弱冠之年，与余兄肄业于乘风书屋，诵读之余，相与研磨经旨。余兄专治《毛诗》，余则服膺《周易》”。[①] 成年后，曾多次参加科举考试，却每每落第，最终放弃功名，承继家业，“开设书肆，以售经史”。

科举落第并未将邹圣脉击垮，相反使他更加发奋自学。白天耕作印书，维持家计；晚上研读经史，他有诗云：“督耕蚤起锄春绿，课读迟眠灯夜红。”反映了一位落第书生在劳作之余对学业的孜孜追求。

邹圣脉五十岁时，自筑别墅一幢，命名“寄傲山房”，潜心著述，厚积薄发，终于成为满腹经纶的一代儒士。他精经史、熟诗词、善书法、通地理，一生著述甚丰，尤其在经学、蒙学等方面成果丰硕、造诣很深。在治经方面，继承汉学今文经学派“微言大义”和宋学讲求义理的方法，力求从广博深奥的《五经》中

---

① ［清］邹圣脉：《易经备旨序》，转载自谢江飞《四堡遗珍》，厦门：厦门大学出版社，2014年，第281页。

提取要旨，进行解读。主要论著有《易经备旨》《春秋备旨》《礼记备旨》《书经备旨》《诗经备旨》，合称《五经备旨》，共三十七卷。《易经备旨》于雍正十三年（1735）出版，其他陆续于乾隆年间出版，历经31年之久。以一人之力，完成如此巨著，也可见其学识之渊博和功力之深厚。

蒙学方面，编纂有《幼学故事琼林》《日用杂字》《鉴史琼林》《增补鉴略》等。其中《幼学故事琼林》是邹圣脉编纂的图书中名气最大、发行最多、影响最广的一部。此书注重知识性、通俗性，而且语言洗练，所引典故生动有趣，便于学童记忆，盛行数百年不衰，是继《三字经》之后具有广泛影响力的读物。

书法艺术方面，他的书法源自钟、王，自成一体，潇洒清丽，圆润中显遒劲，“索文求书者，日不暇给，人珍拱璧”。著有《书画同珍》四卷，是书收录邹圣脉本人书法、抱经书塾家藏《千字文石刻》《文昌帝君阴骘文》篆刻、梧冈山房家藏《百韵草诀歌》等，集古今名贤墨迹为一书。自乾隆七年（1742）刊行后，四堡文林堂书坊翻刻过此书，日本宝历十二年（1762）日人坂口四郎兵卫据文林堂本再次翻刻，影响远至海外。

古文及诗词创作方面，也很有特色，与同时代的袁枚极为相似，代表作有《寄傲山房诗文集》四卷。

除上述外，邹圣脉编纂的图书还有《三国演义》（参订）、《西厢记》（校注）、《正字通》（增补）等。

邹圣脉的长子邹斐、次子邹廷猷也是书坊杰出的编纂人物。邹斐（1712—1783），字徵鹏，号厚庵。邹廷猷（1715—1803），字徵鲲，号可庭。兄弟俩主持寄傲山房书坊，主要刊印邹圣脉编纂的各种图书，如《新增幼学故事琼林》《五经备旨》《人家日用》等。谱传称邹斐“其度量之宏远，涵养之深醇，非恒人所可及。好读书，学问渊博，于书籍外无他嗜好。唯四子五经及诸书，订其差讹，刊行于世。俾鲁、鱼、亥、豕之辨，校阅精审，无贻误后人”。[1] 其弟邹可庭生平慷慨好义，其子邹景扬在所撰《家大人可庭公六十初度征诗文行实》称其“自幼颖敏，读书辄能领略其旨趣。……年十三，即代王父梧冈公治家政。间有余闲，务执经问难于王父，遂洞彻书理渊微，常校雠古籍以付梓。现有《书经汇参》《诗经备旨》《酬世锦囊》等书行世，颇邀海内赏鉴”。[2] 邹可庭还与岳父谢梅林一起校订其父邹圣脉的《新增幼学故事琼林》《五经备旨》等，因此而留名青史。

马宽裕兄弟

马宽裕（1670—1754），字良容，号桂亮，谱列19世。他的父亲马其炳，字仲文，号泗波，是一位饱学之士。马宽裕在父亲的教诲之下，从小攻读诗书，少年出外售书，曾到广东惠州开书店，堂号文汇楼。谱传称他“善克择堪舆，著有《炉传通书》《名公应酬》《新增幼学》《催福通书》《经史典故》诸书行世，曾在广东惠州开书坊”。[3] 奚诗撰《马良容先生七十加一寿文》称他：“养之有素，言论温厚和平，令人躁心顿释，知其养之有素矣。……自幼孝友嗜学，居家善为人排难解纷，乡党奉为典型。周甲之后，雅意著书，嘉惠后学，洵有功于天下，可以传之后世。”[4] 由此可见，马宽裕跟他父亲一样，是一位饱读经书的好学之人。

马宽裕编纂图书颇丰，除上述五种之外，还有《古文精言》《炉传斗首》《增补鉴略》《书经备旨辑要》等，合计九种，是马

---

① 《闽汀龙足乡邹氏族谱》卷三十《传文》，第27页。

② 《闽汀龙足乡邹氏族谱》卷十九《寿文》，第21页。

③ 《马氏十二修族谱·五集》世系卷，第26页。

④ 《长汀四堡里马氏族谱·八集赠文》卷一，第50页。

屋编纂人员中的佼佼者。《古文精言》是一部选辑精当的古代散文文选，它上起东周，下至明末，精选各朝代的散文作品167篇。这些作品，多数是传诵千古的名篇。童孙韬撰序言称：“今是集也，堪称善本，名曰古文精言详注者，其所选之文增加倍蓰。释之而甚精，训之而甚详，订讹补阙，音义了然，合诸选之美，成一家之言。”① 可与《古文观止》相媲美。《催福通书》则是一种择吉术的专著，也是他在六十岁以后的力作。从乾隆年间初版，迄今流传200多年，影响深远。《催福通书》属于理论型的通书，马宽裕认为，催福者，即“言吉不言凶之意也”。旨在探究择吉的本源。《增补鉴略》是马宽裕“嘉惠后学”的又一力作。他在该书序言中说：“古今鉴史浩繁，读者难以记诵。唯李内阁之《鉴略》，句限五言，音宗一韵，言简而文雅，理贯而精详，允称善本，老幼堪吟，诚史学之捷径也。……但惜旧本颇有错简，字句多有俗讹，未能尽善，反误学者之敝，因是苦心校正，缺者补增，讹者辨正，字句音释无讹，笔画圈点不错，较之原本又尽善也。俾读者一目了然而无遗失矣。”② 今人谢江飞先生，曾将马氏原本与新版《鉴略》做了一番比对，发现马宽裕《增补鉴略》在文字校订上甚为精审，多可补今本之不足，可见马氏本《鉴略》确实是一部很有特色、内容全面的好书。

马宽裕的弟弟马大猷，字良奇，号启兆。也是一位饱学之士，自幼苦学，立志功名，“夙通经史，凡圣经贤传，诸子百家，靡不博洽无遗。而制艺其余绪也，以此射策巍科，取携宜若操券者，仍竟屡试不售”。③ 马大猷虽科名不就但并没有消沉，相反更

---

① 童孙韬：《古文精言序》，转载谢江飞《四堡遗珍》，第74页。

② 马宽裕：《增补鉴略序》，转载自谢江飞《四堡遗珍》，第130～131页。

③ 《马氏十二修族谱·五集列传》，第21页。

加努力钻研学问。晚年在村南苦株墩建筑书室，课教弟子并著书立说，“醉经怡史阐义蕴，以开来学，一时英俊多出其门”。著有《书经备旨辑要》六卷。《书经》又称《尚书》，是中国最早的史书，艰深难读，对《书经》进行诠释与解读，非常人所能做到。马大猷对它的解读颇为精详。汪右衡撰序称“是编也，说无支漏，义无深晦，本诸集传，衷诸大全，既明白易晓，亦赅括精详。幼而学之，了然彻悟；壮而行之，沛然若抉”。[①]

清赖晋撰《良奇马先生六十一寿序》称他不但勤于著述，而且精于校雠，经他校勘过的刻本与名家之本无异。赖氏寓居江西瑞金半野园时，经常到侨居瑞金的书商马敏玉处购买书籍。发现马敏玉所售之书不仅刻印精致，而且讹误甚少，以为是名家梓人匠氏所为。询知这些书籍均出自马敏玉父亲马奇良之手。马敏玉告诉赖晋，其父“笃志励学，书籍外无他嗜好。《四书》《五经》及诸书尝手订差讹，刊以行世”。[②] 马氏穷年累月埋首校书，对确保坊刻图书质量贡献不小。

邹廷忠

邹廷忠（1721—1807），字徵赐，号汝达，邹圣绎三子，谱列21世。他“幼而聪慧，长而昂藏，习举子业，务于圣贤微言奥旨，由粗及精，必求洞彻。故其为文风格高古，不屑寄人篱下，咸以亢宗目之”。[③] 当时国家设科取士文武并重，邹廷忠还曾习武，并考得武秀才，有名于时。其实他的文章更好，故学宪吴某“嘉其文艺之卓，取其技勇之长”，认为是文武双全之才。但

---

① 汪右衡：《书经备旨辑要序》，转载自谢江飞《四堡遗珍》，第168页。

② 《长汀四堡里马氏族谱·八集》卷一《赠文》，第79页。

③ 《闽汀龙足乡邹氏族谱》卷二十《传文》，第44页。

邹廷忠志不在习武，又无意于科举，遂隐居乡里，潜心著书立说，并刊行于世。谱载："有《四书备旨题窍》《五经旁训题旨》《唐诗合韵》《酬世合璧》诸书遍行天下，无不纸贵洛阳。此其嘉惠后学之心，非德之远垂后世者乎？"[①]

邹廷忠跟邹圣脉一样，是当地有影响力的饱学之士，四个儿子都很有出息，其子邹彬为秀才，孙邹新榜为国学生，书香延绵。他德高望重，以"古人为法，不雕不琢，自葆吾真。言动不涉轻浮，服食悉从简朴。微贱劳苦，可身受而不辞；富贵功名，直目视而无睹。与人不争权势，待物自惬心性"。[②] 他乐善好施，是乡间有名的善士，"遇斗骂则排解维殷，值讼狱则挽回益力。济亲朋之匮乏，囊中全倾；赈道路之饥寒，金犹可散"。[③] 他创办同志堂书坊，刊刻了大量好书，其中有不少是畅销书。

邹廷忠编印的《酬世精华》也是一本畅销书。此书共四集，分别为《尺牍雅观》《家礼释要》《对联新笺》《帖式称呼》，是为居家日用类图书。他在自序中批评士子终日埋首八股文而不重视应酬文章，以致在交际中失礼，被人们所耻笑，说明学习应酬知识的重要性。参与此书编纂的还有同乡林宾上，"同乡林子宾上，工书法而娴于礼者也。因延请缮写释要，相处数月，凡论及冠、婚、丧、祭之礼，足见其留心讲究之功"。[④] 邹廷忠出身刻书世家，从曾祖父邹兆熊开始世代刻书、售书。他编撰的书籍还有《时令诗林尤雅》《联柬合璧》《吐玉新联》等。邹廷忠同志堂知见刻本还有《小仓山房诗集》《监本四书正文》等。邹廷忠以编书、刻书为主，他的弟弟邹廷佩及侄子则负责向外推销图书，主

① 《闽汀龙足乡邹氏族谱》卷二十《传文》，第 44 页。
② 谢江飞：《四堡遗珍》，第 257 页。
③ 谢江飞：《四堡遗珍》，第 257 页。
④ 邹廷忠：《酬世精华序》，转载自谢江飞《四堡遗珍》，第 180 页。

要在广东平远一带售书。邹廷忠后代多以售书为业，并发展到外地开店坐商经营。

马　柱

马柱（1703—1762），又名马洪宗，字斯题，号拙闲。谱列21世。出身书香之家，曾祖马宗联以贩书致富，祖父马不群（绍南）曾任州司马，父亲马定一是儒士，皆读书积行为乡里所推崇。马定一，字则周，号逸庵。是马不群的长子，年幼生母去世，由继母刘氏抚养成人。“先从学博游，资钝而勤，思沉而悟，通六艺，尤精于易，为文有左氏笔意”。[①] 因久困于童子试，只好改习武而入武庠。然终郁郁不得志，故将满腔的希望寄托在儿子身上。

马柱是马定一的长子，从小攻读圣贤书，罗承蕴撰《拙闲公墓志铭》称：“性颖异，又恬淡绝世务，于书无所不窥。受知于督学钟祥杨公，补邑博士弟子员。为文滔滔千言，皆自抒性灵，有清刚之气。工于诗，得白香山风格。……族有书坊，文选、诗选，多为其论定，然不乐以名自见。……余寓居其乡时，阅其书可行者，询诸坊人，方知为君所编辑，益喜其谦让也。”[②] 可知，马柱默默无闻为四堡书坊编审勘校了许多图书，为人作嫁而不留名，令人敬重。

马柱安贫不治生产，以办私塾、课徒为生。虽然自己在科举道路上“屡试不售”，但不以自己的遭遇而让后学者失去信心，总是循循善诱鼓励学生上进，培养的学生个个出众拔萃。马柱虽然“才不为世用，道不行于时”，但他为四堡书坊所做出的贡献

① 《长汀四堡里马氏族谱·六集墓志》卷一，第18页。

② 《长汀四堡里马氏族谱·六集墓志》卷一，第54页。

是不可磨灭的，他也当之无愧是四堡书坊杰出的编校人员之一。

邹圣默、邹谟父子

邹圣默（1697—1735），字正彦，号龙雾，谱列20世。父亲邹抚南，字仁声，自号一堂，是当地有名的乡绅，也是杰出刻书家。原配夫人廖氏是清流县名门闺秀。他的好友、同里拔贡巫夔所写传文，对其生平做了详尽介绍。邹圣默“才高气清”，少年时慕养生术，终日危坐一室而安然自若。性喜书画，“或酒翰而绘水有声，或濡毫而点睛飞去，咫尺阿堵间，实臻其妙”。[①] 既而潜心经史，手不释卷，日不绝吟，“遂得究穷于经传史记百家之说”，其著作刊行于世的有《易经备旨》《四书图考体注》等。二书初出时，友人阅之，深相叹服，恨不得把臂与之朝夕讨论。邹圣默事亲孝，待兄弟友爱，生平敦古道，重然诺，仗义疏财，故“德惠足以及人。凡乡里中之少者、老者、贫者、病者、颠沛而无告者，靡不被其顾盼”。[②] 对于有过错之人，他也敢于批评，因出于善意，故受批评者都无怨言，甚至生性顽固之人，亦能为之感化。邹圣默以贡生终老，未曾出仕，所编之书甚为畅销，而四堡书坊正因为有大量落第文人为中坚，从而使得刻书业经久不衰。

邹谟（1721—1805），字徵望，号云村，邹圣默次子，谱列21世。其家以书籍为生涯，以读书为根本，是为书香之家。邹谟“少颖悟，长而有大志，入侍父母，出和宗族。……综其生平，夙慧天成，读书十行并下，辄能领会大意。不屑于寻章摘句，而

---

① 《闽汀龙足乡邹氏族谱》卷二十《传文》，第18页。

② 《闽汀龙足乡邹氏族谱》卷二十《传文》，第18页。

研朱椠黄，日无闲晷，校经分史，手不停披”。[①] 邹谟前半生主要专注于图书编纂，著有《诗经拟题》《诗学含英》《诗韵含英》《唐诗合选》等。显然，他于诗词一道研究颇深。

邹谟以其博学之才受知于学宪李某，补为弟子员。他多才多艺，刻章剪红，样样都会。李击掌相赏，称此生："文薰班马，赋摘屈宋，冠军材欤？国士器欤？"[②] 但邹谟却无意仕进，不离乡土。后又精研中医，"三十六龙图、七十二难经，无不融通而贯彻神明。"[③] 晚年以医济人，治愈者无数。寿八十五岁终。

马最良

马最良（1797—1861），字光润，号遂堂，马成列长子，谱列 20 世。郡庠生。谱传称他："赋性聪敏，垂髫时《四书》《五经》俱已成诵，其父汝台公，尚声气、广交游，不甚治生产，唯祖母支持门户，延师课读。"[④] 父亲死后，家计困蹙，不能专心于举业，间往广东惠州、潮州一带贩书并与当地文人往来，讨论切磋，学业益进。后得以补郡博士弟子员。此后肆力于唐宋诸家古文，卓然有声于时。道光十八年（1838），奉族中长老之命，纂修族谱，编纂体例依遵成式，亦有创新，为族人立传，撰写了大量小传，议论有度，编排得当，为修马氏族谱呕心沥血，居功至伟。

当年，四堡书坊刻印了不少方志谱牒，它们是研究区域性政治、经济、文化和家庭世代更替的珍贵资料。客家人特别重视修谱，而四堡邹、马两氏更是视修谱为合族大事。因此，承担修谱

---

① 《闽汀龙足乡邹氏族谱》卷二十《传文》，第 29 页。

② 《闽汀龙足乡邹氏族谱》卷二十《传文》，第 30 页。

③ 《闽汀龙足乡邹氏族谱》卷二十《传文》，第 30 页。

④ 《马氏十二修族谱·五集列传》，第 129 页。

之人，不仅需要文采斐然，更要是德高望重之人。假如没有马最良辈承前启后，续修族谱，流传至今，我们今天要想弄清清代四堡刻书情况，又谈何容易！马最良虽不曾登科显仕，然无愧儒者，其道德文章足为乡党所矜式。

邹兆熊、邹抚南父子

邹兆熊（1628—1673），字周桢，谱列 18 世。谱传称他："性纯谨，爱清洁，貌丰而伟，神静而穆。与人交无疾言遽色，饶有汪汪千顷之度。常遨游四方，渡海抵澳门，获利无算。为奸侩所欺，客囊倾折。公豪无介意，复揭余资客吴、客粤、客豫之浒湾，计所获之利，竟偿所失时。"[①] 后因操劳过度，不幸病逝于浒湾，年仅 48 岁。

邹抚南（1650—1738），字仁声，号梅圃，邹兆熊次子，谱列 19 世。邹抚南高寿，一生成就斐然。因父亲常年在外谋生，他十二岁便主持家政，并治理得井井有条。24 岁时父亲客死浒湾，他千里奔丧，扶棺而归。创办书坊培德堂，承继祖业，"镌经史，缥囊缃帙走遍天下"，成为邹氏下祠书坊的开拓者。重视家教，于宅后山创建书屋一所，命名"梧冈书屋"，藏书万卷。平时，他"居家课儿孙读书外，世事不概问"。对兄弟的子女"抚遗孤如己出，行有不当，常温言垂泣相感悟，故诸子侄皆森森玉立"。其子邹圣脉能成奇才，也与邹抚南的言传身教不无关系。

邹子仁

邹子仁（1755—1827），名孔爱，号静庵，以字行。其祖邹

① 《闽汀龙足乡邹氏族谱》卷二十《传文》，第 4 页。

述文、父邹龙川皆为书坊大业主。邹子仁天资聪颖，博闻强识。谱传称他："年十五，随龙川公作客于江夏，经营生业，备极勤劳，且精于会计。年十八，龙川公卒，遂操家政，以刻印书籍为务。公筹划数年，家业始裕。……尝于屋畔，增构室庐，复构书坊一所。其后家口殷繁，复承龙川公遗意，在梧桐冈之石桥头，不惜重价数倍，以构广厦。土木之费，督理之勤，皆公躬任之，而规模宏敞，栋宇轩昂，皆出自公心裁。以与弟侄五十余人，同居共灶，于以体龙川公之志。"①

谱中所记之"广厦"，即四堡有名的"子仁屋"，因为这座大房子主要是由邹子仁主持、会同兄弟邹子麟、邹子肇兴建的。这是一座规模宏大的宅子，占地十亩，共有房间 140 多间，有"九厅十八井"之称。虽经战乱，但该屋门楼仍是四堡目前保存最好、造型最为优美的门楼，也是清代四堡书坊引为自豪的一张名片。门楼朝南，左右卷草飞角，各塑鳌鱼、仙鹤，两两相对，中顶塑一大圈。大门门梁上书"珂鸣锦里"四个大字，浑厚规整，据说是出自当时顺昌知县的手笔。进入门楼就是一个鹅卵石铺就的大宇坪，宇坪东面是正屋大门，门额上题写"瑞酿琼芝"四字。以前、中、后厅为中轴，两边各有两排横屋，后有一列平房。和厅横屋对称而建，以走廊互为贯通，错落有致。南、北横屋后面又各建一排印坊，每排有 20 多间。这是一座以印刷场所来设计构建又兼作民居之用的大书坊。能建筑如此规模的书坊，可见业主的实力与财力。

邹子仁所刊图书多为医籍，其后裔捐献家藏医书 60 余册，多为邹子仁所刊。其中最著名的是以翰文楼堂号刊刻的清代福建名医陈修园的著作，同时，还刊有《四书》《五经》《医宗金鉴》

---

① 《范阳邹氏族谱》卷三十三《传文》，第 60 页。

《医方捷径》《药性赋》《古文析义》《对联大全》《算法》等。子仁屋遗留藏版也多，笔者当年考察时，其后裔邹火生送来雕版2块；邹从松送来雕版103块；另有后裔曾将书版百余块外售。此外，子仁屋内还遗存成套印刷工具及石臼、墨缸等。

邹子仁能有如此成就，与其祖父、父亲两代人的奋斗及两位兄弟的支持是分不开的，其家世代经营书业，长200余年。

马定邦

马定邦（1672—1743），字则桢，号怡庵。坊号文萃楼，分家前，曾与兄弟同居中田屋。马定邦是康熙年间马屋最负盛名的书坊业主。他自幼奇异，但家道贫寒，伯祖父马南峰（大芳）见马定邦天真好学，从此就带在身边，教他识文断字。

马定邦父亲马利群主持书坊刻书，马定邦从小就在书坊中帮忙历练，如12岁时在东升寨刻《四书集成》版、13岁在丰饶寺刻《四书备旨》，后勤事务皆由马定邦承担。16岁时，父亲外出售书，让他主持家政，只给他两捆纸张为资本，马定邦就靠这两捆纸及家中的书版开始了印售图书的生涯。他将两捆纸排印成书后出售，卖完又进山买纸，自己担回再排印成书出售，如此循环，挣以维持家计。36岁时刻《四书大全》，颇为畅销，由此家道日舒。马定邦聪明能干，善于经营，积资渐多，开始发家致富。

马定邦不仅刻书，还与舅舅邹文光一道做木材生意，获利甚丰。他的父亲马利群在外推销图书也十分成功，于是父子便购买田地，兴建新宅中田屋。中田屋位于马屋村头，始建于清康熙中晚期。该屋门楼历经数百年仍保存完整，今为全国重点文物保护书坊遗址之一。门楼砖瓦砌成，门楣楷书“中田”两字。此屋建筑设计奇特，整体没有中轴对称结构，但设计巧妙，空中俯瞰，似白鹤穿飞莲叶之中，故名“白鹤穿莲”。内屋廊巷纵横交错，曲折迂回，处处相连，恰似迷宫，风格迥异。

应该说马定邦的成功经营，也得到兄弟们的相助。三弟马定策协助他主持家政，管理财务，四弟马定略负责外出经销图书，“盖是时公家开书坊剞劂，于外舟车往来，岁间至再，殆所谓服劳以事其父兄者”。[①]

马定邦发家致富后为乡里做了许多善事。据谱传记载，他 42 岁时，与三叔祖商议重建邹应龙庙，带头捐款，于当年十月动工，四年后建成。48 岁时，马氏祖祠朽坏，又率众重修。52 岁时，与族叔马高吉首倡造石桥于马屋东郊大佛庵后，此桥南通漳泉，北达江西，虽非惊涛绝岸，而行人络绎不绝，成为交通要道。53 岁时，倡修先人马驯故居。56 岁时，又首倡修建龙头坊石拱桥。此处为马屋要津，前往江西、两广、两湖售书或前往县城的肩挑商贩，都要经过这里，以往涉水而过，每逢春夏洪水来临或秋冬寒冷季节，人们只好望河兴叹。马定邦捐资数百两银子，修建了石拱桥，此举令乡亲称赞不已。《长汀县志》载：“马定邦，耆宾，好善乐施。康熙四十五年汀城大水，人多汩没，定邦沿途掩瘗，费几数百金。雍正丙午岁饥，减价平粜，兼设粥以济乡曲，人咸德之。”[②] 在他 61 岁时，全乡一致推举他为“大宾”，参加乡饮酒礼，汀州府孙太守授以“羲皇上人”匾额表彰之。

马权文父子

马权文（1662—1743），字周群，号守拙，马权亨之弟。马

① 《长汀四堡里马氏族谱·七集列传》卷一，第 62 页。

② 丘复纂：（民国）《长汀县志》卷二十六《义行传》，民国二十九年排印本，第 7 页。

权文尚未出世，父亲马大蕃即去世，全靠母亲抚养成人。他的成长，得到伯父马大芳的大力栽培。马大芳是四堡马屋富商，马权文在伯父资助下习儒业，“了然彻悟圣贤大旨”，因家道中落，只好弃学参与家庭书坊业务。“治家人生产业，日则负耒从两兄于南亩，夜则孀帷侍纺绩”。[①] 兄弟分家后，大哥马利群（权亨）把全部雕版都给他。于是，他利用这些雕版印书销售，创立堂号本立堂。经过一番苦心经营，刻书业大有发展，生活也逐渐富足，“开坊摹梓，集书版充栋，致赀倍饶，若素封者然”。[②]

马权文成功后，自悔早年因家境不济而读书未果。故在屋后余地构精舍，聘名儒，令儿子读书其中。并以伯父马大芳为榜样，济人之急，解人之难，深得乡亲敬仰。“至姜桂之性老而弥坚，里中无老幼皆敬惮。尝自题于柱曰：但宜稳步徐徐去，莫向危途仆仆行。”[③] 邹圣脉对他赞赏有加，称：“惟我太翁，门高阀阅。望重乡评，数传积德。讵愿人知，屡世行仁，只求自尽。校雠经史，有功先圣实多；广布缥缃，嘉惠来学不少。故龙文之室，学士咸仰其居；折桂之乡，文人尽志其里。……高风迈俗，卓矣名流。豪气凌云，蔚为人望。”[④] 康熙年间，乡人推举马权文为乡饮宾，参加乡饮酒礼。

马权文之子马云衢，字澹庵，是本立堂二代业主，谱传称其“刚直之气，中正之行，忠恕之心，并行不悖”，赞为乡间人杰。“长习举业，独见大意。因守拙公年老，从而赞勷家政，贩籍于江广间，人咸以人俊称之”。[⑤] 中年后独立主持书坊业务，书坊规

① 《长汀四堡里马氏族谱·七集列传》卷一，第 45 页。
② 《长汀四堡里马氏族谱·七集列传》卷一，第 45 页。
③ 《长汀四堡里马氏族谱·七集列传》卷一，第 46 页。
④ 《长汀四堡里马氏族谱·八集赠文》卷一，第 76～77 页。
⑤ 《长汀四堡里马氏族谱·七集列传》卷一，第 70 页。

模发展迅速，成为马屋屈指可数的大书坊之一。平生多善举，如甲子岁，连年饥荒，米价高涨，贫困者无力购买。他日出粟数十石减价卖出，百里之内的市价得以平抑。他见马氏族谱四十多年未修，恐昭穆不辨，召集族人理其世系，搜集遗文，使之得以重修出版。邹圣脉寿其诗曰："折桂多豪杰，如翁实罕俦。虚公能服物，严正不随流。真意待人笃，才情应务优。承先善继述，裕后克贻谋。家塾开闳肆，书香绍乐丘。"[①]

邹廷彝

瑞文堂开创者是邹嵩彦，成就最著者是其子邹廷彝。邹廷彝在四堡所建的嵩彦屋，即是以其父名字来命名的，是四堡当年豪宅之一，有九厅十八井九十九间房，可与马氏中田屋相媲美。

邹廷彝（1748—1834），字徽秉，号宁轩，谱列 21 世。族谱载其传两篇，其中一篇作者宁化伍大缙，于嘉庆八年（1803）在邹廷彝家与他共同注释《四书合解》，长达两年，悉其生平行谊，为之作传，称："先生秉性冲和，学问深粹，其浸淫于诗书，敦笃乎伦纪，信服乎乡曲，皆本至诚出之，而人咸以邦望目之。"[②]又云："曾弃举业，历江湖，经纶饶裕，旋授令嗣，而丰盈益著。"[③] 即言其弃儒从书业，起家成大业。其侄孙邹家宪在所撰传文中说得更明白："经营生意、田园、书板，续置者多构厦屋于横坋里，不下两百余间，其中厅堂、房屋，无不光明，可称杰造。"[④] 邹廷彝享年 88 岁，五代同堂，享誉乡里。

邹廷彝还曾以"光华堂"名义刻书，其弟邹廷羽负责售书，

---

① 《长汀四堡里马氏族谱·九集赠诗》卷一，第 27 页。
② 《闽汀龙足乡邹氏族谱》卷二十《传文》，第 48 页。
③ 《闽汀龙足乡邹氏族谱》卷二十《传文》，第 48 页。
④ 《闽汀龙足乡邹氏族谱》卷二十《传文》，第 48 页。

“挟资游粤东、江右，所至与士大夫交，周旋晋接，名噪一时”。[①]其子孙也以印书销书为主。据其后裔邹先应称，从前家里书版很多，后皆焚毁。谱中另载，邹廷彝堂侄邹荣爱，“自成童以及艾年，皆从瑞文堂载书籍贾于西粤”，[②] 可见，瑞文堂还从事图书批发业务。瑞文堂自清乾隆初至民国初年，经营长达200年之久。

马光、马烈兄弟

马光（1702—1766），字斯觐，又字华祖，号潜溪，太学生。马定策长子，谱列21世。父马定策，创办缃山堂书坊。马光早年业儒，应试不第后方从事书业，编纂图书。因学识渊博，故所编之书精于校勘，颇为畅销。今知见有乾隆十年（1745）马光编的《尚书离句》六卷。族谱中无马光传记，不过他的两个孙子马萃大、马萃仲继承祖业，在书行中相当活跃。

马光孙媳李氏，享寿102岁，于咸丰十一年（1861）二月，蒙钦命提督学院徐树铭旌以五代同堂“七叶衍祥”匾额。并于同治十一年（1872）奉旨建百岁坊。马光刻书事迹，虽无谱传可考，但有大量遗物为证。在兹堂至今仍保留墨缸、墨盘、桉书架、刷把等印刷工具。后裔马贤仰、马日东珍藏有《周易折中》《诗经传说》《孟子》《中庸》等书版30余片。

马烈（1709—1752），字斯扬，号缵庵，马定策次子。他承继祖业并发扬光大。邑人巫兆夔撰墓志铭称他：“幼岐嶷，攻儒业。比长隽成均，倜傥不群，慷慨仗大义。与之交，如坐春风，如饮醇醪，至久勿替。……世建书坊，治生产，时或茧足走江以

① 《闽汀龙足乡邹氏族谱》卷二十《传文》，第50页。
② 《闽汀龙足乡邹氏族谱》卷二十《传文》，第72页。

南、粤之东，凡所交接，多英奇伟彦。”[①] 他还设家塾，聘名师课子侄，尊师重教，一生勤勤恳恳，且志向远大，欲“将恢宏扩其精舍，萃一族之秀而教育之”，惜壮志未酬，英年而逝。马烈为人处事，受哥哥马光影响甚多，刻书事业也得其兄大力支持。

邹序恩、邹序苑兄弟

邹序恩（1793—1858），名倬惠，号懋也，以字行，谱列 24 世。邹仁声六世孙，邹传仕第三子。谱传称他：“幼承庭训，习闻诸先哲懿行，辄景仰其为人。好读书，能通大义，每见古来忠臣义士，往往流连而不置。……又广储经籍，见古人鸿篇巨制以及忠臣孝子之传纪，不惜重资购版，流布士林，推其意，盖不欲私夫一己之飨。”[②] 其弟邹序苑（1816—1865），名倬学，号翰堂。谱传称他：“承父义庭公意旨，蹈前故辙，计赢余，权子母，仍续刊梨枣，复售书于楚卢阳等处，其有裨益于文人学士者不少。”[③] 兄弟二人苦心经营书坊，恢宏家业，至道光年间，家中所积书版汗牛充栋。

不过天有不测风云，至咸丰年间，正当邹序恩兄弟踌躇满志，将书坊办得有声有色之时，意外的灾难临头。其时太平军转战福建，占据闽西，四堡亦遭兵燹，书坊荡然无存，邹序恩为护书版被害。邹序恩遇害后，邹序苑与邹序恩的儿子们，不屈不挠，背井离乡，“不辞关山，况瘁远游粤东惠阳平桥古市，仍复旧业”。[④] 邹序恩的孙子则仍“挟经史售东粤之海陆丰”。[⑤]

---

① 《长汀四堡里马氏族谱·六集墓志》卷一，第 50 页。

② 《闽汀龙足乡邹氏族谱》卷二十《传文》，第 98 页。

③ 《闽汀龙足乡邹氏族谱》卷二十《传文》，第 99 页。

④ 《闽汀龙足乡邹氏族谱》卷二十《传文》，第 109 页。

⑤ 《闽汀龙足乡邹氏族谱》卷二十《传文》，第 110 页。

邹序恩兄弟创办的翠芸堂书坊历经劫难，坚持三代，直至清末民初。其后裔保存有《雷峰塔》整套雕版55片，另图书印制清单一份，列图书860种，并注明印刷每种图书所需的纸张数，弥足珍贵。从中也可窥见翠芸堂鼎盛时期之规模。

邹翼顺

邹翼顺（1832—1919），字允哲，号致中，邹圣祈裔孙，邹传瑞侄孙，邹炳临长子，谱列25世。少时家境贫寒，成年后以贩书为生，渐有盈余，遂立家业。五个儿子成立后，分别委以重任，或种田，或贩书，或管理书坊，或照管家庭。父子同心奋斗，家业大有发展。设立印坊，号素位堂，刻印与推销书籍并重，分别在福州、南平、潮州、漳州等地开设分店，家资渐丰。

1920年，邹翼顺在雾阁田墩寨脚下兴建豪宅一座，门楣上书“云峰拱秀”四字，至今犹存。此宅从门楼设计到内部结构都与众不同，可谓别出心裁。门楼泥塑砖砌，呈“一字”平立。厅堂内门、梁、窗等处雕刻许多人物、动物和花草图案，雕工精细。以中厅、前厅、后厅为中轴，两边横屋相对称，整体建筑前低后高。

邹翼顺之子邹作就（1859—?），名甘京，号京山。先是在漳州售书，后开设素位山房书局。主营图书，同时兼营文具，成为漳州图书文具业中的佼佼者。

素位堂及素位山房历经三代，由邹翼顺到他的孙子邹光辉，时间长70多年，于1951年歇业，是坚持到最后的四堡书坊之一。刻印书籍百余种，其中不乏印制质量上乘者。

邹宏化

邹宏化（1663—1727），字明胜，谱列18世。据邹氏下祠谱记载，从邹宏化父辈开始即在外售书，他是第二代书商，也是四堡最早从事图书销售的书商。谱传称他："生而状貌魁梧，自幼性颖悟，器宇昂藏。读书不屑屑于循行数墨，而上下千古之德言道气，治乱盛衰，皆了如指掌。比壮，慕太史公，愿遍游名山大川，必欲踞九嶷、倒三峡，收纳两间之秀灵奥异于胸中而后快畅。"① 其夫人贤淑，能操家政。他便携琴剑，负图书，在浙江瓯江流域、江苏和两广一带售书。他侨居最久的地方是福建漳州，在此建百尺楼，筑芝兰室，朝夕登堂者皆海内学士文人，与客人谈笑风生，生意兴隆。后在漳州终老。

邹宏化去世后，儿子邹应乾、孙子邹圣权继承了家业，以独特的理念世代经营着书店。至曾孙邹廷师、邹廷仁主持书店时，逐步缩小经营区域，只在漳州、潮州设店贩书。邹宏化家族是世代只售书而不刻书。其成功，一是凭自身学养，能与文化人相交流；二是靠诚信，口碑载道；三是不断了解图书市场，先是确立一个极广的销售地区，摸清了解情况后，选择地点着重经营。这种售书实践，对于刚刚起步从事书业的书商来说，极有启发。

马萃大

马萃大（1768—1858），字正存，号厥中，谱列 23 世。马萃大出身于马屋刻书世家，祖上曾创办经纶堂、缃山堂书坊。他的一生专注于售书，足迹遍及福建、两广、两湖各地，是四堡典型的儒商。

谱传记马萃大："天性倜傥，幼时器识如成人，每出语辄惊其长老。顾以家业寒素，无力卒儒业，思弃而为贾，则语人曰：'吾辈务什一，日与市井侩贩伍，如面目可憎何！吾甚厌鄙之。

① 《闽汀龙足乡邹氏族谱》卷二十《传文》，第 5 页。

计足以谋生而仍得以亲缙绅先生之言论风采，俾得薰育以成其德者，惟贾书之业。无已，吾其事此乎?’由是，之闽、之粤、之楚，足迹几半天下。得遍接当世之士大夫，而识见益广。盖公虽逐锥刀，而素性严毅，厚重少文，然诺不稍欺。居肆之暇，时复流览典籍，能通其大意，故士大夫亦雅重之。”①

中年之后，家道日隆。遂辍业回乡课子。马萃大彬彬有风度，以和睦乡里为务。家族如有纠纷事，得他调解皆释然。如两两相持不下者，则暗中酌情出资调解。他生有六子，都卓立不群。第六子马玉璘，有父风，在两广地区贩书十年，又往云南销书三载。同治十年（1871），马玉璘回到四堡捐资建祠堂、修族谱。

马萃大的行商事迹，渗透着儒家的文化精神，同里邹励成推崇有加，他为马萃大作传感叹道：“论曰：汉法贾人不许入官，良以计较明则机巧熟，不复存浑朴之意也。而公独以商贾而行士君子之行，又安得以贾人少之哉？迹公之生平，虽及身之事已足以贻声于不朽，况兼以身后之遗泽尤所不可磨灭者乎！甚矣，贾亦有道，而术之不可不审慎也。”②

马萃大行商思想与实践，也对今天的出版业有所启示。

马伯瑝、马益润

马伯瑝（1890—1933），又名象昂，字启明，谱列 26 世。幼时家贫，十一岁方入私塾念书，颖悟非凡，师长甚为器重。一年后因家境愈艰而辍学，改习琢银。十五岁随父亲往广西贵县开书肆。常以幼年失学为憾，业余犹手不释卷，为店中同事所敬重。

---

① 《马氏大宗族谱》卷一《列传》，第 83 页。

② 《马氏大宗族谱》卷一《列传》，第 84 页。

马伯瑝待人诚恳有信，终日与书打交道，广交游，不数年便誉满书行。后仍自以学识不足，入师范学校读书。刚毕业，因母病回乡侍奉。母亲病逝后，在家主持家政。1930 年前后举家迁广西，重操旧业，开设本立堂书店，“经商于百粤八桂间”。1933 年因积劳成疾，病逝于广西，葬广西田东县北郊。

马益润（1893—?），字汀洲，马伯金长子。长期在广西贵县经营书店，去世后葬广西贵县西门外百门冈，立有碑记“闽汀本立堂祀”。据其孙马痴生称，民国初年马益润曾与族伯马伯瑝合股经营本立堂。马伯瑝回乡后，马益润独木难支，又与雾阁邹继善合股经营。其时，四堡书业已经衰败，惜这种符合商业规律的股份制经营来得太晚，最终还是无法挽救四堡书业的衰亡。四堡马、邹二氏合股经营本立堂在民国时期被传为佳话，马伯瑝、马益润也是四堡刻书业晚期杰出的书商。

邹建池

邹建池（1848—1898），字新城，邹氏上祠谱列 23 世。父亲邹联飏，早年在广西南宁创办文海楼书店。邹建池因父亲早逝，不得不弃儒业，年十八岁接掌文海楼，往来售书于两粤之间。他为人见识通达，意量宏大。脚踏实地，事无巨细，躬亲力行，“时南宁、灵山、汀郡皆有书坊，落落散布，距故乡在数千里外，而此处与彼处或距千里，或数百里，终岁往来期间，总持大纲，而揽其成，有所调度，遵之辄如意。所用人皆乐为尽力，无敢售其欺者，故其业益恢廓。其各处之业，以灵山书坊为主，中年置家于此。”①

在十九世纪晚期、二十世纪初，邹建池主持的文海楼书坊遍

① 《范阳邹氏族谱》卷三十三《传文》，第 98 页。

及福建（长汀）、广东（潮州、灵山）和广西（南宁、横州）。他和儿子们经营长汀、潮州和灵山书店，他的弟弟邹建芳掌管南宁书店，侄子经营横州的书店。在晚清四堡书业走向衰落的时期，邹建池能建起如此大规模且稳定的商贸网，可谓创造了奇迹，使文海楼成为四堡少数几家复兴的书店之一。

美国学者包筠雅在南宁考察中发现，当年有人对邹建池的勤勉颇有微词。他们将邹建池形容成令人畏惧的人，每次邹建池到书店，总会详细地核查账本，书店经营者如他的弟弟、儿子或侄子等在汇报情况时，他总会大声训斥，并严厉责罚中饱私囊者。笔者认为，这既是邹建池的缺点，也是其优点。一个成功的管理者，假如没有这种令行禁止的强悍作风，是不可能把一个企业发展壮大的。邹建池“开张书肆五处，以一身经略其间，各皆就绪，大获资财。于灵邑建祠置产，以祀祖考。回乡里筑宅购田，以鸠室家”。[①] 而且，在家乡还做了不少善事，如替人还欠债，不吝千金，周急困贫，多方筹划。“莫不井井有条，亦无不各如所志。诚所谓己立立人，己达达人者矣”。[②]

邹建池还曾想为家乡做三件大事，即葺宗祠，修族谱，整水口。此三事款巨事烦，他拟回乡料理这些事务，惜于光绪二十四年（1898）十月病逝于灵山。

邹伯龙

邹伯龙（1775—1844），字传庆，号达卿，又号吉斋，邹澹园儿子，谱列 23 世。谱传称他：“为人光明正直，敦厚温和。幼喜读书，长尤嗜学，从游涂、黄、邓、马四先生，咸器重之。异

---

① 《范阳邹氏族谱》卷三十三《传文》，第 99 页。

② 《范阳邹氏族谱》卷三十三《传文》，第 99 页。

日当以文章著闻。因家口浩大，难于卒业，乃载古人册籍客于粤之高、雷间，为治生计，但货殖古贤有不废者，先生殆学其学，因事其事乎？”① 邹伯龙风餐露宿，数十年往返其间，渐获孳息，与弟弟邹传赏在高州开了一家六宜本堂书店，辛苦经营，家道日隆。居家克勤克俭，处世克谦克恭，每见遗文片纸，恒加敬惜。当地文人学士乐与交往，购买他销售的书籍，在业内名声很好。其弟邹传赏，协助邹伯龙经营书店，惜英年早逝。

邹伯龙有四个儿子，长子邹家宪业儒，次子邹家濬承继父业销书。邹家濬，字济川。早年随父亲往广东高州销书。咸丰年间，高州连续多年发生叛乱，邹家濬夫妻及侄儿，不幸被害于高州附近的黄石坑。邹家濬之子邹赞隆躲过一劫，他担心再受匪患，便离开高州，前往广东灵山县，重振旗鼓，继续开店售书，颇获资益。于同治九年（1870），将父母遗骸迁回四堡。

邹伯龙一家三代长期在广东、广西开书店，历尽艰险，遭受磨难，乃坚持下来，展现了四堡书商的顽强与韧性。由此可见，振兴书业不仅要有经商本领，还要有敢于冒险的精神。

邹国良

邹国良（1822—1896），字同德，号佐臣，谱列 23 世。长子邹发瑜所写的传文，称其父自幼颖异嗜学，因为父亲多病，家境清贫，虽有兄长独立支撑，全家尚难糊口。邹国良读私塾时，十分刻苦，夙兴夜寐，一日父亲疾发作，斥责说：“今晨读，便登鼎甲乎？”只好弃学。年十二岁，往长汀印书，蓬头垢面，难以形容。稍长，随伯父贩书平远、武平。买卖像别人一样，只是书写账簿时，不免提笔畏缩，只好请随行者代笔。此后，邹国良偶

---

① 《闽汀龙足乡邹氏族谱》卷二十《传文》，第 76 页。

有空闲则握笔临摹学习，逢人则虚心求教，看书则察字核形，虽音读不准然文理渐通。日积月累，群书遍览，与之交游的文人学士，竟不能窥其底蕴。继而自学医术，医人不计酬金。同时，经商成功后回乡买地、筑屋、结婚生子。行有余力，则修桥铺路，广布善书。“厥后游于嘉之兴宁、长乐，潮之揭阳、惠来、海陆、永安诸处，获资颇裕。”[①]

邹国良出身卑微，家境贫寒，幼年失学，靠自己努力在外经商致富，在乡少有威望，所以在为二伯修造坟墓时，遭受马姓富人劫骸之辱。邹国良花了九年时间打官司，方取回伯父遗骸，葬回原处。邹国良儿子在写其传文时，感叹寡敌众、贫敌富，如卵击石。假如父亲是硕儒的话，那就不会受此屈辱。念及父亲幼年失学事，“使当日者，父之遇祖如父之不惜重资延师以教男等，即不身受大任，而具此才志，亦当所如皆合，得遂生平之愿。”[②]由此可见读书人在四堡人心中的地位是很高的，邹国良因失学而为人所欺，皆因其父目光短浅所致。邹国良能在这样的家庭环境中能脱颖而出，发家致富，实在难能可贵。

据包筠雅考察，广东东部的潮州府、惠州府和嘉应州是四堡邹、马两氏贩书的中心地区。仅潮州一地，就至少有 19 位四堡书商，其中 18 位来自邹氏下祠，1 人属马氏宗族。邹国良在广东潮州一带建立了自己的商业网，往来于潮州、揭阳、惠来及嘉应州的平远、兴宁和长乐各县，还有惠州府永安县等地贩书。邹国良是印刷工匠出身，却能在销书中获得成功，引起了邹氏下祠族人的注意，纷纷效仿涌入广东潮州一带流动销书或开店营业，实际上他是四堡在咸丰兵燹之后重振书业的引领者之一。

---

① 《闽汀龙足乡邹氏族谱》卷二十《传文》，第 96 页。

② 《闽汀龙足乡邹氏族谱》卷二十《传文》，第 96 页。

邹秉均

邹秉均（1718—1796），字永生，号鸣盛，邹葆初重孙，谱列 19 世，是四堡邹氏早期海外贩书经商者。族谱记载了他往印尼、暹罗经商的情况，邹秉均在爪哇主要贩卖茶叶、丝织品、瓷器和书。四堡雾阁也盛传邹秉均曾在马来西亚贩书，还与乡人同往印尼售书。

谱传称邹秉均七岁入私塾，十二岁辍学为印坊装订工，十七岁随伯父到江西樟树镇售书，“所谋未遂”。三十岁，前往印尼咬留巴（今雅加达），从事丝绸、茶叶、瓷器贸易，他善交往，守信用，获利颇丰厚。乾隆二十三年（1758），从海外归来，又在福建崇安开设“金春”茶行，收购、加工当地特产武夷岩茶出口贸易，“持筹握算，如愿以偿。不数载，黄金白镪累至巨万。名噪三江、两湖暨闽、粤诸省。”[①]

邹秉均颇有先祖邹葆初雄风，不甘贫困，勇于拼搏，组织家人在四堡刻印书籍，自己则在外闯荡经营。邹秉均雄于资，曾雇 50 多位挑夫，运 100 担的图书到外地市场销售，获得巨大成功，成为四堡当年一代巨富者。他发家后，不忘故土，乐善好施，为四堡书业的发展，做了许多有益的事情。如随着四堡书业的兴盛，原雾阁南桥街墟市已不能适应市场发展的需要，为此，邹秉均首先倡议对原有虚市进行整合改造，建议同时开辟新墟市。他带头捐款、捐地，把原有的集市地改造成各大书坊、各大商号的商品集散地，使之成为远近闻名的图书市场。另辟新墟建于村口天后宫前，以利逢五、九日集市，为附近行商提供商品交易场所。再如，他投资创建“致远书屋”，设馆延师，免收学费，为本乡培养众多人才。

---

① 《范阳邹氏族谱》卷三十三《传文》，第 39 页。

第三章　四堡书坊业主与堂号

一、明末清初创设的书坊

邹氏上祠

邹希孟（益智堂）　旧址在雾阁衙官屋，创设于明万历间。业主邹希孟（1578—1643），名辑鲁，字维宗，号希孟，以号行，邹学圣四子，谱列 14 世，是四堡书坊创始人之一。其父邹学圣，曾任杭州府仓大使，于明万历八年（1580）致仕回乡，带回苏杭地区先进的灯艺与雕版。创办清泉书院，用带回的雕版印刷教材。后指导诸子开坊印书并运往杭州、广东等地出售。邹希孟善于经营，富甲城乡，广置书田。他生十一子，成立十人。四子孟瑞“能守而兼能创”，在兄弟帮助下开坊刻书，集编、印、发为一体，发展迅速。九子孟和“贸易经营，条条就绪，游吴入粤”，推销图书。家境日渐富裕，积累万金，置田数百亩，筑屋十所，兄弟各分一所。邹孟瑞长子启观，“分父箧中物，束装游吴、浙，牵牛车，远服贾，获千金而归”，次子启壮，亦“操计然术”。邹希孟曾孙辈善经营者也很多。益智堂延续四代，直至十八世纪邹尚忠改号碧清堂为止，时间长百余年。早期有邹孟启益清堂、邹孟瑞崇圣堂、邹孟都振之堂、邹致臣明德堂等，中期有邹尚忠碧清堂，晚期有应文堂、文海楼、文香阁等。

邹葆初（崇德堂） 旧址在雾阁岗背，创设于清康熙初年。业主邹葆初（1617—1672），名孟纯，谱列15世。早年在广东兴宁县开办书坊，康熙二年（1663）迁回故里，创办书坊，继续刻书，是四堡书坊创始者之一。族谱称其“起家东粤，归于闽汀。丰功伟绩，全在刊经。公刻书来，多人学步。通里文明，实公宣布”。[①] 书坊遗址岗背老屋大堂原挂有“崇德堂”匾，今不存。据其后裔称，从前老屋留有大量书版，二十世纪六十年代被烧毁，今尚遗存有崇德堂藏版《元亨疗牛集》残片若干。崇德堂书坊中期以邹麟史父子为代表，晚期以邹鸣保父子为代表。邹葆初世家由15世延续至22世，长约250年。

邹德襄（会文堂） 旧址在雾阁中原屋，创设于清康熙年间。业主邹德襄（1636—1713），字启赞，号在公，邹学圣曾孙，邹孟机之子，谱列16世。谱传称：“生平慷慨，正直刚方。续佳城以安祖考，镌经史以利后人。”[②] 其父邹孟机长期在外售书并客死广东嘉应州（今广东梅州）。次子邹华臣继承父业刊版印书。孙子则在外售书。曾孙邹锦绪（1738—1801），继承祖业并发扬光大。谱传称：“公讳锦绪，字继云，魁文公之子也。兄弟三人，公行二。幼聪颖过人，慧根至深，读书目数行下。年十九失怙，因弃儒就商，服贾于广省。少年练达老成，经营会计，不烦长者督责。二十四又失伯兄，其弟尚幼，公于是未远游，而荷家政于一己，图维区画，不辞劳苦。凡构造书版，续置田庄，悉本公之

① 《范阳邹氏族谱》卷三十四《行实》，第9页。
② 《范阳邹氏族谱》卷三十四《行实》，第9页。

勤劳以致之。”[①] 会文堂历经五世百余年。

邹致臣（明德堂） 旧址在雾阁上祠堂边，创设于清康熙年间。业主邹致臣（1672—1748），字许国，号彩林，邹学圣玄孙，邹大贞之子，谱列 17 世。谱传称：“素有大志，谓丈夫贵自奋。比长，便思遨游湖海，牵车而服贾。……镌刊枣梨，以开书肆。”[②] 邹致臣生六子，均能承继父业。孙邹怀川，曾孙邹立萃，则运书到江西樟树等地销售。来孙邹任瀚，擅长书法，是四堡著名的雕版写工。据邹致臣后裔邹恒深回忆，祖上刻过《四书》《五经》《三百千》《三国演义》等书。

邹氏下祠

邹抚南（培德堂） 旧址在雾阁村梅园，创设于清康熙初年。业主邹抚南（1650—1738），字仁声，号梅圃，邹兆熊次子，谱列 19 世。据族谱记载，邹抚南是邹氏下祠最早的刻书者。谱传称：“建梧冈家塾以育人才，多镌经史秦汉诸书，广而布之，均有裨益于世道人心。”[③] 邹抚南少年有为，14 岁时因其父外出售书，即主持家政。邹抚南生七子，即圣祈、圣脉、圣瑞、圣默、文彩、文伟和文学（早夭）。子孙除耕读外，均承祖业，“镌经史，缥囊缃帙走遍天下”，是邹氏下祠最大的刻书世家。早期有培德堂，中期有寄傲山房等。

邹镇南书坊 旧址在雾阁村土楼屋，创设于清康熙年间。业主邹镇南（1664—1708），字达生，号梅田，邹兆熊四子，谱列 19 世。创办书坊稍迟于其兄邹抚南，亦颇为成功。谱传称：“公

---

① 《范阳邹氏族谱》卷三十三《传文》，第 32 页。

② 《范阳邹氏族谱》卷三十三《传文》，第 15 页。

③ 《闽汀龙足乡邹氏族谱》卷二十《传文》，第 8 页。

性恬淡寡营，以镂板为业，所得财帛修桥梁、筑道路，间以施乡之贫乏者，自辟一廛，平居蔬食。”① 邹镇南生三子：圣绳、圣地、圣修。圣绳和圣修均承父业刊书、售书。长子圣绳，字武彦，号月峰。父在世时，负责往各地推销图书。父亲去世后主持家政并刻书。次子圣修，继承父业，延绵数代，成为四堡杰出的刻书世家。邹镇南父子刊有《四书》《五经》等。早期书坊堂号待考，中期有萃华堂等。

马氏下祠

马维翰（万竹楼） 旧址在今四堡马屋村岌下，创设于清顺治年间，是四堡马氏创办最早的一家书坊。业主马维翰（1639—1700），字翊腾，号厚斋，马大昭长子，谱列19世。谱传对其刻书事记述颇详，称：“贾书于江广间者凡十四五年，颇获利，其父尝顾而乐之。而弟适夭，……为父母忧，不复业贾书，而募匠剞劂梨枣，募印书籍，以为诸贾贩，其利且倍蓰于远贾，而得朝夕奉侍于父母。”② 他的三个儿子亦能承继父业刻书、售书。孙子业儒，曾孙马祚昌在江西信丰开店售书。马祚昌之子马源盈承父业，后客死信丰。马维翰书坊自清初创办延续至光绪年间，长达200多年。

马利群（经纶堂） 旧址在今马屋中田屋，创设于清康熙年间。业主马利群（1651—1710），名权亨，马大蕃之子，谱列19世。马氏下祠谱对其刻书事记述颇详：“年十三，父宗衍公捐馆，次弟乐群公方七岁，季弟周群公未及周。……公忍饥耐寒，凡樵牧农圃小贩之事，无不为之，不敢少有懈怠，而一家四五口乃得以不甚冻馁。及两弟稍长，因资本于伯父而斯征斯迈，渐有余于衣食，各得婚配。既而开坊募刻《四书集注》《备旨》等板，颇

---

① 《闽汀龙足乡邹氏族谱》卷二十《传文》，第11页。

② 《长汀四堡里马氏族谱·七集列传》卷一，第38页。

获利。……既分居，公之长子定邦，年少而裕于才，公以家政委之，而自贸易于粤。”①

马利群五个儿子均承继父业刻书、售书，后辈从事刻书者更多，家业兴旺，是马屋最大的刻书世家，延续时间长280多年。马氏后裔保存有不少上代财产分关文书，文书中把书版作为财产进行分关，记有书版名称，弥足珍贵。所刊图书除《四书集注》《四书备旨》外，还有《幼学琼林》等多种，其后裔至今尚珍藏清代书版数十片。

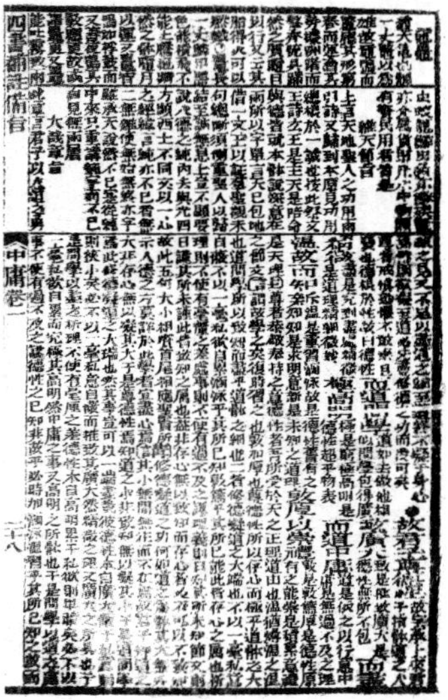

马氏中田屋刊大版《四书补注备旨》

马周群（本立堂）　旧址在今马屋大桥下，创设于清康熙年间。业主马周群（1662—1748），名权文，字周群，号守拙，马利群三弟，谱列19世。谱传称其：“开坊募梓，集书板充栋，致资倍。寿跻八十有二终，子二人，孙六人。”② 马周群次子澹庵承继父业，经营有方。其后代没有新的发展而渐衰，至25世马伯瑝才重振旗鼓。马伯瑝15岁随父亲在广西贵县贩书，又与弟马伯金同在贵县开设本立堂书店。后马伯金之子马益润又继承了本立堂书业，继续经营。马益润客死贵县，所立墓碑镌有“闽汀本立堂祀”数字。据马周群后裔马已生称，马伯瑝、马伯金兄弟在清光绪年间生意做得很大，并与邹氏下祠邹继善合伙经营本立堂，改称本立堂书局。马周群本立堂刻书始于康熙年间，终于民

① 《长汀四堡里马氏族谱·七集列传》卷一，第42～43页。

② 《长汀四堡里马氏族谱·七集列传》卷一，第45页。

国初年，其间虽有沉寂，仍能延续250多年。所刊图书知见者有《佩文韵府》《康熙字典》《三国演义》《河洛精义》等数种。

马宽裕（文汇楼）　旧址在今马屋南山下，创设于清康熙年间。业主马宽裕（1670—1754），字良容，号桂亮。马其炳五子，谱列19世。善克择堪舆，著有《炉传通书》《名公应酬》《新增幼学》《催福通书》《经史典故》诸书。曾在广东惠州开书坊。是马屋最早在外地开书坊之人。他在家乡创办文汇楼书坊后，又到广州、惠州和南雄等地开设书店。他生六子，长子隆晋和四子隆铭均在家刻书，三子隆剑在广东南雄开书坊，堂名“文汇楼”。马宽裕胞弟宽仁亦能著述，著有《遨游草》。知见马宽裕刻书有刻于康熙年间的《增补鉴略》等。其27世裔孙马传渭兄弟至今仍珍藏祖上书版56块，书名有《注释小题及锋集》《万法归宗》《孟子》等。

马定邦（文萃楼）　是由其父马利群经纶堂分出，旧址在今四堡马屋村中田屋，创办于康熙中期。业主马定邦（1672—1743），字则贞，又字贞林，号怡庵，马利群长子，谱列20世。长子马龙所撰《怡庵公行述》记其12岁时在马屋村东升寨刊版情形：“家中亦于是年在东升寨刻《四书集成》板，供给数十刻匠饭餐，米置甑中，力不能举，先将甑放下锅后，以箕一箕一箕递米下，熟即命匠举起。”[①] 盖其从小就在书坊中历练。他初承家业时相当艰苦，年十六岁，父亲马利群经商于外，将家政交给马定邦料理，马定邦以“小纸两箍”为资本，自为排印，卖完再入山买纸，自己担回，又自为排印，如此循环不已，得以起家致富。马定邦长子马龙是贡生，业儒为生。次子马就，太学生。后马定邦以家业甚繁，难以兼理，命马就董理，遂抛儒业，专门负责售书，谱载：“公初改业，每岁载携书籍往粤，冬则载币旋乡，

---

① 《长汀四堡里马氏族谱·七集列传》卷一，第74页。

扩充家产数倍。”[1] 马定邦父子经营的文萃楼发展很快，生意越做越大。马定邦临终前，把家业交给长孙马履智，说：“吾病必不起，家无多人，诸弟侄尚稚，汝叔岁必往粤，汝父又专举子业，刊书家事甚繁杂，惟汝堪其任，务辍读而掌理焉。”[2] 于是马履智继承祖业，“弃儒而为坊刻务，积久刊板颇多。”马履智传子源秉，源秉传子相皋。马相皋（1785—1851），字方前，又字伟才，号比兰、九园。他将文萃楼经营得非常成功，为子孙后代留下不少产业。马屋村南的中田屋就是马定邦父子所建。这座建筑占地4000多平方米，内有九厅十八井，九十九间房，是四堡清代所建规模最大的屋宇之一。同时拥有良田百亩。马定邦所刻图书有《四书大全》、《四书集注》、《四书备旨》、《四书详注》、《诗经注》、小说、医药书等。

马定策（缃山堂） 遗址今在四堡马屋南山堂，门楼上“缃山堂”三字至今犹存。缃山堂创设于清康熙年间，由其父经纶堂分立出来。业主马定策（1677—1741），字则升，号敬峰，马利群第三子，谱列20世。马定策之子马烈于乾隆中期承继家业后改号“务本堂”。马定策曾孙马松存道光间另立在兹堂。马定策刻书、售书事迹，谱传亦有记述：“及壮，间往来于吴粤间，一钱尺帛，不敢少私。……公二子，长光、次烈，俱太学生，能恢公业。”[3] 缃山堂所刻

马定策缃山堂旧址

① 《长汀四堡里马氏族谱·七集列传》卷一，第95页。
② 《长汀四堡里马氏族谱·七集列传》卷一，第7页。
③ 《长汀四堡里马氏族谱·七集列传》卷一，第56～57页。

图书，据马烈乾隆三十八年（1773）财产分关文书中得知，有《四书正义》《书经汇编》《五经捷》《唐诗合解》《幼学备旨》《幼学直解》《活幼心法》《朱子或问》《幼科铁镜》《地理大成》《外科灰余集》《左传经世钞》《诗经体注》《礼记疏意》《医学入门》《医方集解》《纲鉴汇纂》《医方本草》《灵枢素问》《大小南北宋》《纲鉴易知录》《字汇》《徐氏针灸》《医方药性》等87种。

马益保上祖（翼经堂）　遗址在四堡马屋岌下，创设于清康熙间。关于翼经堂的创设时间，1993年新修的马氏族谱认定马屋翼经堂创办人是同治年间的马益保。这个说法并不正确。马益保（1843—1912），字淮刊，号其珠，是马任伯三子，马从绍之孙，马源吉曾孙，马祚彬玄孙。而在同治之前四堡就有翼经堂刻本，笔者就藏有清嘉庆十六年（1811）翼经堂所刻《诗经精义》。美国布朗大学教授包筠雅在四堡则发现了清康熙年间翼经堂刊刻的《悬金字汇》。可见翼经堂创设时间不会迟于清康熙年间，创办者不是马益保，而是他的祖上，即其高祖马祚彬的父辈。马氏下祠谱虽然没有记载，但马益保的孙子马启祥保存有一份马益保曾祖

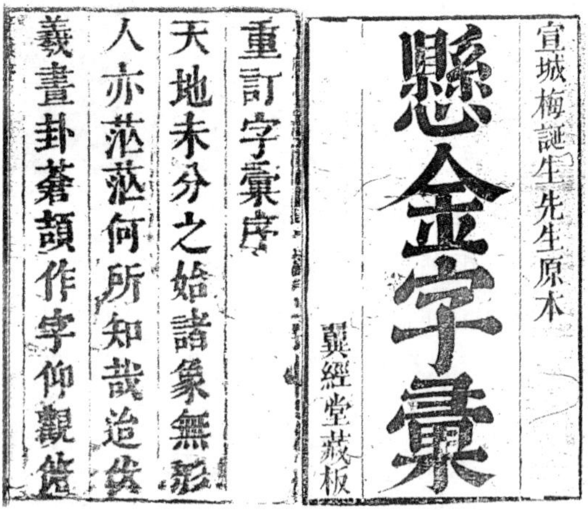

翼经堂刊本《悬金字汇》

马源吉的分关文书，载分授各房书版79种。由此可见当年翼经堂刻书、印书情况。马源吉一系后来从事书业的只有马益保及其子孙，故可以认为马益堡大部分承接了祖上的书版，并且以印书、售书为主。马益保生有马传新、马传发二子。马传新曾到广东梅县开书店售书，堂号亦叫“翼经堂”，马传新之子马启祥(1916—1993)，跟父亲一道在梅县经营翼经堂，直到二十世纪五十年代公私合营时方回四堡。正如马云章在《四堡印书业的兴衰梗概》一文中所言，翼经堂是马屋与万竹楼、林兰堂、德文堂一样规模宏大的书坊。

二、乾隆嘉庆间创设的书坊

邹氏上祠

邹尚忠（碧清堂）　旧址在四堡雾阁衙官屋，创设于清乾隆年间。业主邹尚忠（1691—1761），名洪夏，字尚忠，邹佐臣之子，谱列18世。其人“存心忠厚，应事率真。不贪不嫉，木讷近仁”。四代同堂，埋头苦干，书业迅速发展。其后裔邹日升称，据碧清堂遗留下的部分账册所记，碧清堂当年每次发往外地的价款就有白银一万两之多，外地客商前来采购的年营业额均在十万两白银左右。邹尚忠的儿子邹熊云在广西灵山开书店。孙子邹应乾、邹立乾，曾孙邹元翰、邹元超等均以碧清堂名义在

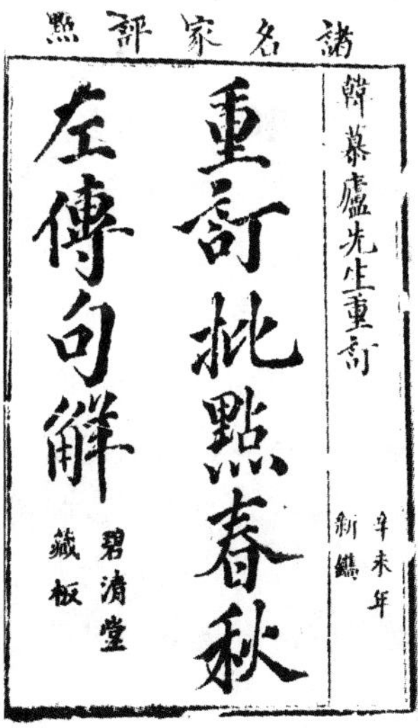

碧清堂刊本《重订批点春秋左传句解》

广西灵山刻书、售书。知见碧清堂刻本有《四书章句集注》《重订批点春秋左传句解》等。

邹洪春（佐圣堂）　旧址在四堡雾阁端臣屋，创设于清乾隆年间。业主邹洪春（1721—1786），字本祖，号心远，邹端臣长子，谱列18世。谱称其父“取泉刀，权子母，学陶朱公，屡致千金”。邹洪春继承父业且胸有蕴抱，他认为“将古人载籍镌刻枣梨，俾之不胫而走，四方咸知圣贤翰墨之精神血脉，贯注流通，且可开财源以赡家口”。[①] 知见刻书有《四书》《五经》《百年经》等多种。

邹丹文（墨香堂）　旧址在广东某地（待考），创设于清乾隆年间，是四堡邹学圣子孙中早期在外省开设的书店之一。业主邹丹文（1691—1770），字洪策，号扶祖，邹五臣之子，谱列18世。丹文与兄长洛文在外售书。谱传称其“既游粤东，鬻书列肆。幼学宿学，购为利器”[②]，“奔走江右、岭南，觅升斗以色养高堂”。[③]

邹观辉（观澜堂）　旧址在四堡雾阁溪埄上，创设于清乾隆年间。业主邹观辉（1734—1815），字怀光，号尚宾，谱列19世。谱载其父邹世忠往广东售书，邹观辉“志切缥缃”，开办书坊，潜心经史。观辉次子朝梁（1758—1835），字全亮，号一轩，谱列20世。早年读书，进秀才，后因长兄早逝，不忍父母日夜操劳，弃举业而主持家政，亦农亦商，耕读与刻书并重，成为四堡显赫一时的望族。朝梁堂弟朝锦，专门负责向外推销图书，在广东、广西一带售书。邹观辉父子所刻图书，有其曾孙邹联寓林文堂所遗大量书版可证，其中仅《五经》书版就有70多片。

---

① 《范阳邹氏族谱》卷三十三《传文》，第17～18页。

② 《范阳邹氏族谱》卷三十四《行实》，第16页。

③ 《范阳邹氏族谱》卷三十三《传文》，第25页。

邹锦绪（会文堂）　旧址在四堡雾阁中原屋，创设于清乾隆年间。业主邹锦绪（1738—1801），字继云，邹魁文之子，谱列19世。自从其曾祖邹德襄创设会文堂以来，祖父邹赵国苦心经营，扩大产业，父邹魁文则守业有成。邹锦绪自幼聪颖过人，读书一目数行。19岁父亲去世，只好弃举业而服贾于广东等省。24岁兄长去世，而弟幼小，于是“荷家政于一己，图维区画，不辞劳苦，凡构造书板，续置田庄，悉公之勤劳以致之”。[①] 会文堂经四代人奋力经营，至嘉庆间达到鼎盛。

邹麟史父子（崇德堂）　旧址在四堡雾阁村岗背，邹葆初创设于清康熙初年，乾、嘉时期由邹麟史父子续办。业主邹麟史（1710—1760），名孔章，字清玉，邹葆初曾孙，谱列18世。谱传称：“持家也克勤克俭，不惟涉持得体，且有古人百忍之风焉。”[②] 长子邹明辉，承继祖业，谱传称：“有弟三人，年俱幼，父早逝，仍袭旧业，贩售经史，游西粤。”[③] 明辉不仅在家刻书，还到广东高州府电白县开店售书。据邹氏后人回忆，邹明辉刻书传至曾孙邹联和。邹联和留下一整间的书版，1966年方被焚毁。书版有《三字经》《千字文》《四书》《五经》等。邹联和的曾孙邹金福为见证人。

邹龙川（翰文楼）　旧址在四堡雾阁后石桥子仁屋，创设于清乾隆年间。业主邹龙川（1723—1772），名铉猷，字正望，以号行，邹述文次子，邹殿谟孙，谱列19世。谱传称：“幼读书一目数行，悉能遍诵，通于制艺，尤长诗赋。……治家严而有法，常以古训作箴铭。”[④] 13岁随父售书于江西樟树，后在其地开书店，同时主持家政并刻书。翰文楼是四堡规模较大的书坊，其

① 《范阳邹氏族谱》卷三十三《传文》，第32页。

② 《范阳邹氏族谱》卷三十三《传文》，第30页。

③ 《范阳邹氏族谱》卷三十三《传文》，第41页。

④ 《范阳邹氏族谱》卷三十三《传文》，第43页。

时，邹氏下祠族人邹圣脉为其新建书室题诗曰：“数亩书田世守长，富储千卷号书仓。年年不用输王税，留作传家翰墨香。”① 邹龙川以其诗意取“翰文楼”为书坊堂号。

翰文楼第二代业主是邹龙川次子邹子仁（1755—1827）。子仁名孔爱，号静庵，以字行。他赋性仁慈，承父遗命，在梧冈之石桥头建屋，即今所留“子仁屋”。且又精于医学，故所刊图书多为医籍。邹氏后裔家藏医书60余册，多为邹子仁所刊。其中有翰文楼所刊福建长乐名医陈修园的著作，如《医学实在易》《医学三字经》《时方妙用》《验方新编》《灵素集注节要》等。此外，还刊有《四书》《五经》《医宗金鉴》《医方捷径》《药性赋》《古文析义》《对联大全》《算法》等。邹龙川长子邹子麟，负责对外推销图书，家政及书坊由邹子仁主持。据族谱记载，邹龙川子孙在外售书、开店者多达45人。

邹忠瑞兄弟（德新堂）　旧址在四堡雾阁村溪墘上，创设于清乾隆年间。业主邹忠瑞（1751—1835），名铉新，号焕堂；邹满瑞（1759—1798），名铉鸿；均是邹述文堂弟邹采文之子，谱列19世。邹席珍撰《恭祝忠瑞叔大人七秩寿序》称：“吾叔广镌古今遗编，布诸海内，锱铢所积，饶若素封。然衣食居处，淡泊自甘，恬如也。”② 可见规模不小。邹忠瑞兄弟的儿子及孙子刻书情况不详，而邹满瑞曾孙邹克祯刻书情况则有迹可寻。族谱记其在长汀县城设书局，

德新堂内封版框

① 《范阳邹氏族谱》卷三十五《诗词》，第29页。
② 《范阳邹氏族谱》卷三十四《寿文》，第45页。

所居老屋至今犹存，内有墨盘二个，雕版架两副，书版若干片。据后裔邹光焕说，曾祖邹克祯刻书、售书远近闻名，老屋即印房旧址。从前家中尚留有两个雕版架，所存《唐诗合选详解》的版片，约有数百片，镌有“宁邑德新堂”堂号。

邹子肇（翰宝楼）　旧址在四堡雾阁村石桥头，创设于清乾隆嘉庆间。业主邹子肇（1770—1834），名孔昌，号启园，邹龙川三子，谱列 20 世。邹子肇三岁时，父亲去世，由长兄邹子麟、次兄邹子仁抚养成人。他“虽年少而练达老成”，曾与长兄客游广西，后又售书云南以及江西樟树、吴城（今属永修）和湖北汉口等地。继承家业，改堂号为翰宝楼，继续刻书、售书。邹子肇擅书法，能自写书样，上版后由刻工镌刻。据其玄孙邹从松称，翰宝楼当年刻书很多，至今家中仍藏有书版 103 块，系《同怀制义》《小草庐时文》《诗赋韵珠》三种书的版片。其中《同怀制义》中有 10 多块版心下刻有“静读山房”字样，疑为邹子肇书屋之名。

邹孔嘉（祖述堂）　旧址在四堡雾阁村龙山麓，创设于清嘉庆年间。业主邹孔嘉（1760—1838），字子瑶，号玮轩，邹龙冈次子，谱列 20 世。谱传载：“至十余岁，弃儒业，与伯兄龄轩公同贸易于豫章之樟镇，筹画经营，屡获重利。厥后遨游两粤，名为服贾，而雅好与贤人君子交。嘉庆八年，公与堂侄元景者（邹丕彬）同往马冈刊版。”[①] 邹绍荣（1810—1881），字聚发，邹孔嘉四子，谱列 21 世，过继给族伯邹孔斌为子。绍荣一生经营书业，晚年以祖述堂名义刊清邓旒撰医学名著《保赤指南车》，今四堡保存有书版残片若干及完整图书多套。1992 年，福建科技出版社依祖述堂本整理校注后出版。

邹丕彬（天宝楼）　旧址在四堡雾阁子仁屋，续办于清嘉庆

① 《范阳邹氏族谱》卷三十三《传文》，第 63 页。

年间。业主邹丕彬（1767—1845），字元景，号陡山，邹龙川孙，邹子麟长子，谱列21世。谱传称："幼聪颖，年十八，弃举业而服贾，始游梅州，继游南宁……嘉庆己巳春，与从堂叔玮轩翁（邹孔嘉）同往马冈镌板。……后公率弟侄辈十余人，经营外省，虽数千里之跋涉，数十年之风霜，不敢告劳，一钱尺布，不入私房，由是家道饶裕。……构华厦数百椽，置良田百千顷，名闻八邑，富甲一方。"① 据张秀民《中国印刷史》，广东顺德马冈一带，刻工多女性，工价便宜，故江南书商多喜欢在广东刻版，再运回印刷。邹丕彬后来在广西南宁开书坊，年老方回乡。其后人至今尚藏有邹丕彬所刊《四书补注备旨题诀汇参》书版若干片。

邹氏下祠

邹圣脉父子（寄傲山房等） 旧址在四堡雾阁村土楼屋，创设于清乾隆初年。第一代业主邹圣脉（1691—1761），字宜彦，号梧冈，邹抚南次子，谱列20世。圣脉博学强记，能诗善文，但屡试不中，便筑书室"寄傲山房"，潜心著述和刻书。合编之《增补幼学故事琼林》，是一部优秀的童蒙读物，由四堡首先印行，二百多年来风行不衰，至今仍在重印。第二代业主邹斐（1712—1783），字徵鹏，号厚庵，邹圣脉长子。谱传称："好读书，学问渊博，于书籍外无他嗜好，惟四子五经及诸书，订其差讹，刊行于世。"② 协助邹斐刻书的还有其弟邹可庭、邹廷宾等。邹可庭同其父邹圣脉一样，主要从事图书的编校工作，谱传称他在"梧冈公治家政间有余闲，务执经问难于王父，遂洞彻书理渊微，常校雠古籍以付梓。现有《书经汇参》《诗经备旨》《酬世锦

① 《范阳邹氏族谱》卷三十三《传文》，第77～78页。

② 《闽汀龙足乡邹氏族谱》卷二十《传文》，第26页。

囊》等书行世，颇为海内赏鉴”。[①] 他还参与校订其父编的《新增幼学故事琼林》。五弟邹廷宾善于处理书坊内外种种事务，如调解版权纠纷等事。还有七弟邹天翔，善书法，充当写工。邹氏父子分工合作，各司其职，将书坊经营得有条不紊，蒸蒸日上。

邹圣脉父子所刊图书，可考者有《老子》《庄子》《荀子》《墨子》《诗经备旨》《书经汇参》《新增幼学故事琼林》《人家日用》《酬世锦囊》《书画同珍》《寄傲山房诗文集》等。

邹圣修（萃华堂） 旧址在四堡雾阁田茶村，创设于清康熙、乾隆间。业主邹圣修（1698—1747），字颖彦，号清白，邹镇南三子，谱列 20 世。谱传称其早年“理商于豫、粤间，囊橐稍裕，乃开坊募梓书集，枣梨充栋，渐而饶若素封”。[②] 可见书坊的规模甚大。邹圣修有四子，长子邹廷扬承继父业继续刻书，是为第二代业主。邹廷扬（1720—1782），字徵耀，又字汝名，号怡轩，谱列 21 世。谱传称：“承先人之命抚育三弟，怡怡友爱，有姜家大被同眠风。后以家政在身，不获专攻举业。爰售书岭南，广镌经史子集布诸海内，遂以致富。”[③] 邹圣修之孙、邹廷扬之侄邹天官继续经营，谱传称：“授例国学以自慰，尝往来于粤东，酬书籍以继先人之业，刊板片将为后启之谋。”[④] 他还擅长书法，同时对医术也有颇深的研究，业余常为人治病。邹圣修的曾孙、邹天官之侄邹完士（步蟾）继承祖业刻书、售书。邹完士留有道光年间财产分关一份，记有分授五子书版共 48 套 48 种。这份珍贵的分关，今由其后裔邹洪位保存。邹圣修书坊，自父亲邹镇南开创之后，由 19 世延续到 24 世，长 230 多年。

---

① 《闽汀龙足乡邹氏族谱》卷二十《传文》，第 27 页。
② 《闽汀龙足乡邹氏族谱》卷二十《传文》，第 20 页。
③ 《闽汀龙足乡邹氏族谱》卷二十《传文》，第 32 页。
④ 《闽汀龙足乡邹氏族谱》卷二十《传文》，第 63 页。

邹圣禄兄弟（永言堂）　旧址在四堡雾阁村明胜屋，创设于清乾隆年间。业主是邹圣禄与其兄邹圣权。邹圣禄（1736—1803），字爵彦，号野园，邹明胜之孙、邹慎庵六子，谱列20世。谱传称："昆玉六人，公居幼，好读书，后因家计浩繁，不忍独累其兄，兼理家政，以刊刻经史为业。"[①] 邹圣权（1713—1804），字中彦，号澹邨，邹明胜之孙，邹慎庵长子，谱列20世。谱传称："生平用功经史，诗品、文品俱超然，不渍纤尘。年十四，王父明胜公归世，尊人慎庵公经商霞漳，即以家政托之，井然就绪。"[②] 父在漳州售书，兄弟二人则在家刻书，是邹氏下祠明胜公派系最早的刻书者。邹圣禄生邹廷占、邹廷升、邹廷兆三子。邹廷升及其子邹经佩皆承祖业刻书。据其后裔邹贵元称，祖上经营书坊一直坚持到清光绪三十一年（1905）科举制度废除后，邹贵元老屋至今藏有大量因科举废除而无法销售的未装订图书的散叶。有《小题正鹄》初集、二集、三集（连史纸印，旁注套红，质量上乘）、《新增说文韵府群玉》、《韵字统粹》、《合参通律》、《诗经读本》等。邹圣权子孙则从事售书。长子邹廷师"缥囊缃帙，开书肆于漳潮文物之邦"。[③] 五子邹廷仁"于昆季析箸后，遂弃举子业，秉经挟史，遨游于闽粤漳潮之间"。[④] 邹廷师长子邹经元"幼习诗书，稍长弃儒游商，获重资必归之父母"。[⑤] 永言堂自乾隆间创办至光绪三十一年（1905），历经五世近150年之久。

邹圣耀（瑞文堂、光华堂）　旧址在四堡横坋里嵩彦屋遗址，创设于清乾隆初年。业主邹圣耀（1718—1799），字嵩彦，

① 《闽汀龙足乡邹氏族谱》卷二十《传文》，第25页。
② 《闽汀龙足乡邹氏族谱》卷二十《传文》，第21页。
③ 《闽汀龙足乡邹氏族谱》卷二十《传文》，第39页。
④ 《闽汀龙足乡邹氏族谱》卷二十《传文》，第33页。
⑤ 《闽汀龙足乡邹氏族谱》卷二十《传文》，第60页。

号锦亭，邹安南五子，谱列 20 世。邹圣耀家族是四堡以刻书致富的又一望族。邹氏所建嵩彦屋是四堡当年的三大宅之一，与马氏中田屋媲美，有 9 厅 18 井 99 间房。邹圣耀长子邹廷彝（1748—1834），字徵秉，号宁轩，是瑞文堂第二代业主。曾以“光华堂”之名刊行过很多图书，谱传称廷彝“为人纯良而有才，经营生意田园，书板续置者多。构厦屋于横坋里，不下两百余间”。[①] 廷彝弟廷羽负责售书，“挟资游粤东、江右，所至与士大夫交，周旋晋接，名噪一时”。[②]

邹圣耀的子孙以印书销书为主。据其后裔邹先应称，从前家里书版很多，毁于二十世纪六十年代。后经清理，仍找出若干书版及旧书，有《监本易经》《诗韵集成》《应世便书》《龙图公案》《关帝明圣经》等。族谱尚记载，族人邹荣爱“自成童以及艾年，皆从瑞文堂载书籍贾于西粤”。[③] 可见瑞文堂还从事批发业务。瑞文堂自乾隆初一直经营至民国初年，长达 200 年之久。

邹廷载、邹扬父子（培德堂）　旧址在四堡雾阁马鞍山麓，创设于清乾隆年间。业主邹廷载（1717—1755），字徵锦，号顺庵，邹圣瑞三子，谱列 21 世。年少时曾协助祖父邹仁声谋划刻印书籍事宜。父辈分灶后，又协助其父邹圣瑞支撑家政，以刻印图书为主，38 岁病逝。邹廷载去世后由其长子邹扬主持家政，刻印图书，是为培德堂第二代业主。邹扬，字清官，号信孚。谱传称：“十六失怙，即总理家政，备极勤劳，俾其子弟皆得专心举业。”[④] “善统其家，合男妇八十余人”从事刻印图书事业。二弟邹行负责推销图书，“贸易于豫章、东粤、西粤，缥囊缃帙，且遍羊城，凡所镌经史子集纸贵洛阳，而家业于以兴隆，人文于以

① 《闽汀龙足乡邹氏族谱》卷二十《传文》，第 48 页。
② 《闽汀龙足乡邹氏族谱》卷二十《传文》，第 50 页。
③ 《闽汀龙足乡邹氏族谱》卷二十《传文》，第 72 页。
④ 《闽汀龙足乡邹氏族谱》卷二十《传文》，第 55 页。

蔚起也然”。[1] 三弟邹联镳亦弃举业协助长兄刻书。其后裔至今仍藏有邹扬刊印的《字汇》等书。邹扬次子邹光龙，曾“奉严君命售书珠海”。数十年后，邹扬年屈古稀，将家业交给三子邹元龙主持，是为第三代培德堂业主。

邹扬兄弟分家后，二弟邹行一家改由次子邹辅龙主持，谱载：“先生讳辅龙，字传范，号楷堂，诚乎公次子。尊诚乎公之命，弃铅椠而襄家政，出纳肆应，井井有绪。以故，尊人诚乎公得以广携经史子集，遨游东粤。”[2] 邹行五子邹有龙，则随父贸书于东粤。四弟邹联元一家则由其六子邹兴龙、七子邹玉龙承继家业。邹兴龙（1806—1835），字传祯，号庆堂，在江西长宁县澄江镇（今属江西寻乌）开书铺，后病逝于长宁澄江。邹玉龙（1810—1858），字传祥，号瑞堂。“因父母年高，伯仲二兄早逝，家务是肩，遂舍儒业而经商贾。聚古今书籍，带往江西长宁等处发售，渐获资益，援例授太学生。”[3] 邹扬三弟邹联镳（1746—1818），字宗官，号理乎，谱列 22 世。沿用培德堂堂号刻书，并由七子邹荀龙（传完）继承书业。邹荀龙又传长子邹倬云（序赓），倬云又传长子邹肇生（名伯立）。至此，培德堂已历经五代近 200 年。

邹廷治（培德堂） 旧址在四堡雾阁梅园，续办于乾隆年间。业主邹廷治（1718—1809），字徵盛，号岚亭。邹仁声之孙、邹圣默长子，太学生，谱列 21 世。自其祖父邹仁声开创书坊之后，挣下家业。因其父邹圣默早逝，时诸弟皆幼，作为长子，邹廷治遵母命弃举业而经营家业，“先业因以复振”。其父邹圣默所著《易经备旨》《四书图考体注》及其弟邹谟所著《诗经拟题》

---

① 《闽汀龙足乡邹氏族谱》卷二十《传文》，第 56 页。

② 《闽汀龙足乡邹氏族谱》卷二十《传文》，第 82 页。

③ 《闽汀龙足乡邹氏族谱》卷二十《传文》，第 88 页。

《诗学含英》《诗韵含英》《唐诗合选》等书，均由他主持刊印行世。邹廷治享寿九十岁，是当时四堡乡最高寿者。谱载，其次子邹醇，字儒官，号静山，淡于功名，承继父业，曾贸书至粤东之韶州。邹醇学有一身好武艺，韶州人慕其技，“争师事之，获售者无算。今梅岭以南，咸称之曰老师云”。[①] 邹醇亦高寿，儿孙也能承继家业，“克尽厥职，由是资积益盈”。由邹廷治承接的培德堂，至少又传了四代百年之久。

邹廷选书坊　堂名及旧址待考，创设于清乾隆年间。第一代业主邹廷选（1731—1774），字徵秀，号慎圃，邹圣瑞七子，谱列21世。外甥马履丰撰寿文称其：“藏书既富，又付梓以广于士林，四方咸乐长者遗泽之长。”[②] 他承继祖业，刻书不倦。第二代业主邹进（1755—1800），是邹廷选长子，字聘官，号淡轩，谱列22世。谱传称：“刊梨枣为天下寿世之谋，酬缃囊广宇宙文明之籍。”[③] 第三代业主邹惠龙（1787—1877），是邹进长子，字传恩，号泽长，谱列23世。谱传称：“祖父遗下厚资以守成，而兼创业，续经史，置田园，手创门楣，可谓光前裕后矣。”[④] 邹廷选书坊历经三代，约一百年之久。

邹廷胪兄弟书坊　堂号及旧址待考，创设于清乾隆年间。业主邹廷胪、邹廷斌是邹圣治之子。邹廷胪（1722—1808），字徵勇，号鸿猷，邹圣治长子，谱列21世。好读书，因家繁而弃举业，售书足迹几半天下，“老归于乡，购求古今异书、名人著作，镌板行世，以资益四方”。[⑤] 其子邹谦，承父业以售书为主，曾到广东、广西售书。邹廷斌（1738—1785），字徵才，号干甫，邹

---

① 《闽汀龙足乡邹氏族谱》卷二十《传文》，第63页。

② 《闽汀龙足乡邹氏族谱》卷十九《寿文》，第22页。

③ 《闽汀龙足乡邹氏族谱》卷十九《寿文》，第65页。

④ 《闽汀龙足乡邹氏族谱》卷十九《寿文》，第85页。

⑤ 《闽汀龙足乡邹氏族谱》卷十九《寿文》，第28页。

圣治五子。弃儒业后到江西瑞金开书肆，后回乡务农。邹廷斌三子邹循，成年后售书于江西、湖南及两广等地。生平嗜学，精小楷，工尺牍。邹廷胪兄弟书坊所刊图书待考。

邹廷聘书坊 堂名及旧址待考，创设于清乾隆年间。业主邹廷聘（1721—?），字徵朝，号厚斋，邹圣任三子，谱列 21 世。谱传称他因父亲“家务繁杂，难于兼理，遂离铅椠，毅然分任其劳。曾售书籍于粤东、霞漳诸地方，所至郡邑大夫往来晋接，无一不乐与之相亲。迨资积倍饶，大开坊募梓文史，以广益四方”。[①] 生四子，均承父业。邹廷聘所刊图书待考。

邹廷锦书坊 堂号及旧址未详，创设于清嘉庆年间。业主邹廷锦（1776—?），字徵猷，号新明，邹圣辉五子，谱列 21 世。谱传称其因长兄早逝而独持家政，“广置书林，惨淡经营，购良田，建华厦。”[②] 生四子，第四子邹嘉兆，承继父业，印售图书。谱传嘉兆：“以贸易为事业，藉诗书作生涯，跋涉江湖，艰辛备历，遨游胜地，获利无穷。”[③] 还得异人传授医术，济世救人。可惜 40 多岁便病逝，遗有三子。长子邹绍光，成年后，“携二弟同行，运缥囊缃帙发售于东粤之区，深得贸易善术”。[④] 从谱传记载推知，这家书坊至少历经三代，经营书业 70 余年，刻书情况待考。

邹廷忠（同志堂） 旧址在今四堡雾阁土楼屋，创设于清乾隆年间。业主邹廷忠（1721—1807），字徵赐，号汝达。邹绥南之孙、邹圣绎三子，谱列 21 世。他“幼而聪慧，长而昂藏，习举子业，务于圣贤微言奥旨，由粗及精，必求洞彻”。[⑤] 后退修家

---

① 《闽汀龙足乡邹氏族谱》卷十九《寿文》，第 41 页。

② 《闽汀龙足乡邹氏族谱》卷二十《传文》，第 51 页。

③ 《闽汀龙足乡邹氏族谱》卷二十《传文》，第 68 页。

④ 《闽汀龙足乡邹氏族谱》卷二十《传文》，第 69 页。

⑤ 《闽汀龙足乡邹氏族谱》卷二十《传文》，第 44 页。

政，主持刊刻事务并著书立说。编印有《四书备旨题窍》《五经旁训题旨》《唐诗合韵》《酬世合璧》等，畅销一时。其弟邹廷佩及侄邹登元、邹恭元、邹洪元、邹梦元等则负责向外销售图书，主要在广东平远一带活动。邹廷忠的后代多以售书为业，并在外地开书店。

邹传书（天福堂）　旧址在四堡雾阁茶墩上，创设于清乾隆、嘉庆年间。业主邹传书（1762—?），名濬，字传书、号蟠龙。邹圣脉曾孙、邹克襄之子，谱列 23 世。谱传载："其王父年登大耋，步履维艰。遂弃诗书而襄家务，游江粤以图创垂计，继世绪之留贻，增梨枣，益产业。"[①] 继承了祖上邹仁声开创的书业，并发扬光大，是乾、嘉时期四堡刻书业的代表人物之一。其父邹景扬，字显官，号克襄，别号碧峰，是乾隆三十三年武举人，尤嗜读书，著有《采辑新联图章佳句》，邹传书以天福堂名义刊行其父著作，今有传本。天福堂刊行的图书今可考的还有《新增幼学故事琼林》《人家日用》《三字经》《四书》及《五经》等。

邹传瑞（聚贤堂）　旧址在广东揭阳县，创设于清嘉庆初年。业主邹传瑞（1770—1832），名蕴石，号发琛，邹圣祈曾孙、邹廷元之孙、邹健四子，谱列 23 世。其父邹健致力于举业，清道光元年以高寿奉恩诏宠锡冠带耆宾，重修府学配享题名。邹传瑞少时在漳州习艺，婚后，因家用浩繁，入不敷出，便"弃漳而于潮之揭阳设一书肆，号曰'聚贤堂'。工以兼贾，利颇饶，乃迁于潮郡而经纪焉。旋率其子若侄互相力商，利益进而家日丰，因而置田产、列雍宫题名"。[②] 其子邹会钦、邹会杨、邹会楔，均继承父业经商售书。聚贤堂是以售书为主的书坊，所刊图书可考者有《罗经解》等，该书今藏四堡邹恒宗家。

---

① 《闽汀龙足乡邹氏族谱》卷二十《传文》，第 75 页。

② 《闽汀龙足乡邹氏族谱》卷二十《传文》，第 93 页。

马氏下祠

马富良书坊（藏经阁）　旧址在四堡马屋村口，创设于清乾隆初年。业主马富良（1722—1796），马观应三子，名谦，字锡尊，谱列20世。谱传称："精医，好积善。兄弟三人，尝挟资售书江西，囊渐赢。晚年构别墅，贮书板，命儿孙远贾两粤。"① 马富良不仅自己刻书，还大量购买书版进行印刷、销售。藏经阁是以印售为主的书坊。马富良有五子，均承父业。次子马鸣宫之子马祚选在广西桂林开店，三子马鸣宴在广东开店售书，马鸣宴长子马祚栋，又到广东惠州开书坊。据其后裔马传清称，1966年前老屋有大量书版和图书，现在还有棕刷等印刷工具。知见刻书有《续金瓶梅》等。

马烈（务本堂）　旧址在四堡马屋南山堂，续办于乾隆初年。业主马烈（1709—1752），字斯扬，号缵庵，马利群之孙，马定策次子，谱列21世。他承继祖业刻书、售书，守业有成。巫兆夔所撰《斯扬公墓志铭》称："幼岐嶷，攻儒业。……世建书坊，治生产，时或茧足走江以南、粤之东，凡所交接，多英奇伟彦。"② 他有志未逮，年四十四病逝。生六子，乾隆三十八年（1773），马烈六子分家，留有一份财产分关文书。这份分关载明六子所分书版合计87套87种，内容相当丰富，不仅有儒家经典，而且有大量蒙学、课艺、医学、诗词和小说等类图书。长房书版：《刘氏家藏》《增删精言》《书经汇编》《五经捷》《四书正义》《唐诗合解》《附考诗经备旨》《四书监本》《性理集解》《琢玉斧》《幼学备旨》《幼学直解》《乾隆新律》《卜筮全书》《拍案惊奇》《大小题观略》《郭公案》《应酬注释》《对联类函》。二房书版：

---

① 《长汀四堡里马氏族谱·七集列传》卷一，第108页。

② 《长汀四堡里马氏族谱·六集墓志》卷一，第50页。

《四书合讲》《四书聚考》《四书备旨》《一盘珠》《唐诗自得编》《武经短篇》《武经三书》《武经七书》《八面峰》《武经高头》《活幼心法》《写帖款式》《一夕话》《朱子或问》。三房书版：《地理大成》《幼科铁镜》《大断易》《罗经解》《应酬新声》《明文必自集》《诗经体注》《麟儿报》《小题狐白集》《诗经集注》《外科灰余集》《左传经世钞》。四房书版：《英雄谱》《礼记疏意》《医学入门》《医方集解》《春秋指掌》《八大家古文》《国策评林》《地理金丹》《顶门针》《文公家礼》《浓情快史》《注释六才》《小题文鉴》《小题华实》《今明觉斯》《杨椒山文集》。五房书版：《朱子精言》《纲鉴汇纂》《医方本草》《国色天香》《庄子南华》《灵枢素问》《大南北宋》《小南北宋》《礼记全文》《诗经删补》《增删卜易》《易经备旨》《说唐诗》《天玉经》《立诚斋》《风流悟》《六壬课经》。六房书版：《纲鉴易知录》《汪字汇》《典故监本》《同声集》《小题雅润》《徐氏针灸》《韩子粹言》《医文捷经》《医方药性》。

这是迄今为止发现的四堡最早的一份分关，基本上能反映四堡书坊早中期刻书的情况，很有研究价值。如果把这份分关与马烈侄孙马萃仲道光十九年（1839）的分关一起加以考察，不难发现，马利群世系实是当年马屋最大的刻书世家。

马烈六子均能继承父业继续经营，孙辈之后亦然，延续至清末咸丰年间，时间长 130 多年。

马萃仲（在兹堂）　旧址在四堡马屋梨树下新屋里，续办于清嘉庆初年。业主马萃仲（1770—1848），马烈侄孙、马光之孙，字松存，号保亭、辅孟，谱列 23 世。他是太学生，其刻书事迹族谱虽未载，但有大量的实物可证。至今马萃仲故居仍保留墨缸、墨盘、桉书架、刷把等工具，其后裔马贤仰、马日东珍藏有《周易折中》《诗经传说》《孟子》《中庸》等书版 30 余块。同时藏有道光十九年（1839）马萃仲分授诸子之财产分关文书一份，内载分授各房书版有《诗经备旨》《四书阐注》《东周列国》《东

马氏在兹堂旧址

西两汉》《红楼梦》《康熙字典》等书版107套，是已知的四堡刻书品种最多的一家书坊。兄弟六人分家之后，除长子马云周继承在兹堂堂号继续经营外，其他五人均在广西梧州开设书店，分立出念兹堂、文兹堂、文林堂、枕松堂等堂号。他们利用祖传书版在四堡大量印刷，不断地运往梧州等地销售。老大马云周（玉辉）印刷有《五经揭要》《三礼约编》《广事类赋》《崇祯传》《法家新书》《紫竹山房》《种痘新书》《画图缘》等19种。老二马澜周（玉兰）印刷有《五经旁训》《佩文韵府》《寄云斋诗赋》《杜诗揭要》《医宗舌镜》《争春园》等16种。老三马盛周（玉章）印刷有《尚书离句》《礼记贯解》《正字通》《八才子》《青萍剑》《百段经》《饮香尺牍》《麻衣相法》等18种。老四马吉周（玉堂）印刷有《三经精华》《五经文选》《成均校士录》《初学鹏程》《小题同珍》《小题文原》《小题追琢》《困学纪闻》《干支集锦》《千家诗》等22种。老五马彩周（玉鸣）印刷有《四书合讲》《大清新律》《三十家文》《乡党文范全集》《地理诀要》《辨字汇》《韵府珠玑》《一夕话》等15种。老六马栋周（玉廷）印刷有《四书题镜》《礼记体注》《二论引端》《吟花初二》《初学集》《外科百效》《医学三字经》《红楼梦》《双凤奇缘》《列仙传》等17种。

马继溪（继溪堂）　旧址在四堡马屋南山堂，约续办于清嘉庆年间。业主马继溪（1783—1850），马萃威长子、马萃仲堂侄，名从和，字贵周，又字有庄，号继溪，谱列24世。生有三子，马伯成、马伯亨、马伯陶。马继溪本人曾在广东翁源售书，后在那里开店，号继溪堂。长子马伯成，继承父业并有发展，到广东潮州开书店，亦号继溪堂。次子马伯陶的长子马益应，继承祖业到广东始兴开店，亦称继溪堂，并定居于该县。马益应经营书业直到1949年，继溪堂是以印书、售书为主的书坊。

马玉峰（同文堂）　后改鹤山堂。旧址在四堡马屋村中田屋，继办于乾隆初年。业主马玉峰（1711—1782），名恕，字斯行，号玉峰，马利群之孙、马定韬次子，谱列21世。马玉峰主要在外售书，远至广东珠海，家政由其长子马履恭主持。马履恭（1729—1771），字安夫，谱列22世。继承父业主持刻书。谱称："隶长汀四堡逸士，玉峰公长子。家世业书坊，凡古今图书子史，无所不具。"[①] 据其后裔马金旺称，1966年前家中尚有书版五六担，后修缮房屋时，视为垃圾烧毁。这批书版是祖父马伯勤（马履恭曾孙）留下的，有《梁山伯与祝英台》《东公子传》《昭君和蕃》等。另马履恭后裔马佑山，曾在广西贵县开书店，店号亦称鹤山堂。

马祚冠父子（百薮堂等）　旧址在四堡马屋中街，创设于清乾隆初年。业主马祚冠（1714—1781），字苍宏，马洪灿长子，谱列22世。马祚冠生有六子，即马源信、马源英、马源光、马源勤、马源舜、马源用。第五子马源舜（1747—1814），字恒宇，谱列23世。另立史丰堂书坊。生子马从辉、马从富。知见刻本有《论语》《孟子》《礼记疏义大全》《春秋左传》等。

马祚冠六子马源用（1750—1795），字恒标，谱列23世。另

---

① 《长汀四堡里马氏族谱·七集列传》卷一，第99页。

立隆丰堂书坊。生子马从钦、马从铣。马从钦曾到广东翁源县开书坊，堂号“百薮堂”。后裔马嘉谟、马嘉训于民国间在广东翁源开启新书局。马祚冠父子书坊延续七代，长达200年。

马贵昌（德新堂、德文堂）　旧址在四堡马屋中街大成楼，创设于清乾隆年间。第一代业主马贵昌，谱列21世。后移居广东，去世后于乾隆三十三年（1769）春葬于广东惠州府归善县白芒花。他在广东惠州开书坊，号德新堂。第二代业主马一鸣（1768—1827），字朝凤，号岐山，是马贵昌之侄马祚礼的长子，谱列23世。嘉庆年间在广东惠州开书坊，号德文堂。马一鸣经营有方，获利颇丰，回四堡盖了新印房，称大成楼。老屋遗有嘉庆间购置的风车，上写“大成楼置”。马一鸣死于惠州，葬于故里。第三代业主马益煌（1879—1937），字炳芳，是马一鸣之孙，马伯铎之子，谱列25世。马益煌曾在广东五华县开书店，店号德文堂。其侄马传谟与之一起经营德文堂。

据德文堂马传洪之子马振华回忆，他家印书堂号称大成楼，在外售书堂号称德文堂。故德新堂、德文堂均以销书为主。大成楼所刻之书，今马振华家尚珍藏8块书版。书名有《诗韵》《韵法入门》《算法》《幼学须知直解》《双凤奇缘》等。据马振华说，二十世纪六十年代家中烧毁的图书有四堡版《金瓶梅》《东周列国志》《药性赋》《汤头歌诀》等。家里还传祖父曾说过：“卖出一部《金瓶梅》，三月伙食不用愁。”

三、道光至民国间创设的书坊

邹氏上祠

邹殿试（应文堂）　旧址在四堡雾阁村畲公墓边，是道光年间由碧清堂分立的书坊。业主邹殿试（1809—1894），名联映，以字行。邹尚忠玄孙，邹熊云曾孙，邹发光之孙，邹元翰长子，谱列 22 世。祖父邹发光曾在广西灵山经营书业，父亲亦农亦贾。邹殿试承祖业，开办应文堂，族谱中有他及次子邹新邦刻印书籍的记载，同时记其三子邹新潮售书广东，其孙邹恒裕售书广东及广西淳县。

应文堂后裔至今仍保存有当年书版 138 块，分属 5 种图书。其中《下论离句》《大学离句》刻有“汀城应文堂藏板”字样。其余三种是《管稿》初集、二集、三集，《增补应世文》，《新刻居家必用杂字》。另有 20 块今藏闽西革命历史博物馆，分别是《百年经》《行文资典》《孟子》《新刻秤命全书》书版。据保藏书版的邹式涌老人（邹殿试曾孙）称，其父早逝没有刻书，祖父、曾祖父刻过书。小时候见家里藏版很多，有好几个房间都堆满了书版。1949 年以后逐渐散毁，余下的书版因堆在无人居住的房间而幸存。他家至今存有扎书的压板、印书的墨盘等工具。

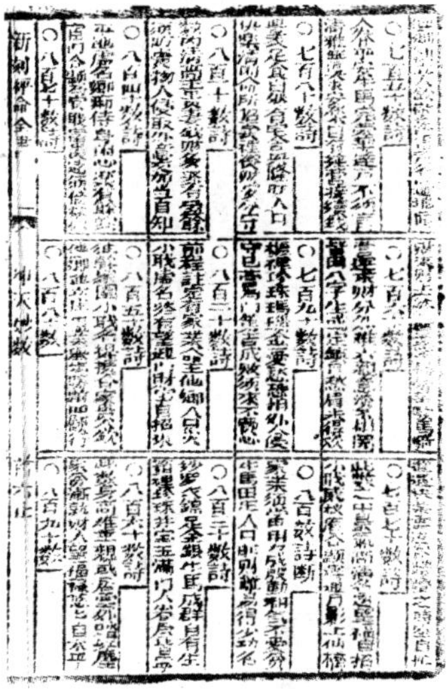

应文堂刊本《新刻秤命全书》

邹殿庚（文海楼） 旧址在南宁兴宁路 14 号。是道光年间由碧清堂分立的书坊。业主邹殿庚（1828—1865），名联飚，以字行。邹尚忠玄孙，邹熊云曾孙，邹树光之孙，邹元超次子。其祖父邹树光曾到广东售书。父亲邹元超继承祖业在广西灵山开书店，邹殿庚则到广西南宁新设文海楼书坊，以图更大发展，惜年仅 39 岁病逝于南宁。家业由其子邹新城、邹新桥继承，是为文海楼第二代业主。邹新城（1848—1898），名建池，以字行。幼业儒，因父亲早逝，便弃儒经商，设书肆于灵山，后来又在广西

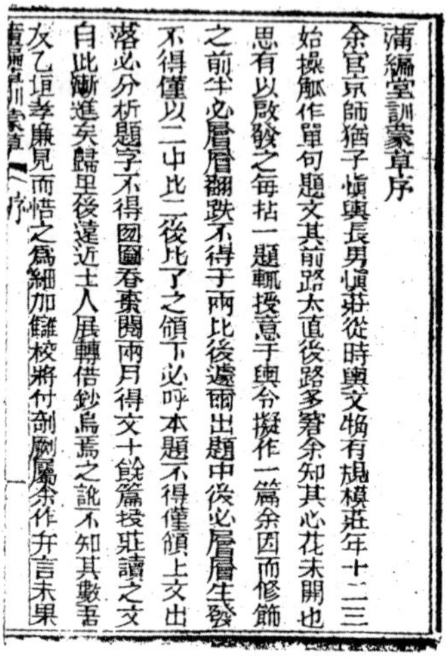

蒲編堂訓蒙草序
余官京師猶子愼與長男愼莊從時與文恂有規模甫年十二三
始操觚作單句題文其前路太直後路多窘余知其心花未開也
思有以啟發之每拈一題輒授意于輿令擬作一篇余因而修飾
之前半必層層翻跌不得于兩比後遽爾出題中後必層層生發
不得僅以二中比二後比了之領下必呼本題不得僅領上文出
落必分析題字不得囫圇吞棗閱兩月得文十餘篇授莊讀之文
自此漸進矣歸里後遠近士人展轉借鈔烏焉之訛不知其數吾
友乙垣孝廉見而惜之爲細加讎校將付剞劂屬余作弁言未果
蒲編堂訓蒙草 序

文海楼刊本《蒲编堂训蒙草》

南宁、横州，广东潮州，福建汀州等开设书肆五处，“以一身经略其间，大获资财，于灵邑建祠置产，以祀祖考，回乡里筑宅购田”。[①] 至此，邹殿庚书坊业大为发展。据族谱记载及后人回忆，当时在四堡主持刻书的是邹新城兄弟的母亲李氏。她不仅自己刻书、印书，而且大量收购四堡图书运往各地分店销售。文海楼在四堡以刻书为主，在外以售书为主。其中规模最大者是南宁文海楼，由邹新桥主持，后由邹新桥之子邹镜湖主持，经营图书文具，从业人员达 12 人，延续至 1949 年。此外，长汀文海楼由邹新城之子邹恒舒主持。

文海楼所刻图书现存书版和图书见有《小题正鹄》（初集、二集、三集）、《蒲编堂训蒙草》和《诗韵集成》3 种。书藏文海楼后裔邹日升家，版藏连城县新泉革命纪念馆，共 117 块。文海楼后期主要以售书为主，是一家拥有各地分店的大书店。在文海楼后裔邹日升家发现了当年文海楼的进货账本，记账时间虽未详，从账本间用银元记账来看，可判断是清光绪年间的账本。账本详细记录了一年内 72 次购书的品种、数量（以套为单位）、单价和所花银两。经统计，共有 448 种图书 8789 套，共花银约 926.257 两，库存图书码洋 1800 两。同时记有各地分店寄来的销书货款 1274.937 两。三项相加，共计 4001.194 两。文海楼经营图书有利可图，发展很快，成为晚清时期四堡最大的书坊之一。

---

① 《范阳邹氏族谱》卷三十三《传文》，第 99 页。

邹殿梁（文香阁）　旧址在广西横州，创设于清咸丰年间。第一代业主邹殿梁（1835—1889），名联梓，号金镛，邹殿庚胞弟，谱列22世。其兄分立文海楼之后，他离开南宁来到横州开办文香阁书店，经营图书文具，从业人员4人。其子邹建保、其孙邹恒振均能承继父业经营文香阁，直到1953年。文香阁自咸丰年间从碧清堂分立之后，经过三代人的努力，直至二十世纪五十年代公私合营，并入新华书店。文香阁以售书为主，刻书为辅，大多是利用祖上藏版重印发行或购买他人之版印行。邹殿梁曾孙邹式善家至今仍保存当年书版209片，分属五种书，分别是《大学》《唐诗合选详解》《咏物诗选》《直省乡墨精锐》《元亨疗牛集》。这五种书版中均不见“文香阁藏版”字样，说明并非完全由文香阁所刊。其中《元亨疗牛集》有完整内封面版一块，作“金陵汝显堂初版，四堡崇德堂重梓”。崇德堂是邹葆初及其子孙所用堂号。由于邹葆初子孙在咸丰兵燹之后就不再印书售书了，故此书版极有可能是从崇德堂收购而来再重印发行的。

邹联寓（林文堂）　旧址在四堡雾阁溪墘上，创设于清咸丰、同治年间。业主邹联寓（1839—1913），字源敷，号美爵，邹观辉曾孙，谱列22世。继承祖业于清咸、同年间重开书坊，名林文堂。除新雕书版外，主要利用祖上观澜堂旧版及外购书版大量印书、售书。邹联寓之孙邹存柱，至今仍珍藏大量祖传书版，1992年交四堡文化中心保管，200余块，16种。其中林文堂新雕或挖补的有同治四年（1865）梓行的《四言杂字》，同治七年（1868）重刊的《增注三字经》，光绪间所刊《新刻梁山伯祝英台全本》《增广正文》《新刊大字分句贤文》，宣统二年（1910）刊《人家日用》等。祖传版有《三字经》、五经等。外购版有广秀堂刊《六字经》《六字孝经》，楼外楼刊《百家姓》《千字文》，文河轩刊《观音经》，连邑五美轩刊《百家姓》《孔子文章》，汀城同日新刊《开蒙初学论世文》等。林文堂刻书多销往广东兴宁。邹联寓之侄邹锦舜，曾在广东兴宁开书店。邹锦舜之子邹恒霖、之孙邹肇乾等均继承祖业在兴宁开店售书，直到1938年前。2004年11月，笔者再次前往四堡考察时，发现了一册林文堂光绪年间账本残册，账本详细记录了林文堂一年间向全县各乡镇共71家书室（书舍、书馆）上门售书的情况，共有253人购书482本，金额74.805两。显然，到了清末，林文堂图书销售情况并不理想。林文堂是迄今为止四堡藏有雕版实物最多的一家书坊，也是四堡晚清时期为数不多的仍以刻书、印书为主的一家书坊。

邹希福兄弟（天甲堂）　旧址在浙江温州，创设于清道光初年。业主邹希福（1823—1889），字克佑，号天甲，邹孔书之孙，邹丕清五子，谱列22世。父亲邹丕清承继祖业，在家刻书，邹希福则同堂兄邹希道一起在浙江温州开书坊印售图书。邹希道（1815—1884），字克任，号毅夫，邹际唐次子，邹希福堂兄。道光年间在温州开书坊并兼行医，在当地颇有名气，书店经营井井有条，历经三代至光绪年间。邹希福的三个儿子邹宜瞻、邹宜正、邹宜德以及邹希道的三个儿子邹宜清、邹宜赵、邹宜和也都在温州设店售书。邹希道的父亲邹际唐在《三修族谱序言引》中称："裔孙克任，号毅夫，贸易于浙江温州府，开设书坊，兼悟医理。有梁制台随任就养金瓯，其梁夫人患病沉重，城内医生诊治无有验者。后温州府道台庆廉公推荐召诊，果见捷效。梁府尊又患病极险之症，召诊治，亦获见效。由是朝夕召进署内，谈笑欢饮，无不如意。任闻家祠修谱，因请序简端。梁大人即宠赐谱序一篇，又陶墟寿序一篇并家藏书版七种，亲笔题赠佳联数副。"[①] 这位梁大人就是署理两江总督梁章钜，梁氏所撰《邹氏三修家谱序》及《陶墟邹先生七旬暨德配李孺人双寿序》，今皆载于《范阳邹氏族谱》。梁章钜生平著作甚丰，编刻了许多书，他

① 《范阳邹氏族谱》卷首，第21页。

为感激邹毅夫治病，把家藏书版都送给他，足以说明对邹希福兄弟书坊的信任。到咸丰年间，太平军攻占四堡，邹希福祖屋子仁屋被火烧去一半，书坊毁了，不少族人来到温州投奔，继续经营书业直至清末。

邹氏下祠

邹序恩兄弟（翠云堂）　旧址在四堡雾阁马鞍山麓，创设于清道光年间。业主为邹序恩、邹序苑兄弟。邹序恩（1793—1858），名倬惠，字序恩，号曰懋。邹仁声裔孙，邹元龙三子，谱列24世。邹序宛（1816—1865），名倬学，字序宛，号翰堂，亦号善也，邹元龙十一子。谱传称邹序恩“又广储经籍，见古人鸿篇巨制以及忠臣孝子之传记，不惜重资购版，流布士林，推其意，盖不欲私。夫一己之餍闻忠孝节烈也，而欲使天下后世咸兴起乎忠孝节烈也”。[①] 称邹序苑“承父义庭公意旨，蹈前故辙，计赢余，权子母，仍续刊梨枣，复售书于楚卢阳等处，其有禅益于文人学士者不少”。[②] 兄弟二人经数十年努力，重振家业，家中书版甚多。清同治四年（1865）太平军第三次入闽，攻占四堡，书坊遭兵火之劫，邹序恩因护书版被害，书版付之一炬。然而这场灾难并没有使这家书坊一蹶不振，邹序宛之子邹伯安背井离乡，“不辞关山况瘁，远游粤东惠阳平桥古市，仍复旧业”。[③] 邹序恩之孙邹尚丰则“挟经史售东粤之海陆丰”。[④]

据其后裔称，邹序恩兄弟刻书有《字汇》《康熙字典》《佩文韵府》《四书备旨题窍》《五经旁训题旨》《唐诗合韵》《酬世合

---

① 《闽汀龙足乡邹氏族谱》卷二十《传文》，第98页。
② 《闽汀龙足乡邹氏族谱》卷二十《传文》，第99页。
③ 《闽汀龙足乡邹氏族谱》卷二十《传文》，第109页。
④ 《闽汀龙足乡邹氏族谱》卷二十《传文》，第109页。

璧》《狸猫换太子》《万花楼》等。又称咸丰战乱之后邹序恩之子邹肇科和曾孙邹继文在四堡仍曾经营书业。以前家中仍有许多放书版的木架，但书版大多散毁，尚存有本立堂刊《新增幼学故事琼林》、文汇楼刊《增补鉴略》及《雷峰塔》书版55块。

邹云经（文兰书局）　旧址在四堡雾阁土楼屋，外地旧址在广东潮州，四堡书坊创设于道光年间，潮州书坊创设于咸、同年间。业主邹云经（1845—1892），字肇梯，号成园，邹圣瑞裔孙，邹泰之孙，邹家英长子，谱列25世。文兰书局创办于邹云经的祖父邹泰，此前家业不甚景气。邹泰继除刻书外，常带次子邹家英、三子邹家颂到江西长宁或广东等地售书。邹家英兄弟售书颇有赢余，续书版，置田园，家业由是振兴。邹云经主持家政后，书坊有了更大的发展。谱传称："性坦直，尤纯孝。稍长，即随父往豫章售书。……慰父家居，代父往外经营，其练达一如父，且循循有长者风。……次年，复奉父命移贸书于粤东蓝口市，历二载，又移粤西贵邑，俱获重资。"[①] 二弟邹肇质客死广西后，"不敢再作远游，计仍迁书肆于粤潮，集古今书籍为文兰书局，一时鸿儒硕彦，群相往来，与之交游。镌书板以贻子孙，至今犹世守，箕裘弗坠"。[②] 邹云经书坊历经三代人，成为潮州当时首屈一指的大书坊。

邹伯龙（六宜本堂）　旧址在广东高州，创设于清道光年间，以销书为主。业主邹伯龙（1775—1844），字传庆，号达卿，又号吉斋。邹廷梅之孙、邹联魁长子，谱列23世。谱传称："为人光明正直，敦厚温和。幼喜读书，长尤嗜学。因家口浩大，难于卒业，乃载古人册籍客于粤之高、雷间。为治生计，先生数十

---

① 《闽汀龙足乡邹氏族谱》卷二十《传文》，第109页。

② 《闽汀龙足乡邹氏族谱》卷二十《传文》，第110页。

年往来其间，渐获孳息，家道日隆。”[①] 显然是从四堡贩书前往广东销售的。其弟邹炳，字传赏，号豹卿。与其兄同来高州开书铺，因利得名，援例太学生，但 36 岁就病逝于高州。第二代业主是邹伯龙次子邹家濬（1799—1861），字序涛，号济川，太学生。承父业，继续在高州设肆售书。邹伯龙三子邹家栋，也曾来高州书铺做事，惜年 40 多岁就去世了。第三代业主是邹家濬的四子邹赞隆（1834—1879），字建彩，号锦堂。成年后“随父兄带书籍往粤之高州开张书铺”。[②] 邹伯龙一家三代在高州开店，经营了 80 余年。

邹邦彦（万卷楼、文苑堂、翰香堂等）　旧址在四堡雾阁传素屋，创设于清咸丰、同治年间，以印书、售书为主。其中翰香堂实为在广东嘉应州（今梅县）所开书店的店名。业主有邹邦彦及其胞弟邹邦钰（主持万卷楼），邹邦彦的堂弟邹邦岐（主持文苑堂）、堂弟邹振光（主持翰香堂）。邹邦彦长子邹定绅在外开店售书，号“玉兰堂”。

邹邦彦万卷楼旧址

---

① 《闽汀龙足乡邹氏族谱》卷二十《传文》，第 76 页。
② 《闽汀龙足乡邹氏族谱》卷二十《传文》，第 106 页。

邹邦彦（1833—1897），字腾光，号高翔。邹斐裔孙，邹传书侄孙，邹嘉谟次子，谱列25世。邹邦彦书坊印书、售书情况从清光绪二十三年（1897）财产分关中可见。这次财产分关由邹邦彦主持，将书版17种分授邹邦钰的四个儿子。有《三国志》《女才子》《千家诗》《家礼广类》《种痘新书》《一捧雪》《万宝全书》《诗经监本》《纲鉴易知录》《四书集注》《老板二度梅》《新板二度梅》《四书补注》《八铭全集》《二论串文》《同珍二刻》《二论引端》等。这份分关今由邹邦彦曾孙邹群文收藏。

邹翼顺父子（素位堂、素位山房书局）　旧址在四堡雾阁田墩寨下、漳州府口街，创设于清光绪年间。创始人邹翼顺（1832—1919），字允哲，号致中，邹圣祈裔孙，邹传瑞侄孙，邹炳临长子，谱列25世。少时家境贫寒，成年后以贩书为生，渐有盈余，在田墩寨脚下购置房产，设立印坊，号素位堂，刻印与销售书籍并重，分别在福州、南平、潮州等地设店经营。

邹翼顺生六子，分家之后，三子邹作就、五子邹作信和六子邹作礼一同贩运一批书籍往台湾，途经漳州时适逢科举考试，运去的科举用书竟被抢购一空。于是认定漳州是个卖书的好地方，就在漳州设立素位堂分号，由邹作礼主持。邹作就回四堡协助父亲经营，邹作礼（1870—1939）名甘霖，号如山。在漳州府口街经营素位堂，至1939年，邹作礼不幸被日寇飞机炸死，素位堂由其女婿接管，后未十年便倒闭。

邹作就（1858—?），名甘京，号俊山。科举制度废除之后，为了适应新的市场需求，邹作就在漳州另立素位山房书局，兼营笔墨文具、八宝印泥。书籍方面以经营古典小说、碑帖为主，后期还销售鲁迅、巴金、茅盾、林语堂、冰心、邹韬奋等人的作品，深受中小学师生的欢迎。素位山房书局是科举废除之后四堡书坊成功转型的典型案例。其子邹克成（良成），承继父业，主持素位山房书局至1951年。

知见素位堂和素位山房书局刊本有：真草隶篆四体《千字文百家姓》合刊本、《初学引机》《注释序时》《小题童子问路》《精校星命新万年书》《十五音》《五罡经》《高东溪先生遗文集》《鹿洲全集》《绘图刘龙图竹芦马》《台湾外志》《五虎闹南京传》等。

邹金铉（时中昌）　旧址在四堡雾阁兰兰屋，创设于清光绪年间，以印售图书为主。业主邹金铉（1873—?），字作订，号仁中。邹翼勋三子，邹翼顺之侄，谱列26世。邹金铉的堂兄邹金镕曾帮他向广东潮州一带推销图书。时中昌所刊图书有《酬世指南》《四言杂字》等。

邹应昌兄弟（萃文堂和文兰阁）　旧址在广东潮州，创设于清光绪年间。业主邹应昌、邹衍昌兄弟。邹应昌名宜祜，邹衍昌名宜祚，皆是邹家宪之孙、邹建德之子，谱列26世。谱传称邹应昌与“衍昌公意同志合，极力经营，始鬻书于隰隍、高坡等处，继而贸迁西粤，颇获重资。……乃权诣潮郡，设书局，堂号萃文。越明年，又组织文兰阁，专采中外书籍发售”。[①] 邹衍昌传亦有类似记述，并称：“设书肆于潮，意屡中而获利益倍，故其家镌经史，购田园，手创门楣，其勤俭致富垂裕后昆者有如此。”[②] 他们的祖父邹屏翰（家宪）著有《对联大全》，由其刊行问世。

邹步蟾（萃华堂）　旧址在四堡田茶村，续办于清嘉庆、道光间。业主邹步蟾（1793—1878），字完士，号桂林。邹圣修曾孙，邹宏官四子，谱列23世。谱载其自传云：“淡志于功名，无意于上进。举子五人，得长男觐期率其弟三男、四男售书籍于粤东粤西，所谋如意。”[③] 他在家主持刻书，儿子出外推销图书，书

① 《闽汀龙足乡邹氏族谱》卷二十《传文》，第110页。

② 《闽汀龙足乡邹氏族谱》卷二十《传文》，第111页。

③ 《闽汀龙足乡邹氏族谱》卷二十《传文》，第91页。

坊规模颇大。其后裔邹洪位藏有道光年间分关文书一份，载明分授五个儿子的书版名称及数量，合计 48 套 48 种，从中可知邹步蟾书坊当年刊印图书的情况。

分关文书明确规定："凡本经书板，汝兄弟可出租，不通同刷印，亦不得出售。如杂书板听其愿与不愿。租印妨碍本人生意，至租印之板十部，抽租价一部，若外人并亲朋，俱不租印，各宜遵家规。"① 这对研究四堡书坊的经营模式很有价值。

邹洪位尚珍藏有祖上所遗书版 26 片，分别是《增补苏批孟子》、《苏批孟子》套色版、《泛梗集》、《钦定协纪》和一种堪舆书版。邹步蟾书坊自嘉庆间续办到光绪年间歇业，前后百年之久。

邹国光（文经堂）　旧址在广东梅县，创设于清道光年间。业主邹国光（1814—1893），字兆德，号玉臣，邹廷忠侄孙，邹廷佩之孙、邹洪元长子，谱列 23 世。于道光年间在广东梅县设文经堂书肆。邹国光生子二，长子邹承浩在家刻书，次子邹承乔在梅县文经堂经营图书。

邹发兰（崇文堂）　又称五经堂，旧址在四堡雾阁五经堂，创设于清同治年间。业主邹发兰（1846—1874），名承霖，以字行，太学生。邹绥南后裔，邹孔辉之子，邹礼同嗣子，谱列 24 世。崇文堂从同治年间一直经营到光绪末年，是同光时期四堡著名的书坊。邹发兰年仅 29 岁便去世。崇文堂后来由其嗣子邹汝才发扬光大。知见刻本有《增订古文析义合编》等。

邹翼廷（大文堂）　旧址在广东潮州，创设于清道光、咸丰年间。业主邹翼廷，字允藩，邹传瑞侄孙，邹滨海之子，谱列 25 世。谱中虽无其传，但从广东江乐天为其长子邹作椿所作寿文中可知，邹翼廷父亲邹滨海为太学生，其子邹作椿，名金镳，号鹿

① 清道光间邹院士分关文书原件复印件。

门，又号品三，为邑庠生。父子先后担任纂修族谱的首事。邹翼廷少时随伯祖父邹传瑞到广东潮州设肆售书，号大文堂，并与聚贤堂联合经营，家业甚裕。长子邹作椿习武，在四堡主持家政。长孙邹凤池承继祖业售书于潮州。谱称凤池“率诸弟贸书于潮城，握算持筹，无不当意，应酬交接，饶有父风”。[①]

邹翼廷后裔珍藏有光绪二十三年（1897）财产分关一份，分关载有邹翼廷分授四个儿子书版的名称及数量，共31套31种，可知邹翼廷书坊所刊图书有《三经精华》《五经句解》《课孙草》《养正草》《一贯堪舆》《吏治悬镜》《正音撮要》《韵对屑玉》《词学全书》《十种传奇》《向日贞稿》《张江塾课》《仪礼韵言》《先天易经》《学文资典》《韵府约编》《英雅初集》《指南尺牍》《古诗源》《道生堂》《四书撮言》《琢玉斧》《青云文》《唐诗合选》《六壬示斯》《诗学珠玑》《唐诗贯珠》《粉妆楼》《文公家礼》《小题明文解》《训子三十编》等。大文堂历经三代约70年。

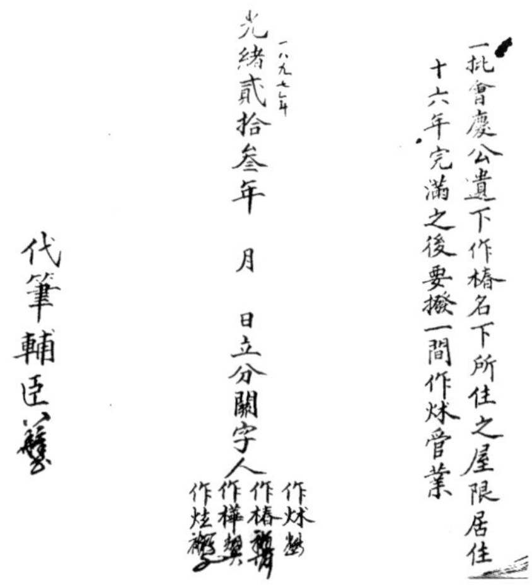
一批曾慶公遺下作椿名下所住之屋限居住
十六年完滿之後要撥一間作炑管業
光緒貳拾叁年　月　日立分關字人
一八九七年
作炑 作椿 作樺 作炷
代筆輔臣

光绪二十三年大文堂分关

邹肇升（怡经堂）　旧址在四堡茶墩上，创设于同治、光绪年间，业主为邹肇升、江美娥夫妇。怡经堂在当地颇有名气，家喻户晓。邹肇升（1847—1913），名肇鑫，号进亭，邹圣章后裔、邹序和六了，谱列25世。他负责向外地推销图书，常年奔波于

① 《闽汀龙足乡邹氏族谱》卷二十九《寿文》，第58页。

两广等地，一切家政托于其妻江美娥。江美娥（1862—1960），贤慧能干，她主持家政刻印图书，使怡经堂成为四堡晚期规模最大的堂铺之一。江美娥也是四堡唯一有姓名的女坊主。邹肇升之孙邹鲁成至今仍保存祖上当年印书用的各种工具。

据谱传记载及后人回忆，怡经堂是一家由售书转向印书的书坊。邹肇升的曾祖父邹立梅售书时逝于广东连平州，后于清嘉庆三年（1798）归葬四堡马鞍山。祖父邹扶邦，谱传记载："弃儒就贾，遍囊牙签秘籍，往来豫、粤间。"[①] 父亲邹序和，承祖业贸书，"挟书诗经史，游粤之潮、惠、嘉间"[②]，并兼做海错山珍生意，由广东运到湖南、湖北销售。上辈大概是没有刻书的。到邹肇升这一辈才在四堡开坊印书。长兄邹肇钦跟叔叔邹序天在广西贵县开书店，堂兄邹尚清、堂弟邹福清则分别在本省永安岩前及十八寨设书铺售书，也推售邹肇升夫妇刊印的图书。

怡经堂所刊图书有《书经》《诗经》《易经》《礼记》《春秋左传》《史记》《三国志》《百年经》《运理大全》《渊海子评》《麻衣相法》《黄帝内经》《本草纲目》《公余医录》等。

马氏下祠

马源锡（林兰堂、林兰仪记书局等）　旧址在四堡马屋村岗背岭，广东潮州、汕头以及福建上杭、长汀等地，创设于清嘉庆、道光年间。业主马源锡（1786—1864），字卫爵，号天成，马祚春五子，谱列23世。马源锡有三子：马从时、马从昭、马从盛。马源锡与长子马从时、次子马从昭于道光年间在广东潮州、汕头开店销书，堂号林兰堂。马从时之子马伯咸于清末民初在福建上杭开店售书，又另立林兰仪记书局。马伯咸长子马益江

---

① 《闽汀龙足乡邹氏族谱》卷二十《传文》，第86页。

② 《闽汀龙足乡邹氏族谱》卷二十《传文》，第103页。

(1870—1919)，马益江长子马传范、次子马传远，经营林兰仪记书局至1949年前。马从昭次子马伯准，则在广东潮州与汕头，设立林兰堂准记书局。马伯准之子马益烯、马益坊等，承继父业，坚持经营书店直到民国初年。后来马益江长子马传图(1895—1960)和马传图之子马痴生，又在长汀经营大光书局，直至1954年歇业。马屋村马嘉树老先生少时曾在大光书局帮工，对大光书局及马源锡一脉皆极熟悉。林兰堂自马源锡创立以来，历经六代，时间长130多年。

林兰堂及林兰仪记、林兰准记、大光书局所刊印发行的图书，今可考的有《金瓶梅》《鲁班经》《大学》《中庸》《孟子》《论语》《药性赋》《家礼广类》《三字经》《大增广》《梁山伯与祝英台》《十里亭》《赵玉麟》《千家诗》《一年杂字》《千字文》《人家日用》《河洛精义》等。据林兰堂后裔马痴生称，其中《论语》《孟子》《千字文》等是上代以林兰堂名义刻印的；《金瓶梅》《鲁班经》是马伯准手上刻印的；《河洛精义》则是租用“在兹堂道光辛卯年刊板、枕松楼发行”的书版印刷的。《河洛精义》和《千家诗》二书现藏马痴生处。

马益保书坊　堂名翼经堂，旧址在四堡马屋岌下，创设于清康熙、乾隆年间，同治间为马益保所续办。业主马益保(1843—1912)，字淮轩，号其珠，马源吉曾孙、马从绍之孙、马任伯三子，谱列26世。马益保生二子：马传新和马传发。马传新曾在广东嘉应州(今属梅州)开书坊，堂号“翼经堂”。马传新之子马启祥(1916—1993)，早年跟父亲一道在梅县经营翼经堂，直到二十世纪五十年代公私合营时才回故里四堡。马启祥的家谱中有一份祖上马源吉分授各房的书版名录，可知当年翼经堂刻书、印书之情况。由于马源吉世系后来坚持刻书、印书的只有马益保，所以可以认为马益保全部接受了这些书版，并以印书、售书为主，自己较少刻书。据这份书版名录，知翼经堂印售的图书有启蒙读物：《三字经》《千字文》《四言杂字》等 5 种。经史子典籍：《四书监本》《易经》《左传注释》《史记精华》《老子道德经》《庄子南华经》等 13 种。课艺应试用书：《二论引端》《诗韵集成》《字类标韵》4 种。日常实用读本：《鲁班经》《协纪通书》《秋水轩尺牍》《雪鸿轩尺牍》《橘中秘棋谱》等 8 种。医药类：《王叔和脉诀》《医学心悟》《本草纲目》《儿科秘要》《福幼编》《达生编》《笔花医镜》《医学三字经》等 17 种。堪舆占卜星算类：《龙穴扼要》《河洛精义》《罗经解》《奇门遁甲》《万法归宗》等 12 种。诗文集：《杜工部诗集》《千家诗》《唐诗三百首》《古文辞类纂》等 8 种。小说故事：《西厢记》《牡丹亭》《薛仁贵征东》《包公案》《粉妆楼》等 12 种。共计 79 种。

马传恩（西园堂）　旧址在四堡马屋岌下、广东翁源县，创设于清光绪年间，主要经销四堡刊刻的各类图书。业主马传恩（1875—1934），字雨鸿，马益香次子，谱列 27 世。西园堂实是马传恩及其子马云章在广东翁源所开书店的堂号。马传恩有二子。长子马勋洲（1905—1987），字云章，又名北斗。广东中山大学毕业。1949 年前曾任过四堡乡长，后曾担任连城县政协委员。马云章先生对家乡雕版印刷业怀有深情，写有《四堡印书业兴衰梗概》一文，建议在四堡建立雕版印刷博物馆，展现有清一代四堡坊刻产业的辉煌。

马体根（怡山堂）　旧址在四堡马屋南山，创设于清光绪年间。业主马体根，名益深，字体根，马维翰后裔，马伯俊五子，谱列 26 世。怡山堂是马屋有名的编、印、发一条龙书坊，在四堡以印书、收购图书为主，运至江西常宁分店销售。知见刻本有《桃花扇》《牡丹亭》《西厢记》等。

马伯伊（耕莘堂）　旧址在四堡马屋中桥，创设于清同治、光绪年间。业主马伯伊（1855—1924）字赞汤、与望，号莘田。马周群后裔、马朝纲七子，谱列 25 世。例贡生。谱传称："赋性精明，读书过目成诵，书法尤佳。援例入岁贡。旋以家贫，弃文就贾，游粤、桂，凡十余年，获利数千金。”[①] 耕莘堂在广西贵县以售书为主，在四堡亦用祖传书版印书。今尚遗有墨缸等及八仙桌、谷箩，上均书“耕莘堂置”字样。

马益肃（嵩山书屋）　旧址在今四堡马屋中街，创设于清咸丰、同治年间。业主马益肃（1837—1897），字克恭，又字其馨，号守谦，史丰堂马源舜曾孙，马伯州长子，谱列 26 世，太学生。马益肃曾贾书于湖南益阳。其后裔马步祥藏有祖上所遗《资治通鉴》书版 60 多块，马步先藏有《礼记疏义大全》《春秋左传》《礼记精华》《四书补注备旨》等书，都是嵩山书屋印行的。

四、四堡书坊的特点

综上所述，不难发现，四堡书坊的最大特点是以家庭为单位，以家族为依托组织起来的刻书业群体，一个家庭就是一个书坊，家长就是业主，世代相传，延绵不断。上述 66 家书坊都是经营三代以上的较大书坊，认真考察这批书坊的姓氏世系分布、创办发展历程、生产经营方式等方方面面，发现四堡书坊又有许多自己的特点。

第一，书坊的姓氏与世系分布相对集中。四堡书坊主要集中在邹、马两姓居住的雾阁和马屋两村。书坊又集中于邹氏上祠、马氏下祠和邹氏下祠三大派系的七个房系之中。这七个房系是：邹氏上祠的邹学圣、邹葆初和邹述文房系，邹氏下祠的邹周桢和邹明胜房系，马氏下祠的俊公房和杰公房。

第二，书坊世代相承，经营、延续时间长。四堡书坊在发展过程中形成众多延绵数代的刻书世家，经营时间在百年以上的有

---

① 《长汀四堡里马氏族谱·七集列传》卷一，第 23 页。

30余家，其中规模最大、时间最长的有八大刻书世家，分别是邹葆初、邹希孟、邹兆熊、邹述文、马维翰、马大蕃、马其炳、马源锡，这在全国来说也是极为罕见的。

第三，刻书业只是四堡家庭产业的一个部分，大多数书坊业主亦农亦儒，少有单一从事刻书者，这一点与当时北京、汉口、南京等地书坊有所不同。四堡书坊的业主，往往是一个家庭的家长。这些家庭长期受儒家思想文化的熏陶，往往以家大业大、四代同堂为荣耀，所以当时刻书大户家庭人口多至数十口甚至百口。如马氏下祠谱记马月池："兄弟子侄七人，公行二。分职业于诸子侄曰：某某也耕，某某也商，某某也工贾，各视乎其才其识而督定，于是人堪其任，任奏其效，大有治家之法，而家业遂以兴起，积累至于巨万。"[①] 又如邹氏上祠谱记邹丕彬："年十八，以食指浩繁，乃弃举业而远服贾。……维时二叔静庵老先生，品列雍宫，内操家政，统七十余男丁妇口，上下严肃。公率弟侄辈十余人，经营外省，虽数千里之跋涉，数十年之风霜，不敢告劳。一钱尺布，不入私房。由是家道饶裕，构华厦数百椽，置良田百千顷，名闻八邑，富甲一乡。一堂之上，贡成均者若而人，游泮璧者若而人，读者、商者亦若而人，森森玉立，蔚为国华。"[②]

第四，四堡刻书世家虽延绵不断，却也起伏消长，往往出现盛极而衰、衰极转盛的现象。书坊业主刻书获利之后，并非将资金全用于扩大再生产，而是置田建屋，乐善济人，光宗耀祖，这是很普遍的现象。如邹希孟兄弟书坊，利用父亲从杭州带回大量书版，有资金保证印刷，且到杭州等地销售图书十分成功，书坊创

---

① 《长汀四堡里马氏族谱·七集列传》卷一，第15～16页。

② 《范阳邹氏族谱》卷三十三《传文》，第78页。

办之后很快就发家致富。邹希孟之子邹孟瑞更是“恢宏先绪，垂裕后人，至资巨万，博施济贫”。[①] 但到了曾孙辈开始衰败，玄孙辈只好向外发展，另谋出路了。邹希孟之玄孙邹尚忠，携子邹熊云到广东灵山开书店推销书籍，经过数年的经营，家业始得恢复。

产生起伏的另一原因是分家。一个人口数十上百的大家庭，分家时往往把书版与田地、房屋等其他财产一起分掉。我们在四堡发现的六份分关文书都是如此。如乾隆三十八年（1773）马烈务本堂分关，就把 87 套（87 种书）书版分授给六个儿子；道光十九年（1839）马松存在兹堂分关，把 107 套（107 种书）书版分授给六个儿子；道光年间邹步蟾萃华堂分关，把 48 套（48 种书）书版分授给五个儿子；道光年间马益保翼经堂从上辈分得书版 79 套（79 种书）；光绪二十三年（1897）邹邦钰万卷楼分关，把书版 17 套（17 种书）分授给三个儿子；光绪二十三年（1897）邹允藩大文堂分关，把书版 28 套（28 种书），分授给四个儿子。

族谱中也有大量关于分爨的记述，如邹锦绪“弃儒经商，……不辞劳苦，凡构造书版，续置田庄，悉公之勤劳以致之。……厥后丁口浩繁，兄弟分箸，其所置之业，条分缕析，无此厚彼薄之虞”。[②] 马定邦“兄弟同居，食指半百，庶事纷然。……祖母邹孺人病甚危笃，始奉命为析箸。田产屋宇，品搭均匀，并无肥瘠之异。拈阄分授，那有多寡之殊”。[③] 财产、书版均分之后，新设书坊的规模与实力自然大为削弱，往往因此而一蹶不振。如马烈的书版分授六个儿子之后，未见其儿孙中有重振旗鼓成刻书大户者，倒是马烈之兄马光的儿孙们继承祖业并发扬

---

① 《范阳邹氏族谱》卷三十四《行实》，第 7 页。

② 《范阳邹氏族谱》卷三十三《传文》，第 33 页。

③ 《长汀四堡里马氏族谱·七集列传》卷一，第 77 页。

光大。马光之孙经营的在兹堂，分家后实力也大大萎缩，虽都另立堂号继续经营，却都以印书售书为主，且到外地开店售书，少有继续刻书的。当然也有例外，如马利群，分家时把书版全部分给三弟，自己则分得田三亩、银二十两，又独自刻《四书》《诗经注》《幼学琼林》《增广贤文》等版，摹印为生。三弟马周群在分得书版之后，也继续开坊刻书。

四堡书坊这种以家庭为单位，以家族为依靠的生产经营方式，符合我国传统社会的伦理道德、思想观念和价值取向。比如家族内部在从事刻书、贩书的过程中，互相支持，互相提携，被认为是一种美德。有丰富经验的前辈提携年轻后进，则是义不容辞的责任。同姓宗亲被认为是自家人。所以，在刻书、售书等一系列商业活动中，宗族内部采取了许多保护族人利益的措施，避免族人之间进行竞争。再如，为了便于供需双方的交易，族人还捐粮田建立墟市。邹氏上祠谱记载："先辈早有以旧墟稍远，每思自辟一区，便于交易，然托诸空言，未果举行。至乾隆戊戌之十一月十八日始议，一唱百和，众心齐一，而十九日即起一墟，赴集如云。"[①] 由于有了这些保护措施，才使那些规模较小的书坊在激烈竞争的环境中能够生存下去，不至于被实力雄厚的书坊所并吞。因此，四堡邹、马两姓族人都乐于从事刻书、售书行业，形成了盛极一时的出版产业。当然，家族内部的种种限制，也影响了许多书坊在四堡本地的发展，于是越来越多的人到外地开书坊刻书、售书。特别是后期，四堡书坊已在两广和福建沿海地区多地扎根、立足。

---

① 《范阳邹氏族谱》卷二十九《乡村》，第3页。

四堡邹氏（上祠堂）刻书业主一览表

世系	姓名（堂名）	生卒	字号	关系	刻书举略
14世	邹辑鲁（益智堂）	1578—1643	维宗 希孟	邹学圣四子	《夜谭随录》《第一奇书》2种
	邹宪鲁（在兹堂）	1584—1645	中原	邹学圣五子	
15世	邹孟纯（崇德堂）	1619—1674	葆初	邹郎鲁三子	五经、《元亨疗牛集》等3种
	邹孟献（尊经堂）	1623—1698	士嘉	邹中原长子	
	邹孟启（益清堂）	1604—1649	士开	邹希孟次子	
	邹孟瑞（崇圣堂）	1608—1673	士俊	邹希孟四子	
	邹孟淑（尚经堂）	1599—1649	士芳	邹震孟次子	
	邹孟吉（天福堂）	1625—1667	士祥		
	邹孟都（振之堂）	1627—1695	士性	邹希孟八子	
16世	邹德襄（会文堂）	1636—1713	启赞 在公	邹学圣曾孙	《三字经》《四书》等5种
	邹启观（鸿文堂）	1627—1682	大宾	邹学圣曾孙	
	邹启谟（福兴堂）	1671—1712	大烈	邹士龙子	
	邹启乾（崇经堂）	1617—1684		邹震孟孙	

续表

世系	姓名（堂名）	生卒	字号	关系	刻书举略
17 世	邹枭国（益德堂）	1701—1768	枚臣 警轩	邹士嘉孙	《千字文》《论语》等 7 种
	邹许国（明德堂）	1672—1748	致臣 彩林	邹士俊孙	《人家日用》《三国演义》等 9 种
	邹洙国（聚经堂）	1650—1689	汉臣	邹震孟孙	
	邹化国（文华堂）	1659—1737	舒臣	邹希孟曾孙	
	邹舜国（墨香堂）	1664—1747	五臣	邹士俊孙	
	邹周国（兰馨堂）	1668—1726	姬臣	邹士俊孙	
18 世	邹洪夏（碧清堂）	1691—1761	尚忠 德先	邹士俊曾孙	从账本见书目 66 种
	邹洪春（佐圣堂）	1721—1786	本祖 心远	邹学圣后裔	《四书》《五经》《百年经》《集虚斋全稿》等 8 种
	邹述文（达文堂）	1692—1756	信徵 定祚	邹礼衡后裔	
	邹麟史（崇德堂）	1710—1760	孔章 清玉	邹葆初曾孙	《四书》《五经》《周易》等
19 世	邹铉猷（祖述堂、翰文楼）	1723—1772	正望 龙川	邹述文次子	《医学实在易》《古文释义》等 13 种
	邹铉起（祖述堂）	1726—1762	正仪 龙冈	邹述文三子	
	邹铉兴（祖述堂）	1732—1816	正予 龙泉	邹述文四次	《增广贤文》《四书补注备旨》等 8 种
	邹忠瑞（进益楼）	1751—1835	铉新 焕堂	邹彩文长子	

续表

世系	姓名（堂名）	生卒	字号	关系	刻书举略
19世	邹锦绪	1738—1801	继云	邹德襄曾孙	四书、五经等
	邹观辉（观澜堂）	1734—1815	怀光 尚宾	邹汉臣孙子	
	邹上达（崇德堂）	1735—?	明辉 先吉	邹麟史长子	
20世	邹孔书（天宝楼）	1745—1793	子麟 可堂	邹龙川长子	《医宗金鉴》《医方捷径》等8种
	邹孔爱（翰文楼、务本堂）	1755—1827	子仁 静庵	邹龙川二子	《四书集注》《神农本草经读》等14种
	邹孔昌（翰宝楼）	1770—1834	子肇 启园	邹龙川三子	《同怀钊义》《酬世合璧》《选择求真》等10种
	邹孔嘉（祖述堂）	1760—1838	子玮 瑶轩	邹龙冈子	四书、五经等
	邹朝梁	1758—1835	全亮 一轩	邹观辉次子	
	邹应乾（应文堂）	1746—1819	发光	邹士俊后裔	
	邹乾栋（锄经堂）	1761—1835	纶亮	邹震孟后裔	《本草经读》
21世	邹绍荣（祖述堂）	1810—1881	聚发	邹孔嘉子	
	邹丕彬（天宝楼）	1767—1845	元景 陟山	邹孔书长子	《验方新编》《药性赋》等8种
	邹丕清（天宝楼）	1767—1848	元晏 奠波	邹孔书次子	《医学三字经》《古文合解》等8种

续表

世系	姓名（堂名）	生卒	字号	关系	刻书举略
21世	邹丕康（谦受堂）	1776—1816	元晋 宁轩	邹孔爱次子	《四书集注》《医方捷径》等9种
	邹廷锦（惠文堂）	1795—1848		邹士衡后裔	
	邹贺发（德新堂）	1831—1906	祭馨	邹礼衡后裔	
22世	邹联映（应文堂）	1809—1894	殿试	邹尚忠玄孙	《管稿》初、二、三集，《行文资典》等10种
	邹联飚（文海楼）	1828—1865	殿赓	邹尚忠玄孙	《蒲编堂训蒙草》《书经监本》等15种，注释三百千增广合刻
	邹联梓（文香阁）	1835—1889	殿梁 金镛	邹尚忠玄孙	《直省乡墨精锐》《咏物诗选》等9种
	邹希尧（德新堂）	1866—1926	柱臣 克祯	邹绍荣侄	《唐诗合选详解》《唐诗三百首》等
	邹联寓（林文堂）	1839—1913	源敷 美爵	邹观辉曾孙	《增广贤文》《梁山伯祝英台》等
23世	邹建池（文海楼）	1848—1898	新城	邹殿赓长子	
	邹建芳（文海楼）	1850—1915	新桥	邹殿赓次子	
	邹建保（文香阁）		新祐	邹殿梁子	

四堡邹氏（下祠堂）刻书业主一览表

世系	姓名（堂名）	生卒	字号	关系	刻书举略
18世	邹兆熊	1628—1673	周桢	邹惟棣孙	
19世	邹抚南（培德堂）	1650—1738	仁声 梅圃	邹兆熊次子	《正字通》
	邹镇南	1664—1708	达声 梅田	邹兆熊四子	《四书》《五经》等
20世	邹圣耀（瑞文堂）	1718—1789	嵩彦 锦亭		《监本易经》《增补指明算法》等6种
	邹圣修	1698—1747	颖彦 清白	邹镇南三子	
	邹圣禄（永言堂）	1736—1803	爵彦 野园		《合参通律》《诗经读本》等5种
	邹圣脉（寄傲山房）	1691—1761	宜彦 梧冈	邹抚南次子	《老子》《新增幼学琼林》等12种
	邹圣徽	1703—1740	斐彦		
21世	邹廷选	1731—1774	徽秀 慎圃	邹圣瑞七子	
	邹　斐（寄傲山房）	1712—1783	徽鹏 厚庵	邹圣脉长子	《庄子》《寄傲山房诗文集》等9种
	邹廷猷（云林别墅）	1715—1803	徽鲲 可庭	邹圣脉次子	《荀子》《诗经备旨》等多种
	邹廷宾（寄傲山房）	1728—1798	徽用 桂亭	邹圣脉五子	《墨子》《书画同珍》等7种

续表

世系	姓名（堂名）	生卒	字号	关系	刻书举略
21世	邹廷扬	1720—1782	徵耀 怡轩	邹圣修 长子	《四书章句集注》《史记》等12种
	邹廷治（培德堂）	1718—1809	徵盛 岗亭	邹圣默 长子	《易经备旨》《四书图考体注》等6种
	邹　谟	1721—1805	徵望 云村	邹圣默 次子	《诗经拟题》《诗学含英》等6种
	邹廷载（培德堂）	1717—1755	徵锦 顺庵	邹圣瑞 三子	《学儒先进》《幼学琼林》等6种
	邹廷聘	1721—?	徵朝	邹圣任 三子	
	邹廷忠（同志堂）	1721—1807	徵赐 汝达	邹圣绎 三子	《唐诗合韵》《酬世合璧》等5种
	邹廷彝（光华堂）	1748—1834	徵秉 宁轩	邹圣耀 长子	《四书合讲》《应世便书》等
	邹廷胪	1722—1808	徵勇 鸿猷	邹圣治 子	
22世	邹　扬（培德堂）	1739—?	清官 信孚	邹廷载 长子	《字汇》
	邹徵跃	1740—1794	天官 芳谷	邹廷扬 侄	《幼学锦囊》《礼记体注》等5种
	邹联镳（培德堂）	1746—1818	宗官 理孚	邹廷载 三子	四书、五经、《字汇》等
	邹　行	1742—1811	运官 诚孚	邹廷载 二子	《新增幼学琼林》《诗经集注》等8种
	邹　进	1755—1800	聘官 淡轩	邹廷选 长子	《四书章句集注》等4种

续表

世系	姓名（堂名）	生卒	字号	关系	刻书举略
22世	邹乾官	1789—?	立健	邹圣莲孙	《四书》《五经》等
	邹　松（文兰堂）	1740—1810	寿官 青园	邹圣瑞孙	
	邹景扬（大德堂）			邹可庭子	《酬世锦囊全集》《采辑新联》等
23世	邹光龙（培德堂）	1765—1856	序熊 渭川	邹扬次子	《增补鉴略》《水浒》等8种
	邹云龙	1768—1851	传仕 义庭	邹圣瑞曾孙	《幼学琼林》等
	邹濬（天福堂）	1762—?	传书 蟠龙	邹克襄子	《采辑新联图章佳句》等5种
	邹惠龙	1787—1877	传恩 泽长	邹进长子	《资治通鉴》《史记》等5种
	邹步蟾（萃华堂）	1793—1878	完士 桂林	邹徽跃侄	财产分关载有书版名称48种
	邹发琛（聚贤堂）	1770—1832	传瑞 蕴石	邹圣祈曾孙	《四书《五经》等
	邹传伊（文光堂）	1793—1856			《公余医录》《书经备旨辑要》
24世	邹倬惠（翠云堂）	1793—1858	序恩 曰懋	邹云龙三子	《字汇》《康熙字典》《佩文韵府》《增广贤文》《算法》《增订古文析义合编》《酬世精华》《新增幼学故事琼林》8种
	邹倬学	1816—1865	序宛 翰堂	邹云龙十一子	
	邹家颂		序贺 庆堂	邹传周三子	

续表

世系	姓名（堂名）	生卒	字号	关系	刻书举略
24世	邹承霖（崇文堂）	1846—1874	发兰 汉卿	邹圣纯玄孙	
25世	邹邦彦（汀城万卷楼）	1833—1905	腾光 高翔	邹圣脉玄孙	《卫济余编》《通天晓》《幼学故事汇览》《新增字学举隅》及财产分关载书版17种
	邹邦钰（万卷楼）	1843—1881	蕴光 玉兰	邹邦彦弟	
	邹振光（翰香堂）	1839—1911	邦熏 鼎才	邹邦彦堂弟	《古文观止》《七经精义》等7种
	邹邦岐（文苑堂）	1849—？	德光	邹邦彦堂弟	《千家诗》《同珍二刻》《八铭全集》等11种
	邹云经（文兰书局）	1845—1892	肇梯 咸园	邹圣瑞玄孙	《增广贤文》《四言杂字》等8种
	邹肇升、江美娥夫妻（怡经堂）	1847—？	肇陞 进亭	邹圣章玄孙	《百年经》《麻衣相法》《本草纲目》《公余医录》等14种
	邹翼廷（大文堂）		允藩	邹滨海子	财产分关载书版31种
	邹翼顺（素位堂）	1832—？	允嘉 致中	邹传瑞侄孙	《真草篆隶四体千字文》《初学引机》《酬世合璧》《太上感应篇》《医宗金鉴外科》等12种

续表

世系	姓名（堂名）	生卒	字号	关系	刻书举略
26世	邹甘京（素位山房）	1859—1909	作就 京山	邹翼顺三子	《高东溪先生遗文集》《鹿洲全集》等6种
	邹麟昌（玉兰堂）	1852—?	定绅 缙贤	邹邦彦长子	《桥梓绣林》等6种
	邹金铉（时中昌）	1873—?	作切 仁中 益三	邹翼顺侄	《酬世指南》《四言杂字》等8种

四堡马氏（下祠堂）刻书业主一览表

世系	姓名（堂名）	生卒	字号	关系	刻书举略
19世	马维翰（万竹楼）	1639—1700	翔腾 厚斋	马大昭长子	《四书》《五经》
	马权亨（经纶堂）	1650—1710	利群	马大蕃长子	《幼学琼林》《四书注》《玉娇梨》《康熙字典》等7种
	马权文（本立堂）	1662—1748	周群 守拙	马权亨二弟	《佩文韵府》《康熙字典》《左传汇纂》等7种
	马宽裕（文汇楼）	1670—1754	良容 桂亮	马其炳五子	《新增幼学琼林》《增补鉴略》《催福通书》《古文精言详注合编》《新刻书经备旨善本辑要》等9种

续表

世系	姓名（堂名）	生卒	字号	关系	刻书举略
20世	马定邦（文萃楼）	1672—1743	则贞 怡庵	马权亨长子	《四书集注》《四书备旨》《梁山伯祝英台全本》等9种
	马定策（缃山堂）	1677—?	则升 敬峰	马权亨三子	《武经短篇》《春秋左传经世钞》等26种
	马定略（经纶堂）	1680—1718	则忠 谷城	马权亨四子	《增广贤文》《诗经集注》等7种
	马　谦（藏经阁）	1722—1796	锡尊 富良	马观应三子	《续金瓶梅》等3种
21世	马　烈（务本堂）	1709—1752	斯扬 缵庵	马定策次子	《四书典腋》《幼科铁镜》等87种
	马　恕（同文堂）	1704—1789	斯行 玉峰	马定韬次子	《老子》《三国演义》《诗经备旨》《大观续编》等10种
	马　就（文萃楼）	1711—1752	斯瞻 葵轩	马定邦次子	《昭君和番》《车公子传》等9种
22世	马祚冠（百薮堂）	1714—1781	苍宏	马洪灿长子	《论语》《孟子》《资治通鉴》等7种
	马履智（文萃楼）	1724—1788	学夫 海亭	马定邦孙	《康熙字典》《字汇》《百年经》等17种

续表

世系	姓名（堂名）	生卒	字号	关系	刻书举略
22世	马履恭（鹤山堂）	1729—1771	安夫	马恕长子	《礼记》《春秋指掌》《大小南北宋》等13种
	马履霄（务本堂）	1731—1765	霖存	马烈长子	《幼学备旨》《乾隆新律》《拍案惊奇》等19种
	马履雾（务本堂）	1734—1782	汉夫 玉斋	马烈次子	《四书聚考》《武经三书》《一夕话》等13种
	马履云（务本堂）	1738—?	淮夫 南山	马烈三子	《大断易》《小题狐白集》《检骨格》等11种
	马履霆（务本堂）	1745—1774	清夫	马烈四子	《春秋指掌》《国策评林》《医方集解》等16种
	马履霙（务本堂）	1748—1776	润夫	马烈五子	《朱子精言》《医方本草》《风流悟》等16种
	马履霑（务本堂）	1752—?	泽夫	马烈六子	《韩子粹言》《小题雅润》《医方药性》等9种
23世	马源舜（史丰堂）	1747—1814	恒宇	马祚冠五子	《春秋左传》等5种
	马源用（裕丰堂）	1750—1795	恒标	马祚冠六子	《增补诗经体注衍义合参》《礼记精华》等5种

续表

世系	姓名（堂名）	生卒	字号	关系	刻书举略
23世	马萃仲（在兹堂）	1770—1849	松存 保亭 辅孟	马光孙	《五经揭要》《广事类赋》《崇祯传》等107种
	马一鸣（大成楼）	1767—1827	朝凤 岐山	马祚礼长子	《诗韵》《双凤奇缘传》等5种
	马源锡（林兰堂）	1786—1864	卫爵 天成	马祚春五子	《三字经》《大学》《古本金瓶梅》《幼学故事琼林》《诗韵含英》等16种
24世	马玉兰（念兹堂）	1797—1869	澜周 湘圃 佩乡	马萃仲次子	《四书题诀》《周易折中》《争春园》等15种
	马玉章（文兹堂）	1801—1852	成周 琢齐 焕文	马萃仲三子	《启蒙对类》《诗经》《麻衣相法》等18种
	马玉堂（文林堂）	1806—1839	吉周 国珍	马萃仲四子	《启蒙正则》《五经文选》《单搭金针》等22种
	马玉鸣（枕松堂）	1808—？	彩周 飞泉	马萃仲五子	《三十家文》《诗鉴十锦》《古文雅正》等15种
	马玉廷（枕松堂）	1812—1869	栋周 缙卿	马萃仲六子	《论语章句》《脉诀》《红楼梦》等17种
	马从和（继溪堂）	1783—1850	贵周 继溪	马萃威长子	《弟子规》《古文观止》《山洋指迷》等9种

续表

世系	姓名（堂名）	生卒	字号	关系	刻书举略
25 世	马伯伊（耕莘堂）	1855—1924	赞汤 与望	马权文后裔	《百家姓》《饮香尺牍》《水浒》等 9 种
	马益煌（德文堂）	1879—1937	炳芳	马一鸣孙	《幼学须知直解》《韵法入门》等 5 种
26 世	马益深（怡山堂）	1822—1890	体根	马伯浚五子	《西厢记》《牡丹亭》《桃花扇》等 8 种
	马益保（翼经堂）	1843—1912	淮轩 其珠	马伯任三子	《史记精华》《字类标韵》《医学心悟》等 79 种
	马益肃（嵩山书屋）	1837—1897	克恭 守谦 其馨	马源舜曾孙	《资治通鉴》《春秋左传》等 5 种
27 世	马传恩（西园堂）	1875—1934	雨鸿	马益香次子	《灵枢素问》《文王八卦》《唐诗三百首》等 30 种
	马传范（马林兰书局）	1901—1960	呈畴 福徵	马益汪三子	《一年使用杂字》

第四章　四堡书坊的生产经营

一、四堡早期书坊的生产经营

四堡早期书坊的经营有一些共性。第一，认定经营书业是谋生的最好选择。如马氏下祠谱传载马萃大语云："计足以谋生而仍得以亲缙绅先生之言论风采，俾得薰育以成其德者，惟贾书之业。无已，吾其事此乎。"① 四堡地区受传统文化影响极深，"学而优则仕"的思想根深蒂固，弃儒经商是迫不得已之事，民众骨子里仍然志在造就名儒、名臣，"大为深山邃谷间生色"。之所以弃儒经商，大体有三种情况，一是因业儒不售而弃儒经商。如马维翰的父亲马大昭："少攻举子业，不就，改而贸易，足迹几遍天下。"② 邹大亨："初学儒业，博好群书，能文章，乃屡试数奇，遂辍砚田，而远服贾。"③ 邹信亮："援例入国学，益攻举子业，制艺卓然浑成，鏖战棘闱者再焉，然终困场屋。……乃出汀赁一

---

① 《马氏大宗族谱》卷一，第 83 页。

② 《长汀四堡里马氏族谱・七集列传》卷一，第 31～32 页。

③ 《范阳邹氏族谱》卷三十三《传文》，第 8 页。

书铺，名虽服贾，其实雅好与缙绅先生交。”[1] 二是因家贫而弃儒经商。如马履堂：“十龄失怙，读书聪颖，至性大过于人者。……惧以衣食贻伯兄累，遂贸易，为兄弟之助。”[2] 邹云玉：“自幼家贫，母又孀居，公乃弃儒就商，偕兄弟数人，服贾东粤，以养厥母。”[3] 邹家吉：“幼聪颖，读书辄成诵。父兄器之。因家计稍艰，遂弃儒业，以遨游于东西两粤之区，操奇赢，权子母。”[4] 三是因不喜章句而弃儒经商。这是少数，如邹述文：“读书颖悟过人，目数行下，然不甘株守，为兔园册子误，遂投去。以贸迁术遨游于豫章之樟镇。与其兄勠力同心，操奇赢，权子母。不数年，大启尔宇，富有田园，所得已逾中人产。”[5]

第二，在经营作风上深受儒家文化的影响。邹、马二氏家族重视文化教育，都先后设立了许多私塾、学馆，使族人受到正规教育。在邹、马二氏谱族收录的数百位书坊业主传记中，几乎都有“弃儒经商”的经历。首先，凭借自己的文化素养，广交各地文人学士，有效地推动了经营业务。如马祚宽：“以贾书为业，能作五七言韵语，亦间有佳句，往来于文人学士间，咸敬之云。”[6] 邹大亨：“初学儒业，博好群书。……时遨游于江广闽浙间，名为服贾，而雅好与贤人君子交，当时每多器重之，谓其有儒者风。”[7] 其次，讲求信用，诚实不欺。如邹德襄：“习儒未毕业，挟贸迁术畅游天下，南辕北辙，所如皆合。此又何故？大抵

---

① 《范阳邹氏族谱》卷三十三《传文》，第 47～48 页。

② 《长汀四堡里马氏族谱·七集列传》卷一，第 108 页。

③ 《范阳邹氏族谱》卷三十三《传文》，第 30 页。

④ 《范阳邹氏族谱》卷三十三《传文》，第 53 页。

⑤ 《范阳邹氏族谱》卷三十三《传文》，第 30～31 页。

⑥ 《长汀四堡里马氏族谱·七集列传》卷一，第 48 页。

⑦ 《范阳邹氏族谱》卷三十三《传文》，第 9 页。

人生一腔厚道，一片诚心。……以之待人，则彼此忘形。夫刻薄欺伪之行，终无当于身世，而名实两不可问也。”[①] 邹大亨：“时遨游于江广闽浙间，……负义气，重然诺。凡乡里中有因公牵车远游，而以财本附同生理者，公视人犹已，即有重息归附时，一并清交不私，以故人无不倚重之。”[②] 第三，不以赢利为唯一目标，在义与利的关系处理上，重义而轻利，义为首，利为次。如马履堂：“虽以计然术鸣，而明于义利，喜读书。闻诫其子曰：‘不学真无术耳。分内之物，非必矫而去之，若撄之分外，何异旦昼而穿窬也。吾父以此训吾兄弟，于心终不忘，汝曹宜谨识之。’”[③] 许多坊刻业主认为，刻书的意义不仅在于获利，也在于济世。因而“择货殖中之术，莫如以书为货矣”。

第三，在经营方式上，早期书坊也有不少共同之处。一是都没有把刻书当作一个独立产业来经营，而仅仅作为一个家庭副业来经营。目的是为了增加家庭收入，进而设私塾、聘名师，课子弟。如马周群：“开坊募梓，集书板充栋，致资倍饶。……犹自悔读书不果。得屋后余地，构精舍，聘名儒，优隆北面之仪，款洽尊师之意，萃诸令器，督课其中。”[④] 这种现象十分普遍，因此有些刚刚起步的书坊，因财力花费过大，又后继无人便倒闭了。二是把主要精力放在图书销售上。马利群的例子最为典型，其办书坊获得成功，分家时把书版让给三弟马周群，自己又外出售书，只付价值三钱的两箍纸给 16 岁的儿子马定邦，令儿子主持家政，印书糊口。显然，早期书坊重在售书以积累资金，有了资金之后才开始大规模雇工刻书。三是依据市场和读者需求，以刊

---

① 《范阳邹氏族谱》卷三十三《传文》，第 12 页。

② 《范阳邹氏族谱》卷三十三《传文》，第 9 页。

③ 《长汀四堡里马氏族谱·七集列传》卷一，第 108 页。

④ 《长汀四堡里马氏族谱·七集列传》卷一，第 45 页。

刻畅销书为主。

总之，四堡早期书坊在经营指导思想、经营作风和经营方式等方面的特点，有别于当时北京、汉口和南京等书坊，是四堡书坊在清代赖以生存并发展壮大的重要原因之一。

下面举若干例子，以作印证。

马维翰万竹楼　谱传称马维翰“兼贾书于江广间，凡十四五年，颇获利。……而募匠雕枣梨，摹印书籍，以为诸贾贩，其利且倍蓰于远贾”。[①] 显然，这个书坊是往外省贩书十多年，有了一定资金积累后才刻书的，而且专事刻书，刷印后卖给专事售书的“诸贾贩”。这样不仅获利数倍于售书，而且能够奉侍于父母身边，尽孝道。这种生产经营方式在四堡早期书坊中颇有代表性。

不过，到了马维翰的孙辈，又开始向外售书，马维翰之孙马洪鸣还带着长子马祚昌到江西信丰开店，经营书籍。而马祚昌之子马源盈则长年在信丰售书并客死其地。这大概是因为后来大家都知道刻书获利倍于卖书，贩书者也纷纷刻书，彼此间产生竞争，只好刻书同时兼事贩书。

马利群在兹堂（经纶堂）　马利群祖父马绍勋曾外经商，往来贸易于江西、浙江。马利群 13 岁时，父亲去世，诸弟年幼，家道贫寒，“凡樵牧农圃小贩之市，无不为之，不敢少有懈怠，而一家四五口乃得以不甚冻馁”。[②] 靠勤俭持家，积累资本，并将资本托付伯父经商（售书），遂渐有余于衣食。“既则开坊募刻《四书集注》《备旨》等版，颇获利”。[③] 兄弟们才各得婚配。几年后三兄弟分家，他把书版留给弟弟，自己重新创业。

---

① 《长汀四堡里马氏族谱·七集列传》卷一，第 38 页。

② 《长汀四堡里马氏族谱·七集列传》卷一，第 42 页。

③ 《长汀四堡里马氏族谱·七集列传》卷一，第 43 页。

与马维翰不同的是，马利群重新创业后以到外售书为主，并将家政交于16岁的长子马定邦。谱传称马定邦："十六岁，大父经商于外，以家政委先君，只付小纸两篚与先君为资本，以度家口日用之需。小纸两篚抵银三钱，先君将此自为排印，卖完入山买纸，自己担回，又自为排印。如此循环不已，而家不至于饥寒者，皆此两篚小纸之力也。及后二叔完娶，悉自先君，则此两篚小纸即变为什百千万矣。……三十六岁，刻《四书大全》板，其书甚行，而家道少舒，日用始不虞其掣肘。"① 这篇行述是马定邦长子马龙所撰，对马定邦一生创业经历有详尽叙述。上述文字从经营角度看，至少有三点值得注意。一是马定邦印书能够成功与父亲打下的基础有关，除了纸张之外，关键是家中有马利群所遗书版，父亲又教其刷印技术。如果没有这两条，书是印不出来的。二是父亲帮他卖书。文中虽没明说，但马定邦只在家印书，销售之事自然由在外贩书的父亲负责。三是在图书的选择上适应市场的需求。如马定邦刻印售卖的《四书大全》是畅销书，普通士子人手必备，故得以获利。这种选择当然也与其父马利群在外售书、了解市场有关。

马定邦12岁时就参与书坊的刻书业务，这在族谱中有生动描述："十二岁，……在东升寨刻《四书集成》板，供给数十刻匠饭餐。米置甑中，力不能举，先将甑放下锅后，以箕一箕一箕递米下，熟即命匠举起。每日辰、午饭后，下寨来家，与老仆来福运供。上午来福米一担，先君菜一担；下午来福柴一担，先君酒一担。日以为常，不辞劳瘁。十三岁，在丰饶寺刻《四书备旨》板，供馔刻匠悉出先君之力。"② 记录了四堡书坊雇工刻书真

---

① 《长汀四堡里马氏族谱·七集列传》卷一，第74～75页。

② 《长汀四堡里马氏族谱·七集列传》卷一，第74页。

实的情况。据调查，四堡书坊雇佣的刻书工匠主要来自邻近的宁化、清流一带，其中尤以巫姓工匠为多。刻书需要一定的专业技术，报酬也较高，故巫姓族人世代相传，渐成世业。四堡书坊在生产经营过程中，依靠雇佣刻书工匠完成刻版，是很普遍的现象。因此，马利群、马定邦父子的这种生产经营方式颇具代表性。

马周群本立堂　兄弟分家时，马周群所得书版最多，后成为四堡马屋刻书大户。本立堂生产经营情况，族谱中介绍不如马利群详尽，但马周群与雾阁邹仁声联姻之后，大量刻印邹圣脉著作，这一点值得关注。邹仁声是邹圣脉的父亲，邹圣脉的女儿邹赛兰嫁给马周群孙子马衡之后，本立堂开始雕印邹圣脉增补的《新增幼学故事琼林》。这是一本畅销书，邹氏一般是不会让给马姓雕印的，此书可能被邹圣脉作为女儿的嫁妆赠出，也可能邹圣脉本人不刻书，而把这本书交给女婿刻印。笔者在四堡雾阁曾见本立堂藏版印刷的《新增幼学故事琼林》一套四卷二册。不过是嘉庆间翻刻本而并非本立堂初刻本。大概初版《新增幼学故事琼林》很畅销，所以邹、马两姓争相刻印，造成纠纷。后来由邹圣脉五子邹廷宾出面与马氏签订“本行不得同板网利”的协议，并作为乡规共同遵守，此外，马周群之女嫁与邹氏碧清堂业主邹尚忠，也增强了马周群本立堂的实力。

马周群通过与邹氏联姻增强书坊实力，是为高明之举。同时，出版畅销书也是有效的经营方式。因此，他的书坊越办越好，“开坊募梓，集书板充栋，致资倍饶，若素封者然”。[①] 马周群晚年让习举子业的次子马天衢主持家政，自己则贩典籍于江广间。重视销售，也是四堡书坊的共同特点。

---

① 《长汀四堡里马氏族谱·七集列传》卷一，第45页。

马周群首创的合作经营的经验也得到了传承。晚清新的印刷技术传入之后，为了应对雕版书业的颓势，马周群裔孙马伯金，与邹氏下祠邹继善合股经营，在广西贵县设立本立堂书局，在清末民初经营得很好，并坚持到1949年前。

马宽裕文汇楼　马宽裕是四堡马屋最早在外省开办书坊之人，也是四堡以著作家身份开办书坊的第一人。其父马其炳学识渊博，在父亲的教诲下，马宽裕学有所成，精通堪舆，著有《炉传通书》《催福通书》《经史典故》《名公应酬》等书。这些书，一方面与其兴趣爱好有关，同时与及时获得兄弟自外传来的图书市场信息有关。于是在家刊版，运往广东惠州开坊印书销售。马宽裕的几个儿子亦能继承父业，长子和四子在家刻书，三子马隆剑协助父亲在惠州经营，又向南雄等地发展，并获得成功。马宽裕走出四堡向外发展的经营方式，对四堡中后期书业颇有影响。后来，邹、马两姓越来越多的人向外发展，开坊经营多获成功。

邹葆初崇德堂　在四堡早期书坊中，邹葆初书坊的创办过程与众不同。邹葆初“壮年贸易广东兴宁县，颇获利，遂娶妻育子，因居其地，刊刻经书出售”。[①] 虽然也是靠售书起家，但开坊刻书却在外地，后落叶归根，才迁回故里，置宅买田，并抚养诸侄。在四堡首开书坊，刻书、卖书，竟也获得成功。于是“多人学步，通里文明，实公宣布”。[②] 邹葆初于康熙二年（1663）在四堡创办崇德堂之后，历经八代，250多年，从经营角度讲，有三点值得关注。第一，开风气之先，敢于在地处偏僻的四堡山村开设书坊，这与其在广东兴宁经商的经历有关。在家乡刻书，让四个儿子轮流到兴宁售书，还让次子邹德政到江西吉安府龙泉县

---

① 《范阳邹氏族谱》卷三十四《行实》，第9页。

② 《范阳邹氏族谱》卷三十四《行实》，第9页。

（今江西遂川）卖书，尝试开辟新的市场。第二，重视图书的销售，认为销售图书比刻书更为重要。谱中载其子孙出外售书者达18人之多，而刻书者仅寥寥数人。第三，善于根据市场需求刻售图书。比如《元亨疗牛集》是一部兽医著作，成书于明万历后期，初版在南京，原名《元亨疗马集》。因南方少马，而原书中又有大量疗牛的内容，邹葆初崇德堂翻刻时改名《疗牛集》，以便在南方地区销售。这是以赢利为目的坊刻业主的常见做法。

邹抚南培德堂　这是四堡邹氏下祠中创办最早、经营时间最长、规模最大的一家书坊。其生产经营跟四堡早期许多书坊一样，靠售书起家，地点在江西浒湾。邹抚南父亲邹兆熊长年在浒湾经营书业，打下家业，也积累了丰富的经验。在父亲的指导下，邹抚南在四堡创办书坊，“建梧冈家塾以育人才，多镌经史秦汉诸书，广而布之，均有裨于世道人心”。[①] 邹抚南开办书坊约在康熙九年（1670）至十五年（1676）间，稍迟于邹葆初。邹抚南的子孙中出现了许多贤才，其中最突出的是次子邹圣脉，所增补的《新增幼学故事琼林》成为蒙学名著。邹圣脉长子邹斐，学问渊博，精于校勘，保证了出版质量。邹圣脉次子邹可庭也精于校雠，还从事纂述，有《书经汇参》《诗经备旨》《酬世锦囊》等书行世。书坊除重视经史图书刊刻外，还特别注重日常生活用书和工具书。笔者曾在该书坊后裔家中发现康熙刊本《正字通》，用的是星聚楼校正本，星聚楼是江西金溪县浒湾镇书铺街的一家名书坊。跟邹葆初一样，邹抚南也善于翻刻外地畅销书，这是依据市场需求做出的选择。有了深厚的人才基础，又有丰富的经营经验，故培德堂书坊能延续七代，分立了许多新书坊，占邹氏下祠书坊总数的三分之一。

---

① 《闽汀龙足乡邹氏族谱》卷二十《传文》，第8页。

邹德襄会文堂 会文堂也是以卖书起家的邹氏上祠早期书坊。邹德襄父亲邹孟机，长期在外售书并于康熙元年（1662）客死广东嘉应州（今广东梅州）。第二年，族亲邹葆初从广东兴宁搬回故里，开坊刻书。这两件事对邹德襄触动很大，认为父亲客死在外与故里没有刻书基地有关。于是向族亲学习，在四堡开办书坊。邹德襄的经营方式是刻书与售书并重，曾孙邹锦绪最能承继这种经营方式，成为乾、嘉时期四堡有名的书坊主。

邹希孟益智堂（衙官屋） 邹希孟善于经营，所生诸子皆成材。四子邹孟瑞奉父命董理家务，经营书坊，所刻图书今可考的有两种，即康熙年间刊本《夜谭随录》和《第一奇书》（《金瓶梅》），两书均署“本衙藏板，翻刻必究”。《夜谭随录》现藏四堡古雕版印刷展览馆，《第一奇书》现藏大连图书馆和吉林大学图书馆。此处“本衙”是指四堡雾阁的“衙官屋”，即邹学圣的故居，也是益智堂旧址，至今仍在。

由于《第一奇书》十分畅销，供不应求，故其长子邹启观“分父箧中物，束装游吴、浙，牵牛车，远服贾，获千金而归”。[①]又如其孙辈邹许国、邹庄国，挟书册，牵车服贾，贸易远方，几本畅销书使益智堂发达起来。可见敢于刊印禁书，也是四堡书坊得以生存发展，后来居上的经营奥秘之一。

二、四堡中期书坊的生产经营

四堡坊刻鼎盛时期的书坊具有各自经营的特点外，还有许多共同的特点。第一，这一时期书坊在经营指导思想上有所转变，不再认为弃儒经商是迫不得已之事，而是认为业商可以为业儒创

---

① 《范阳邹氏族谱》卷三十三《传文》，第8页。

造条件，从而自觉继承祖业刻书、贩书。如邹洛文：“幼聪明，有儒者气象。公令之学，亦笃志灯窗。……君为家督，诸务纷纭，皆望其左襄右赞，遂不能分身，以瘁其业。乃牵车服贾，入粤游吴。”①邹宜大：“幼业儒，聪颖绝伦。比长，以襄理家政，难以卒业，遂辍之。……潜身市肆，操计然术。”②马就：其父“怡庵公以家务甚繁，难以兼理，图分任于仲子。……仰体父心，遂抛儒业，……每岁载携书籍往粤，冬则载币旋乡，扩充家产数倍于前。”③在书坊鼎盛时期，大多数书坊业主们并没有放弃对业儒的追求，往往自己刻书、贩书，让儿辈读书求功名，孙辈成长后又让其继承祖业刻书、贩书。如邹仁声自己从事刻书，让儿子业儒，书坊经营则由两个孙子承继。如邹孔爱：“天姿颖悟，勤于讲习，……以印刻书籍为务。……公家居时，以义方训其子侄，设塾延师，殷勤倍至。子元晋、元明，俱入国学。”④家业则由孙子辈继承。这种情况很是普遍。也有亦儒亦商或弃儒经商之后又重新弃商从儒的。如邹元明：“幼习诗书，……因食指浩繁，遂改习计然之术。……年三十五，名登郡学；四十一，荣膺贡元。”⑤为业儒而经商的动力，远大于被迫经商，也由此可见乾嘉时四堡的书业十分发达兴旺。

第二，在经营方式上与时俱进，开拓创新。主要措施有：一、加强版权保护。为了族内经营有序进行，避免争相刻版造成混乱，邹、马两姓对开刻新版作了规定，一般不许再刻已有的书版，以免引起族人之间的竞争。据说，每逢岁节各书坊都要公布

① 《范阳邹氏族谱》卷三十三《传文》，第 25 页。
② 《范阳邹氏族谱》卷三十三《传文》，第 106 页。
③ 《长汀四堡里马氏族谱·七集列传》卷一，第 95 页。
④ 《范阳邹氏族谱》卷三十三《传文》，第 60 页。
⑤ 《范阳邹氏族谱》卷三十三《传文》，第 79 页。

自己的存版和新版。贩书的商人根据需要，分别向各书坊订货，如果有些书商不愿买书而想自己印书，可以向有书版的书坊租借旧版，但不许自行开刻同类书版。而且，用租借的书版印书之时，也只能采用原书坊的堂号、封面、颜色及装订形式等，不得另有标记。只有在族内各书坊均无所需书版的情况下，方能自行开刻新版。所以，族人若开设新书坊，首先必须找到新的书籍。这种规定，促使族人或置新版或编纂新书上版，客观上促进了四堡雕版印刷的繁荣。这个时期，四堡不少人大量编纂各种图书雕版印行，与这种族规不无关系。四堡雕版遗存中有许多内容大同小异，而名称、版式却五花八门，品种奇多，这大概都是鼎盛时期的产物。二、开设批发市场。随着四堡雕印业的繁荣，各地书商云集四堡采购书籍，各大书坊应接不暇。于是有人倡议创设新墟市，一呼百应，新墟市首开于乾隆四十三年（1778）十月十九日，极大方便了图书批发业务的开展。三、向外发展，打开销路。我们从邹、马两姓族谱记载中收集到四堡外出售书人数多达629人。他们主要集中在长江以南广东、广西、江西、湖南、浙江和福建等省，现将各省售书人数分早、中、晚三个时期统计如下：

数量＼地区	广东	广西	江西	湖南	福建	浙江	其他	合计
早期人数	37	3	26	18	8	3	10	105
中期人数	86	32	115	31	63	3	21	351
晚期人数	49	56	16	3	32	9	8	173
合　计	172	91	157	52	103	15	39	629

从统计表可以看出，中期外出售书人员是早期的3.5倍左右，也是晚期的2倍。销售地区又集中两广、江西和福建。这四个省区又相对集中在交通较为方便、客家人相对聚居的市县。如

广东主要集中在南雄、连平、翁源、惠州、梅县和潮州等地，广西主要集中在梧州、贵县、横州、灵山、南宁等地，江西则大多数聚集在赣州、信丰和樟树。本省则集中在闽西各县和漳州。中期去江西推销的人数最多，达 115 人，占中期向外推销总人数的 1/3。其中在江西信丰的马姓书商就多达 35 人，占江西总数的 1/3。赣州 20 人均是马姓，樟树 13 人则是邹姓书商。广东 86 人中，南雄最多，有 17 人；连平 6 人，均为马姓书商。邹姓书商多数在兴宁、梅县和潮州。本省 63 人中，建宁有马姓书商 16 人、邹姓书商 2 人；邵武、南平、永安和漳州的邹、马两姓书商达 22 人。以上五地合计 40 人，约占本省人数 2/3。姓氏集中，销售点集中是四堡族商经营的一个特点，有利于联合起来，共同占领图书市场。特别是在江西，他们的主要竞争对手是浒湾书商，所以不向南昌发展而相对集中于赣州、信丰和樟树镇。四、改革工艺，完善生产流程，提高产品质量。清代一般性的雕版印刷工艺，靠简单工具与手工就能完成，农家作坊即能生产书籍。不过，为了提高产品质量与生产效率，四堡书坊在工艺上也做了改进。比如，马氏上祠谱载马麟曾售书于漳、潮间，“又尝见漳人有裁书之车，机械运动，较之握刀而裁者，其便益整齐，不啻相去倍蓰也。效而制之，而教诸子，迄今里人擅装订书籍之长而获利者，公为之始也”。① 马麟在康熙年间学回这项技术，乾、嘉时期普遍推广，大大提高了书籍装订的效率。五、雇工雕版与到外地雇工雕版已相当普遍。早期马定邦在四堡东升寨雇数十工匠雕版，这种情况到了中期已经十分普遍，我们从遗存账册中发现有支付雇工工资的记载，如黄亚祥支工银 11.27 元，林社才支工银 10.20 元，邹振文支工银 10.09 元，邹荣光支俸银 59 元等。另

① 《惇本堂马氏族谱》卷十一《传八》，民国二年木活字本。

外，从中期邹丕彬与其叔邹孔嘉同往广东顺德马岗雕版的例子可以发现，因为马岗一带刻工多女性，工价便宜，所以才到外镌版。虽然谱中仅见这个例子，而实际情况当是较为普遍。这也是乾、嘉时期四堡坊刻鼎盛的标志之一。

第三，在经营作风上，跟早期相比，也有一些转变。四堡书商自幼接受儒家文化教育，严于自律，并素以勤俭、诚信著称。这种作风，始终不变。但是出现与外地书商竞争的时候，又暴露了族商保守排外的一面。四堡马云章先生撰文称："当时各省到四堡办书贩卖者，以江西书商为巨擘，此来彼返，密如穿梭。他们交易既大，不能避免有或多或少的贸易纠纷。为了增强团结，保持权益，提请拟在马、邹两姓毗连之官地坝建一江西会馆，借以驻足办事之场所。但当时地方主事者诸多苛索，以致协议不成，引起赣商之愤恨，决然与四堡印书坊断绝来往，各自在江西浒湾刻版开坊印书，规模不亚于四堡，由是四堡生意一落千丈。"① 中期书坊在经营作风上暴露出的弱点，可视为是四堡书坊后期走向衰落的原因之一。

下面列举一些例子，以为印证。

邹麟史父子崇德堂　邹麟史曾祖父邹葆初是四堡雾阁刻书第一人，刊刻过大量书版，并作为家产代代相传。邹麟史本人以印售书籍为生，曾前往广东高州府电白县售书。邹麟史早逝，家业由长子邹明辉继承，次子邹明祥、三子邹明镇负责售书。邹明祥售书于广东嘉应州，邹明镇则游走于两广。崇德堂的经营特点是保持传统家风，坚守儒家道德风范，诚实不欺。谱传记邹明镇"因家计稍艰，遂弃儒业，以遨游于东西两粤之地。操奇赢，权子母。练达比于老成，为人疏财仗义，刚直自持。……然诸不

① 马云章：《四堡印书业的兴衰梗概》，1984年手稿。

欺，坦衷及物，不设城府，不务机械。深得孔门'忠恕'二字之旨，而终身行之若不逮。故不独闻风慕义者相推重，而士林高行，亦咸谓公如郭有道，其人可师，其谊为不可及焉"。[①] 崇德堂自十五世邹葆初创设以来，一直延续至二十二世邹联和，时间长280多年。从其刻书内容来看，多以经史及日常用书为主。

邹龙川兄弟祖述堂　邹述文早年与兄邹彩文售书于江西樟树，经营得法，不数年便发家致富。邹龙川三兄弟受父亲邹述文影响，都先后到江西樟树经营书店。邹龙川二弟邹龙冈，"幼聪颖异人，读书过目即成诵，为述文公所深器。至十余岁，以家口浩繁，舍儒业作治生计，与仲兄龙川公同贸易于江右樟树镇"。[②] 三弟邹龙泉从小聪明好学，因用功过度致疾，病愈后随邹龙川到江西樟树售书。三兄弟又在父亲的指导下在四堡开书坊，大量雕印图书，家业日兴。邹龙川本人又让其次子邹子仁主持家政，"以印刻书籍为务"。

邹龙川三兄弟刻书、售书，家业十分兴盛。邹龙川有三子、八孙，皆从事书业。长子邹子麟以天宝楼堂号刻书，次子邹子仁不仅刻书，而且大兴土木建造宅宇，历时12年，建成当时四堡首屈一指的"珂鸣锦里"，后人称"子仁屋"。幼子邹子肇以翰宝楼堂号刻书，并亲自书写上版雕刻，所遗写刻雕版质量上乘。邹龙泉生子八人，皆承家业。长子邹孔葳售书于江西樟树及广东，次子邹孔衢曾到广西南宁开书店，三子邹孔音售书于江西樟树及广西等地，四子邹孔玉在广西南宁售书，五子邹孔瑞在南平开书店，六子邹孔美曾到广西南宁开书店，七子邹孔脉也到两广售书。八子中有七个在外销售图书，这在四堡也是不多见的，邹龙

---

① 《范阳邹氏族谱》卷三十三《传文》，第41页。

② 《范阳邹氏族谱》卷三十三《传文》，第45页。

川家族经营规模由此可见一斑。邹龙冈自己曾运书前往崇安、江西、苏州、杭州和四川等地推销，而且两个儿子也都曾前往外地售书。长子邹孔椿曾售书樟树、苏杭和湖广等地。三子邹孔嘉，也曾跟其兄邹孔椿前往江西樟树售书，并获重利。

邹龙川兄弟第二代的书业经营，不仅规模大且富有特色。特色之一是亦商亦医，代表人物是邹子仁。邹子仁精明能干，不仅经营书业获得巨大成功，而且精于医术，刊刻了大量医学书籍。长乐陈修园的医学著作，大多为邹子仁所刊。邹子仁在刻书之余，为人治病，“济人无数，病愈不索取”，在当地颇负盛名，其孙邹克颐传其医术，还开了恒泰堂医铺。亦医亦商的经营方式，在咸丰兵燹、子仁屋被烧之后，挽救了这个家族的颓势。特色之二是到广东顺德马岗（今属佛山）镌版，代表人物是邹龙冈之子邹孔嘉和邹龙川之孙邹丕彬。谱载：嘉庆十四年（1809）春，邹丕彬“与从堂叔玮轩翁（孔嘉）同往马岗镌板”，[1] 后来邹丕彬“率弟侄辈十余人，经营外省，虽数千里之跋涉，数十年风霜，不敢告劳，一钱尺布，不入私房，由是家道饶裕，……富甲一方”。[2] 关于四堡人到外省刻书之事，邹、马两姓族谱中少有记述，这是一则珍贵的史料，足见四堡商人极具经商的头脑。因为广东顺德马岗一带刻工多女性，工价便宜，故江南书商多喜到广东刻版，再运回印刷。邹丕彬在广东开坊印刷，获利更大。

邹尚忠碧清堂 邹日升先生撰文称，碧清堂当年在广东灵山售书获利巨大，但邹尚忠之子邹熊云的谱传只说邹熊云在广东灵山开书店经销书籍，邹熊云之子邹树光的谱传更称其“先畴菲

---

① 《范阳邹氏族谱》卷三十三《传文》，第 78 页。

② 《范阳邹氏族谱》卷三十三《传文》，第 78 页。

薄，迨公经纪后，其家始富有”。[①] 因此，可以认为碧清堂兴盛是在邹树光时期，即邹尚忠的孙辈。邹尚忠是四堡早期书坊益智堂业主邹希孟的玄孙，早期盛极一时的益智堂，经四代传承，分灶后逐渐衰落，而此时四堡雾阁又崛起众多后来居上的书坊，如邹龙川兄弟书坊、邹仁声兄弟书坊等，这或许是邹尚忠另辟蹊径向广东发展的原因之一。邹尚忠决意向外发展的另一原因可能与妻子有关。其妻马氏是马屋本立堂书坊业主马周群的女儿，而马周群兄弟都是以在外省售书起家的。邹尚忠祖上也是曾印售书籍，诸多因素促使他到广东灵山发展。

邹尚忠在灵山创办碧清堂，经过几代，经营状况甚好，其后人甚至在灵山买地。如其玄孙邹联梓，“远游于粤之灵山，张设书肆。……获有赢余，与犹子新城兄弟协心区画，置田租于灵山，以作父兄祀产；立房店，以树后人之永基”。[②] 据谱载，碧清堂在广东灵山经营书业的有第二代邹熊云，第三代邹树光、邹发光和邹金光，第四代邹元翰、邹元超和邹元庆等。第五代则分立出文海楼、文香阁和应文堂等。

邹尚忠在四堡坊刻鼎盛时期向外发展并获得成功，这对四堡坊刻后来的走向影响颇大。咸丰六年四堡经太平天国兵燹之后，书坊纷纷向外地发展，大概与碧清堂的引领有关系。正如康熙初邹葆初把书坊从广东兴宁县迁回故里一样，邹尚忠把碧清堂移到广东经营，也起到开路先锋的作用，这对于四堡书坊能够延续到民国时期也是功不可没的。

邹观辉观澜堂　从经营的角度考察，这家书坊有两点值得关注：一是售书起家，发展迅速；二是立足本地，注重刻书。邹观

---

① 《范阳邹氏族谱》卷三十三《传文》，第 50 页。

② 《范阳邹氏族谱》卷三十三《传文》，第 84 页。

辉父亲曾到广东售书，邹观辉承父业后，在四堡开坊刻书，其子邹朝梁协助父亲治理40余口的大家庭。邹观辉通文史，注重刻书内容和质量，雇用本地刻工雕版，持之以恒，书坊发展迅速，成为四堡刻书大户。并将书版视为重要财产，立家规严加保护，代代相传。后来邹观辉曾孙邹联寓林文堂不仅继承上辈大量书版，还购买了不少破产书坊的书版，坚持印书、售书至民国。这批书版至今尚遗存有179块。这种立足本地，以刻书为主的经营方式，是这家书坊能代代相传的一个重要原因。

邹洪春佐圣堂　邹洪春与其父都善于经营，但获利之后，不再以刻书为重，而将资金“置买腴田、构大厦，援例入雍”，结果书坊很快衰败。究其原因，是把书业与其他家庭“生业”紧密结合，共同构成家庭经济的有机整体。书业从属于整个家庭经济，制约了刻书业及其资本的独立发展。四堡不少书坊创办之后，没能坚持下去，跟这种经营方式和经济结构有很大关系。

另外，这家书坊的衰败还有一个原因是用人不当。邹洪春长子邹仁宽热衷举业，屡试不中，仍一心想搏取功名。邹洪春却把家业交给邹仁宽，并嘱托说：“我老人髦矣，承先人余业，家号素丰。汝诸弟各抱才干，或肆志芸窗，或究心韬略，或服贾他邦。汝宜在膝下佐理家政，朝夕承欢，天伦聚首，何乐如之。”[①] 父命难违，邹仁宽被迫主持家政，于是“措综经理，创大厦，筑精舍，延名师，课子弟，殷勤作养，善诱栽培，数年之间，成名者数人”。[②] 但经营书业究非其所长，书坊很快就衰落了。

邹圣脉父子书坊　是邹氏下祠经营特别成功的书坊。第一，除大量刻印《四书》《五经》之外，还刻印自己编著的图书。邹

---

① 《范阳邹氏族谱》卷三十三《传文》，第35页。

② 《范阳邹氏族谱》卷三十三《传文》，第35页。

圣脉是四堡名人，其增补的《幼学故事琼林》等书由长子邹斐主持刻印。邹斐为人厚道，“于书籍外无他嗜好，唯四子五经及诸书订其差讹，刊行于世”。[①] 邹斐学问渊博，所刻之书校勘甚精，很快打开了销路。除了父亲邹圣脉著书立说外，其弟邹可庭也是文士，著有《书经汇参》《诗经备旨》《酬世锦囊》等，丰富了书坊的书源，也是其他书坊难以企及的优势。第二，讲究质量。邹圣脉工书法，笔者亲见其手书上版的《新增幼学故事琼林》序言，书法俊美。邹圣脉第七子邹天翔，亦工书法，曾充当书坊写工，刻印出版的图书令人赏心悦目。第三，具有版权意识。谱载邹圣脉五子邹廷宾针对四堡书坊出现的“同板网利”现象，与马姓家族签订版权保护协议，称：“本乡多售印经籍为业，公禁本行毋得同板网利，马姓叛议翻刻……可庭公书板。”[②] 马姓叛议翻刻邹圣脉父子著作可能事出有因。当时邹马两姓多通婚，邹圣脉之女嫁给马周群孙子马衡。其初，马家刊刻邹圣脉《新增幼学故事琼林》，邹家默许。后来马家变本加厉，擅自翻刻邹可庭的著作，导致邹家不满，引起官司。最后由邹廷宾出面申诉，打赢了这场官司。这种版权意识对从事编刻的书坊是至关重要的，所以邹斐继承祖业能发扬光大，代代相传直到清末。不过，由于竞

先君子　二十一世
桂亭公諱廷賓字徵用　梧岡公第五子也居家勤儉屋雖不廣內外
洒掃務致整潔衣服質樸不事華飾性耿介未肯廣交遊至與人接處
或值生意交關又必待以仁恕更有不敢忘者　先君子之孝友奉事
王大父
王大母也諸凡務出真誠未嘗偶具虛文至飲食所嗜必豫搆備
先王父生子八成室者六隨因食指日多奉　命分爨當其時七叔父
雲亭公立志向上六叔父　草亭公身患沉痾　先君子慨然以三家
家務力任雖各分爨以食凡一切田園生意出入數目肩同管理不使
二家稍有虧乏　雲亭公得以專力功名又不惜重資作養隨登賢書
歷任仕籍　草亭公得以優游養病壽躋期頤且本鄉多售印經籍為
業公禁本行毋得同板網利馬姓叛議翻刻二伯父　可庭公書板致
[illegible]角其時大伯父　厚菴公又有刁佃輕生圖賴之案　先君子不
因分爨年多自重貲財各以重金資助使皆得伸理諸凡類此不可勝
計後家計漸艱痛臨抱恨遺囑不肖等我于兄弟各有仗義倘不諱汝
可求助喪于各家此言猶在耳也但竊思　先君子雖仗義在前未敢
四堡鄒氏族譜　卷二十　傳文

《闽汀龙足乡邹氏族谱》
载邹廷宾处理版权纠纷事

① 《闽汀龙足乡邹氏族谱》卷二十《传文》，第 26 页。

② 《闽汀龙足乡邹氏族谱》卷二十《传文》，第 51 页。

争激烈，后来有些书坊投机取巧，将其他书坊的版本改头换面，稍加补充或改变版式后重新刊刻，也是常有之事。故四堡所刻内容基本相同而版式或开本稍有不同的版本比比皆是。

邹圣修萃华堂 邹圣修幼时习儒业，深为父兄所爱，后因家道中落，被迫弃举业，到江西、两广售书，有了积累之后便在四堡开坊刻书，并很快发展起来，“架存二酉，库拥五车”，颇具规模。其长子邹廷扬承父业，育三弟，售书岭南，书业更加兴旺。邹圣修孙子邹天官继承祖业，“刊板片将为后启谋”。邹圣修曾孙邹完士留有道光年间财产分关一份，不仅记有分授五子书版数量和品种，而且写有保护书版的家规。家规称：“凡本经书板，汝兄弟间可出租，不通同刷印，亦不得出售。如杂书板，听其愿与不愿。租印妨碍本人生意，至租印之板十部，抽租价一部，若外人并亲朋俱不得租印，各宜遵家规。”[①]

从这份分关文书可发现邹圣修萃华堂在经营方面有两点相当突出，一是版权意识强，书版不准出售，连亲戚朋友也不得租印，这就保证了书版的专有权。二是图书品种少而精。这份分关所载书版名称虽然只有48种，却都是畅销品种，如《四书监本》《四书题解》《监本书经》《书经备旨》《监本诗经》《诗经备旨》《监本易经》《礼记体注》《礼记省度》《左传句解》《苏批孟子》《三国志》《史记》《朱批纪晓岚诗注》《本草原始》《仲景定论》《八才子》《子不语》等。

邹圣禄兄弟永言堂 邹圣权、邹圣禄兄弟永言堂是邹氏下祠明胜公房最早开办书坊者。起家始于其父邹慎庵在漳州、潮州一带售书，兄弟两人在家刻书。据谱传记载，邹圣禄精子平术，刻书不苟，质量上乘，还采用连史纸套色印制应试用书，以求醒目

---

① 道光间四堡邹完士分关文书原件复印件。

便读，在图书印制上颇下功夫。生产经营方面，最具特色的是分工明确，邹圣禄负责刻书、印刷，邹圣权负责销售，分工不分家，直至孙辈之后才分家各自独立经营。

邹圣耀瑞文堂　族谱中没有关于邹圣耀的刻书记述。张京翰撰《锦亭年伯邹老先生八旬开一荣寿序》称其“弃儒而业计然之术，凡干略宏迈，经所指划，越人意表，因而创建饶裕，几视陶、白，名甲一时，兼有声于秦、楚、五岭间”。[①] 是四堡邹氏下祠因刻书而致富的又一望族，其子邹廷彝所建嵩彦屋可与马屋中田屋、雾阁子仁屋媲美。瑞文堂发展迅速，规模宏大。有三点值得关注：一是瑞文堂从事图书批发业务。谱载有一族人长期从瑞文堂购书转贩广西的记载，可推测当年不少书贩从瑞文堂批发图书。二是瑞文堂及其分号光华堂、益友堂等刊刻了大量《应世便书》《关帝明圣经》《龙图公案》等生活类用书和时兴的俗文学作品，销路颇佳。三是邹圣耀父子均长寿，五代同堂，乡人称羡，社会地位高，也保证了家业的兴盛。据光绪《长汀县志》载，咸丰七年（1857）起，太平军多次占领长汀、连城一带，四堡也一度被太平军所占，嵩彦屋被毁，这也从一个侧面说明这家书坊的社会地位和经营规模。

邹廷载父子培德堂　邹廷载是邹抚南之孙，因邹抚南之子邹圣脉习文，邹圣瑞习医，邹抚南开创的刻书业主要由两个孙子所承继，即邹圣脉长子邹斐和邹圣瑞三子邹廷载。邹廷载少时即协助祖父邹抚南筹划刻印书籍事宜，深得祖父信赖。父辈分家后，邹廷载协助父亲经营书坊，以刻印图书为主。惜年 38 岁病逝，遗下四子，由时年 16 岁的长子邹扬总理家政。邹扬“善统其家，合男妇八十余人”，书坊业务也不断发展。其经营成功主要在于发行。如由其

---

① 《闽汀龙足乡邹氏族谱》卷十九《寿文》，第 14 页。

二弟邹诚孚负责销售图书，遍及江西和两广，特别是在广州的业务竟发展到“所镌经史子集纸贵洛阳”的地步。邹扬的后代还在江西长宁（今属寻乌县）等地开书铺，坐店经营。另外，培德堂会尽量让子弟读书，获得低级功名之后转而刻书、售书，坚守诚实不欺的职业道德，造就“缥囊缃帙遍天下”的销售效果。

马烈务本堂 马烈父亲马定策、祖父马利群都是马屋赫赫有名的书坊主，马烈及其兄马光均能恢宏祖业。马烈不仅大量刻书，而且“茧足走江以南、粤之东”售书。从其留有的清乾隆三十八年（1773）财产分关文书可知，共刊刻书版87种，近万片之多。除经史子集、课艺应试、日常用书和蒙学读本之外，还大量刊印小说，如《琢玉斧》《拍案惊奇》《郭公案》《一盘珠》《一夕话》《麟儿报》《英雄谱》《浓情快史》《国色天香》等，很受百姓欢迎，其中有不少是当时的禁书。

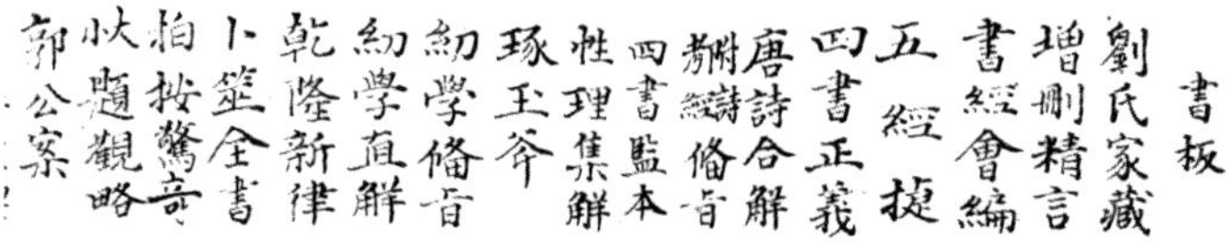

乾隆三十八年务本堂分关书版清单

马烈也大量批发图书。家谱中《斯扬公元配罗孺人墓志铭》称马烈妻子罗氏：“善治内，一切中馈事，咸区画有方。家世刻书，宾客云集，孺人具糗粮、治酒肴，无不咄嗟立办。”① 这里“宾客云集”即指从各地来批发图书的商贩。

马萃仲在兹堂 马萃仲传承祖上马利群在兹堂的名号，是当地刻书最多的一家书坊。据道光十九年（1839）其家财产分关可知，共有书版107种，多达万片。这家书坊经久不衰，有两点值

① 《长汀四堡里马氏族谱·六集墓志》卷一，第52页。

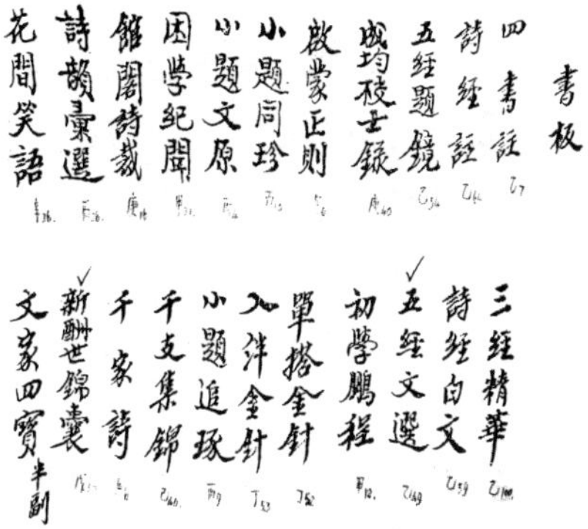
書板
四書註
詩經註
五經題鏡
成均校士錄
啟蒙正則
小題同珍
小題文原
困學紀聞
館閣詩裁
詩韻彙選
花間笑語
三經精華
詩經白文
五經文選
初學鵬程
單搭金針
入泮金針
小題追琢
千支集錦
千家詩
新刪世錦囊
文家四寶　半副

道光十九年在兹堂分关书版清单

得注意。一是上辈家底厚，且业主长寿，有利于书业更好地传承。马萃仲祖父马光是太学生，学识渊博，考订古籍十分用心，流传至今的一些书，都有马光撰写的序言。可见，这家书坊不仅能够刻书，而且还能编书，有自己专有的书源。且马萃仲夫妇五代同堂，家族人口众多，分工明确，书籍生产经营的十多道工序都有专人负责。二是向外拓展业务。据其后裔马贤仰称，马萃仲的六个儿子分得书版后，都曾另立堂号经营。长子马云周继承在兹堂，次子马澜周另设念兹堂，三子马盛周另设文兹堂，四子马吉周另设文林堂等，都是在广西开设书店。在家乡印书，在外地售书，这是兴盛时期四堡许多书坊的经营方式。

三、四堡晚期书坊的生产经营

四堡晚期书坊的生产经营状况，与早中期有很大的不同，这是因为社会环境发生了巨大变化。从清康熙年间一直到道光十九年（1839）鸦片战争之前，有近二百年时间，中国社会都比较稳定，地处偏僻的四堡山区还享受减赋政策，因此四堡书坊在清初创办之后，一直稳步发展，其间除江西浒湾刻书业的兴起带来的竞争外，没有其他大的变故。鸦片战争也没有对四堡刻书业产生大的冲击。但是咸丰之后的情况就大不一样了。首先，咸丰年间的太平天国运动，对四堡冲击很大。据光绪《长汀县志》等记载，从咸丰七年（1857）起，太平军石达开部转战福建、江西、广西各地，而进入福建后主要在闽西、闽北一带活动。咸丰七年四月，石镇吉部从宁化进入汀州府城，途经四堡。次年九月再次攻占长汀，同时占据连城四个月。咸丰十年（1860）十二月，太平军第三次入汀，水陆交通要道均被其占领，彭大顺部占据长汀城，朱衣点部占据任屋冈，四堡也一度被太平军占领。同治四年（1865），太平军李世贤部、汪海洋部、丁太洋部、林正扬部又攻入汀州、漳州等地。由于闽西地区战事频仍，四堡书业受到很大的冲击。第二，咸丰、同治年间，上海传进了石印技术，印刷快捷，成本低廉，与雕版印刷相比，占据明显优势，对四堡坊刻业构成很大威胁。第三，光绪末年科举制度的废除，四堡书业受到致命的打击，四堡生产的大量科举应试用书变成了废纸，再也无人问津了。面对如此巨大的压力，四堡人不得不采取必要的应变措施。总体上讲，四堡晚期的生产经营发生了三个大的转变。一是从以本土生产经营为主，转向以外省、外地生产经营为主。咸丰间的兵燹迫使许多四堡书坊业主背井离乡到客源较多的地方开办书铺，继续经营。据统计，邹、马两姓在外省开设的 34 家书坊中，早中期只有 5 家，其余 29 家均为晚期所设。二是从过去以刻书为主转向以售书为主。这是因为经过长期的积累，四堡各书坊的书版甚多，只要印刷、装订即可销售，而新兴书籍，如用雕版印刷又远不及石印便捷，故而晚期刊刻书籍锐减。在外新设的书铺，都以售书为主。为了占领市场，一家书坊往往在外地设有数家分店，同时经营。如马氏林兰堂在广东和福建先后开设 4 家书店；邹氏文海楼在广西开设 3 家，又在潮州和汀州各开一家；马氏在兹堂在广西梧州开设 3 家；邹邦彦兄弟在福建和广东开设万卷楼、文苑堂、翰香堂和玉兰堂等多家书店。三是由过去兼营书业转向专营书业。早中期四堡书坊大多亦农亦商亦儒，而晚期则出现了许多专营书业的商人，不再从事农业或儒业。上述文海楼、林兰堂、素位堂等都是专营图书，不仅全家投入生产经营，而且还雇佣工人。这种转变是一种进步，也是四堡书坊在清末民初还能坚持经营的根本原因。因而从总体上看，晚期生产经营还是成功的。

晚期经营的另一个特点是两极分化。强者愈强，弱者愈弱，向外发展的书坊强，固守四堡的书坊弱。先说本土书坊，晚期出现一种典当书版的现象，似乎还很普遍。笔者收集到当时业主典当或典卖书版的字据凭证多份，如邹肇珂："立典字人肇珂，今因无钱赎《雷峰塔》《左传解》书板，将《雷峰塔》全副典与本家苑叔，身边典出铜钱伍仟文正，其钱不算利，板不算租。今欲有凭，立典字为照。同治二年三月。"[①] 邹罗氏："立复找断书板（钱）字人邹罗氏同男调元、体元、贵元，今因无银吉（急）用，自愿将先年《万备全书》典与本家序苑为业。当日典价两明。今托传怡叔前来相劝，在序苑身边复找出铜钱叁仟文正。自找之后，再不得生端异说。恐口无凭，立复找断书板字为照。咸丰叁年三月初一日。"[②] 这是一份卖断书版的字据。邹罗氏（传贤母）早在道光二十九年（1849）就已经把《万备全书》书版典当给邹序苑，典出花银 6 两 8 钱 8 分，四年后无法赎回，只好把书版卖给邹序苑，又得铜钱 3000 文，折合花银 1 钱 8 分 4 厘 5，合计此

① 同治二年邹肇珂立典书版字据原件复印件。

② 咸丰三年邹罗氏立复找断书版字据原件复印件。

书版共卖得花银 7.0645 两，可见晚期书版已不太值钱了。邹序苑还从邹序华处典来《英雄谱》《四书串珠》等书版印行。邹序恩、邹序苑兄弟翠云堂道光时期仍然兴旺，是靠祖传书版和典来书版印刷发行，很少新刻书版了。

更有甚者，是把祖上分关传授的书版也典给他人使用。如邹调元："立典字调元，为因吉（急）用，自愿将祖父分授名下《张晓楼稿》书板一副，典与本家序院、序全兄弟，典到佛番（光洋）壹拾叁圆正。当日两面言定，遂年其银不算利，其板任凭银主刷印，日后两家不得异说等情。今欲有凭，立典字为照。道光贰拾陆年三月。"[①] 由此可见，四堡书坊晚期两极分化严重，一些书坊业主因生活所逼，不得不把视为传家宝的书版典当或典卖给他人了。

再说外地书坊。咸丰兵燹之后，外出经营的四堡书商大多能审时度势，采取灵活应变措施进行经营，颇具生机与活力。这些措施包括：一、由刻书为主转为售书为主，且开展综合经营，不仅卖书，还卖文具和日常生活用品等。同时改换招牌或另立新号，跟上时代步伐。如林兰堂改称林兰堂仪记或准记书局，还在长汀创办大光书局、民生书局等。又如素位堂改为素位山房书局，不仅在漳州，而且在福州开办书局。此外，还有翁源西园书局，潮州文兰书局、萃文书局，百色启智书局等。二、出售传播新思想的图书。漳州素位山房如是，广东潮州萃文堂、文兰堂亦然。为了生存与发展，许多四堡书商都这么做。三、挑选仍有销路的日常用书等，运到外地随时刷印、装订出售。如清武平林宝树编纂的《一年使用杂字》，是一本用浅白客家话写成的训蒙读本，很受客家人的重视与欢迎，跟邹圣脉的《新增幼学故事琼林》一样常销不断，林兰堂等就利用这类书版印刷出售。四、选

---

① 道光二十六年邹调元立典书版字据原件复印件。

择经典图书委托石印或铅印。当石印出版物成为时尚时，漳州素位堂等就委托福州、上海石印厂印制了不少书。五、合股经营。四堡书坊有明显族商色彩，都是以家庭为单位进行经营，不同姓氏、不同家庭联合经营的情况，在四堡书业早中期没有发现，而到了晚期才出现这种经营模式。我们不仅发现广西贵县本立堂由邹、马两姓三家合伙经营，而且发现邹氏下祠邹序苑、邹序贺两家也合伙经营，并于咸丰五年（1855）十二月签订了一份称“一团和气财发万金”的合股经营合同书，这份文书很有价值，全文移录如下：

立合伙盟书人序苑、序贺，窃思人资辅助，事赖赞襄，原非独力能胜众任，只身能收众利也。序苑、序贺等志同道合，各出本银若干，同为书籍生涯，务宜均失断金之谊，共存贯日之心。竭力经营，无分尔我，殚精权度，罔隔形骸。所获余资，清算递年，或分用以赡家，或公存以作本，则庶乎如丽水金生，昆冈玉积也。倘有私心横为，难逃天鉴。匿

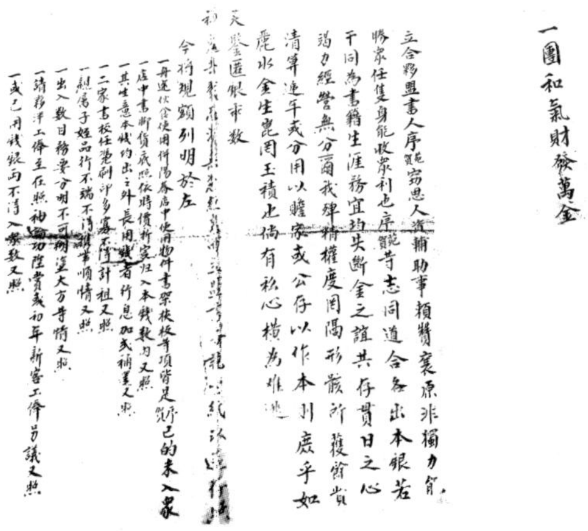
一團和氣財發萬金
立合夥盟書人序苑/賀竊思人資輔助事賴贊襄原非獨力能
勝衆任隻身能收衆利也序苑/賀等志同道合各出本銀若
干同為書籍生涯務宜均失斷金之誼共存貫日之心
竭力經營無分爾我殫精權度罔隔形骸所獲餘貲
清算遞年或分用以贍家或公存以作本則庶乎如
麗水金生崑罔玉積也倘有私心橫為難逃
天鑒匿帳乖數
[illegible]
今將規類列明於左
一每逐伙食使用併湯各店中使用物件書架挟板等項皆是序苑已的未入衆
一店中書斷貨底照依時價折實归入本錢數內又照
一其生意本錢均出之外長用錢者行息加式補墊又照
一二家書板任憑刷印多寡不得計租又照
一親屬子姪品行不端不得濫事順情又照
一出入數目務要分明不可糊塗大方等情又照
一請夥洋工俸至任照初年新客工俸另議又照
一或已用錢銀而不得入衆數又照
在見人序培

邹序苑、邹序贺合作经营合同书

银乖数，神鬼共勠。恐涉无凭，经众而立盟书，各执壹纸，永远存照。

今将规额列明于左：

一、舟途伙食使用并阳春店中使用物件、书架、夹板等项，皆是序贺己的，未入众。

一、店中书脚货底，照依时价折实归入本钱数内。又照。

一、其生意本钱均出之外，长用钱者行息加二补还。又照。

一、二家书板任凭刷印，多寡不得计租。又照。

一、亲属子侄品行不端，不得携带顺情。又照。

一、出入数目务要分明，不可糊涂大方等情。又照。

一、请伙计工俸，至在照袖，论功升赏，或初年新客工俸另议。又照。

一、或已用钱银两，不得入众数。又照。

咸丰五年十二月吉日立合盟书人：序苑（画押）

序贺（画押）

在见人：序铎（画押）

序培（画押）

合股经营既是时势所迫，也是四堡书商的一个创举。下面各举事例，以为印证。

邹鸣保父子书坊 这家书坊是早期邹葆初崇德堂、中期邹麟史崇德堂的延续，经营时间近300年。明末清初邹葆初在广东兴宁县开书坊，康熙二年迁回故里继续经营。邹葆初的经营不仅带动了四堡邹氏坊刻业的兴起，也为后代积累了丰富的经验，并一直延续着一个传统，就是从弃儒经商到弃商业儒的转变。谱传称邹鸣保："少读书，姿性聪颖，然上无父兄之养，形单影只，不得已弃儒业，而之粤西游，为货殖计。”[①] 邹鸣保不数年成为富甲一方的大户，于是让跟随自己售书的长子邹斌才重新参加科举考试，后中举，从而步入仕途。家业则由邹斌才的两个弟弟承继。而三弟邹拔才仍以长兄为榜样，经营书业之余，仍刻苦攻读儒书，兄长见其好学心诚，便命其专事举子业，后遂成名诸生。后家业仅由邹拔才二兄邹斐才一人维持，在外界各种因素冲击之下，很快衰落了。邹鸣保书坊的经营方式颇有代表性，弃儒业商到弃商业儒间的循环，不仅不利于坊刻业的发展，而且科举事业也成效甚微。有清一代，四堡乡仅有二位举人而没有一名进士，就是一个证明。

邹毅夫兄弟温州天甲堂　这是邹龙川后代向外发展并多元经营的一家书坊。书坊由堂弟邹希福（克佑）主持，邹毅夫售书并行医。邹毅夫祖辈邹子仁精通医术并刻印过大量医书，在温州颇有医名，后又给署理两江总督梁章钜治愈疑难病症而名声大噪。梁章钜为表示感谢，把家藏的书版全部送给邹毅夫兄弟书坊。有地方官员的赏识与支持，邹毅夫兄弟天甲堂便越来越兴旺。于是举家迁到温州定居。咸丰年间，家乡发生兵燹，祖屋子仁屋被烧去一半，族人纷纷外逃谋生，多来温州投靠邹毅夫。谱载有邹宜正、邹宜善、邹为城、邹宜蟾等人。

邹新城、邹新桥兄弟文海楼　从早期邹希孟益智堂到中期邹尚忠碧清堂再到晚期邹殿庚创设、邹新城兄弟经营的文海楼，是四堡雾阁经营时间最长、名声最大的刻书世家。遗存有大量的雕片、图书、印刷工具，还有光绪年间售书账本，对研究文海楼当年经营实况提供了详实的依据。现将账本中一个年度进货情况列表如下：

---

① 《范阳邹氏族谱》卷三十三《传文》，第38—39页。

文海楼光绪间某年度图书进货情况表

进 货	第一季节	第二季度	第三季度	第四季度	合计
次数品种	11 次 84 种	13 次 113 种	15 次 103 种	24 次 148 种	63 次 448 种
册数（套）	1526	2208	1745	3310	8789
付银（两）	123.922	206.56	217.67	378.105	926.257

从上表可知，文海楼这一年进货量是 8789 套（册），共花银 926.257 两。账本还记有当年各地分店汇来销售货款共 1274.937 两，上年本店存货实银 1800 两，三项合计为 4001.194 两，折合银圆 65060.065 元。这时的文海楼营业状况，跟邹日升先生文中所称文海楼鼎盛时期一次批发给 5 户书商，价款达 26318.98 银圆相比较，显然削减了许多。邹日升认为这个账本记于道光间或更早，笔者不敢苟同。账本虽不见记账年月，但从其一年进货量及图书品种名称看，应是光绪中后期的账本，此时四堡书坊已经走向衰落，特别是咸丰年间兵燹之后，不少书坊倒闭，更多的是向外省发展，并且以印书、销书为主，少有刻书。文海楼是较早在广西南宁立足的书坊，四堡书坊受冲击货源锐减，文海楼也不得不从外地书坊进书。可能从那时起有了向外地书坊进货的实践，所以这套账本所记进货图书仅一项称："七号来自福建书计 9 担，银 159.365 两，该实银 143.4285 两。"又一项称："五号来江右现买货□□两，总实银 34.887 两。"其他各号所记并未注明来自何方。显然，这个时候的文海楼是以批发与零售图书为主的书店。他们的业主不再从事农业，而是专营书业，这是四堡书坊经营的一大转变。

邹殿梁文香阁 文香阁是从碧清堂分出，也是以售书为主，地点在广西横州，规模小于文海楼。从文香阁遗存书版分析，这家书店是购买别家的书版进行印刷与销售的。

邹联寓林文堂　自邹学圣之子开办印书坊到邹联寓林文堂，历经九代。清咸丰兵燹之后仍坚持在四堡刻书、印书，并到广东兴宁县售书。这家书坊遗存的200多片书版，及售书账册一份，可为我们初步理清当时的经营状况，及考察四堡晚期书坊的经营特点提供帮助。林文堂遗存书版有三类：一是新雕书版，如《新刻梁山伯祝英台全本》等；二是祖传书版，如五经等；三是收购别家的书版，如文河轩刻《观音经》、连邑五美轩刻《百家姓》等。从三类不同书版可以看出，咸丰年间四堡不少书坊纷纷倒闭，另谋出路，而林文堂始终立足本乡，收拾残局，艰难经营。首先，收购倒闭书坊所存的有市场需求的书版刷印出售。同时，在新刻书版上花样翻新，日常用书以大字刻成，甚至可供小孩子临摹之用。其新刊小说，图文并茂，以取悦读者，如《新刻梁山伯祝英台全本》内文分三栏排，上栏刻图。此外，利用大量印刷祖传书版，使得成本更低。

林文堂光绪年间账本的发现，从中更可看出四堡晚期书坊在经营上颇费心力。账本详细记录了林文堂一年间向兴宁县各乡镇72家书室（书舍、书馆）销售图书的情况，现归纳整理如下：

四堡邹氏林文堂广东兴宁县售书账本一览

序号	购书者	购书人数	品种数量	书　价
1	（前残缺）启林经手一笔	黄玉盛等2人	《四书集注》等2本	1两1钱7分5厘
2	赤溪青云书室	朱德金等8人	《诗韵集成》等10本	9钱9分
3	石门沥永盛书室	翁亚登等2人	《幼学故事》等3本	7钱3分
4	三江口坪坑太乙山房	刘丽玉等8人	《对联大观》等13本	1两9钱8分5厘
5	大茂里养源书舍	江洪源等5人	《雪心赋》等9本	1两1分8厘
6	大茂里张姓书馆	张受益等14人	《幼学琼林》等18本	3两5钱3分

续表

序号	购书者	购书人数	品种数量	书　价
7	柏树坪书馆		《应世便书》等3本	5钱5分
8	黄茅垄敬业轩	廖敬业等4人	《下论离句》等6本	7钱零5厘
9	虎岗牛头岭	张成祥等3人	《四书监本》等4本	5钱1分
10	平康寨以文书室		《尚书离句》等5本	4钱4分
11	高砂寨仔顶凌云书室	陈娘赐等8人	《幼学故事》等8本	1两零4分5厘
12	营盘乡	罗华清等2人	《反唐传》等2本	合7钱3分
13	横坑栅仔清评山房	陈观顺等3人	《监本易经》等3本	
14	横坑江家祠笔花书屋	江兰明等10人	《玉匣记》等14本	1两3钱7分
15	横坑鸡公田书馆	赖贤齐等6人	《监本诗经》等6本	9钱2分2厘
16	洋洞飞舞山房	钟盛财等4人	《古文释义》等13本	1两8钱1分
17	洋洞寄傲山房	赖达扬等9人	《青云诗》等20本	3两1钱4分
18	口心公平乐育山房	蔡振爱等15人	《监本易经》等14本	3两1钱6分5厘
19	南门平坡屯三希轩	刘贵浪等3人	《四书补注》等3本	合2两零9分
20	南门敬义轩	刘木顺等7人	《礼记精华》等9本	
21	油麻田观澜书室	许北秀等2人	《四书补注》等3本	合9钱1分5厘
22	大坑下围仔书室	何定宗等2人	《玉匣记》等2本	
23	王姜圩德昌店		《幼学琼林》等2本	合1两1钱
24	王姜圩东兴店		《应世便书》等3本	
25	东边垅鸣岗书室	钟日逢1人	《诗经精华》等2本	合1两5钱2分5厘
26	东边垅养正轩	吕志水等2人	《河洛精义》等8本	
27	罗峰石头坪恒茂店	钟克珍等2人	《五美缘》等4本	8钱2分
28	罗峰屯龙山书室	钟木松等12人	《家礼全书》等20本	2两5钱8分5厘
29	罗峰横圳寨琴翰家塾	廖允甫等11人	《童子问路》1本	4钱6分

续表

序号	购书者	购书人数	品种数量	书　价
30	罗峰河背楼育文书室	范容光等4人	《岭南逸事》等9本	9钱8分
31	赤草洋尚友书舍	陈佛佑等5人	《四书集注》等8本	1两2钱零5厘
32	松林寨登云书室	邓水生等2人	《一捧雪》等3本	3钱5分
33	长圳圩义安堂	张亚兰等2人	《四子书》等5本	合1两6钱8分5厘
34	长圳圩就安堂		《药性赋》等3本	
35	上建剑岭山下书馆	陈应枢等4人	《家礼大全》等8本	1两4钱4分
36	九龙塘背书馆	钟华文等4人	《四书离句》等5本	1两零6分
37	九龙坑口青云书室	李记心等11人	《三百千》等13本	1两8钱4分5厘
38	白沙堆步云轩	张小连等9人	《千家诗》等9本	4钱7分
39	青塘英育家塾	黄观乐等3人	《鲁班经》等6本	1两零5分5厘
40	青塘凤鸣轩	黄金醮等2人	《家礼广类》等11本	2两5钱3分
41	赵家铺光裕堂	谭允等5人	《指南尺牍》等8本	6钱3分5厘
42	宽塘垅毓秀轩	叶润喜1人	《诗韵集成》等3本	合7钱2分5厘
43	磁窑乡书室		《对联探精》等5本	
44	陆安社吴氏宗祠书室	培兹等4人	《唐诗合选》等4本	1两零9分
45	石寨文粹书堂	祖讲等7人	《八大古文》等9本	1两2钱3分
46		黄月波1人	《协纪方》1本	1两2钱
47	石寨黄步儒单		《童子问路》等3本	7钱3分
48	石寨大宗祠	娘乃1人	《四书合讲》1本	6钱1分
49	石寨养源斋	茂松等6人	《分月诗》等11本	1两2钱8分
50	甘坑云宇轩	范成章1人	《小苍对》1本	合5钱6分
51	葫芦仔钟英轩		《千家诗》等5本	
52	后鉴青来斋	清平等5人	《四书合讲》等12本	2两零1分

续表

序号	购书者	购书人数	品种数量	书　价
53	后墩继述堂	义号、足号 2 家	《百年经》等 5 本	6 钱 4 分
54	鹅龙乡书馆		《诗经旁训》等 3 本	合 1 两 7 钱 9 分
55	鳌路头书馆	叶号、欣号 2 家	《正字通》等 8 本	
56	潭阳临山斋书室		《唐诗合选》等 5 本	6 钱 6 分
57	后港深葛书室	林旭轮 1 人	《古文快笔》等 8 本	9 钱 4 分
58	港阳圩和寿堂	赖宏勋 1 人	《喉科》等 5 本	5 钱 5 分
59	马门楼乡书馆		《书诗礼精华》等 18 本	3 两零 3 分
60	港阳塘子美追远堂		《四书备旨》等 9 本	1 两 2 钱 3 分 5 厘
61	浮峰养正斋	永隆等 19 人	《大会典》等 36 本	合 4 两 7 钱 2 分
62	龟山乡书室		《入地眼》等 3 本	
63	新学乡书室		《左传句解》等 2 本	6 钱 6 分
64	欢吉楼山房		《小清真》等 2 本	合 4 两 1 钱 2 分
65	可塘圩	周建忠等 2 人	《医宝镜》等 7 本	
66	仓前乡	林育英 1 人	《诗经旁训》等 2 本	
67	上达宜诣养正斋		《芥子园》等 2 本	
68	南土雅育秀轩		《五虎平西》等 3 本	
69	长龙书馆		《幼学故事》5 本	
70	赤花乡继述堂	林妈福等 2 人	《正字通》等 3 本	
71	恩乐育书堂	刘阿魁 1 人	《幼学故事》1 本	
72	新学乡林敬合		《四书补注》2 本	
总计		482 本，74 两 8 钱零 5 厘		

这份账本还记有向文海楼等租用书版情况，进一步说明林文堂为节约成本而采取的措施。从上表可以看出为了销售图书，林

文堂向固定客户送货上门。另外，可见林文堂在一个县销售一年，收入不到百两银子，不及文海楼一年售书货款的十分之一，说明林文堂经营规模不大。这份账本也印证了邹、马两姓族谱所述十分可信，如对咸、同以后四堡书坊经营状况的描述："吾乡在乾、嘉时，书业甚盛，致富者累累相望；至咸、同以后，乃不振。间有起家者，多以节啬积赢而致，然亦不及前人也。"[①]

邹序恩翠云堂　邹序恩是邹圣瑞的玄孙。谱传称："见古人鸿篇巨制以及忠臣孝子之传记，不惜重资购版，流布士林。推其意，盖不欲私也。"[②] 他苦心经营书坊，后在太平军占领四堡时"庐舍书板付之一炬，家藏珍本靡有孑遗"，邹序恩在这场兵乱中遇害，得到后辈的崇敬。咸丰兵燹之后，邹序恩的后辈力图恢复祖业，其侄邹肇璥"乃不辞关山况瘁，远游粤东惠阳之平桥古市，仍复旧业。为治生计，运智能劳跋涉，殆非常人可几及，以是谋画，遂成饶裕"。[③] 其孙到广东海陆丰发展，努力拼搏，终于重新崛起。邹日升先生撰文称，清末翠云堂楼某一年 13 笔收入账银圆 9121.59 元，堪称奇迹，也体现出四堡书商不屈不挠的顽强意志与不畏艰难险阻的奋斗精神。

邹翼顺素位堂、素位山房书局　这是邹氏下祠邹圣祈裔孙创设的书坊。大约开业于 1880 年，歇业于 1951 年，前后历经三代，70 余年。咸、同之后，四堡书坊走向衰败，素位堂却脱颖而出，科举制度的废除和石印业的冲击都没有将其压垮，不仅在四堡刻印书籍，而且在福州、南平、漳州、潮州等地设店经营。

从经营角度考察，素位堂的兴盛有两点值得重视。一是顺势

---

① 《范阳邹氏族谱》卷三十三《传文》，第 99 页。

② 《闽汀龙足乡邹氏族谱》卷二十《传文》，第 98 页。

③ 《闽汀龙足乡邹氏族谱》卷二十《传文》，第 109 页。

而为，改行商为坐贾。邹洪镇先生撰文称："于1892年前后，据可靠信息，组织一批适销对路的书籍，拟运往台湾以图厚利。因所筹书籍多是科举应试的参考范文，途经漳州时适逢科举，应试者特多，所挑运的书籍竟被抢购一空，台湾没去成。三年之后，兄弟们（邹翼顺儿子们）认为大比之后亟需应试书籍，又再组织一批书籍欲去台湾销售，可是到了漳州才知台湾已被日本占领，科举也取消了，原定台湾之行又告落空。于是兄弟们商定在街上摆摊售书，进而租屋坐贾。不久素位堂在漳州正式落户。"[①] 二是综合经营，转型成功。科举制度废除之后，图书市场需求发生很大变化，他们开始综合经营，售书同时，兼营笔墨文具、八宝印泥等。也销售现代文学作品，如现代作家鲁迅、巴金、茅盾、冰心、邹韬奋、林语堂、丰子恺、丁玲，乃至冯玉奇、张恨水等人的作品，深受中小学教师、青年学生和周边城镇书商的青睐。面对石印技术的推广，素位堂也将部分书籍委托石印，如《幼学故事琼林》《绘图刘龙图竹芦马》《秘本台湾外志》《十五音》等，以跟上时代发展步伐。当时，福州、上海的一些书店都曾出售素位堂或素位山房出版的图书。今漳州图书馆所藏素位堂刻本有《监本诗经》《诗经精华》《高东溪先生遗集》《鹿洲全集》；素位山房刻本《易经精华》《监本书经》《增补汇音》等。

邹应昌兄弟书坊　这是邹氏下祠在咸、同之后外出广东经营的书坊。他们在广东潮州坐店经营，邹应昌书坊堂号萃文堂，其弟邹衍昌堂号文兰阁。经营有三个特点：一是由行商发家到坐店经营。兄弟早年先后卖书于广东、广西许多地方，"颇获重资"，然后选定潮州开设书肆。二是刻书与售书结合。邹应昌祖父邹家宪是邑庠生，编有《对联大全》，由邹应昌兄弟刊行之后，很受

---

① 邹洪镇：《素位堂和素位山房书局》，2001年打印稿。

欢迎。刊刻自编图书成本较低，他们利用这种优势，在当时较为激烈的竞争中站稳了脚根。三是审时度势，推售新书。跟漳州素位堂一样，邹应昌兄弟十分注意市场需求，清末民初新学兴起之后，他们“又组织文兰阁专采中外书籍发售”，如严复翻译的《天演论》等，都能及时采购销售。

邹肇升怡经堂　这是四堡晚期在家乡刻书规模最大的一家书坊。从经营角度考察，这家书坊跟当时其他书坊有几个不同之处。第一，当时许多书坊由内向外发展，而怡经堂却由外向内发展。邹肇升祖辈没有刻书，曾祖父在广东连平州售书，祖父亦售书于江西、两广等地，父亲也在外售书并兼做海错山珍生意。邹肇升的妻子江美娥（1862—1960）聪明能干，她看到当时四堡不少书坊倒闭遗留下大量雕版，便向丈夫建议收购雕版，自己印书向外出售。邹肇升采纳妻子的建议，办起了印书坊，取名“怡经堂”。从怡经堂所印大量《书经》《诗经》《易经》《礼记》《春秋左传》等书，也证实他们是从收购雕版起家的。第二，由女性主持家政，刻书印书。这在四堡并不多见。江美娥是四堡唯一有名有姓的女刻书家，至今当地人仍耳熟能详。上述情况就是她的孙子邹鲁成向笔者提供的。在江美娥的主持下，丈夫邹肇升仍负责向外地推售图书，常年奔走于四堡与两广之间，向其叔邹序天等在广西贵县开设的书店供书。同时，邹肇升的堂兄弟也分别在本省永安的岩前及十八寨各设一书铺，销售怡经堂出版的图书。第三，从怡经堂印售的书籍看，他们极少刻印科举用书。因此，1906 年科举制度废除之后，对怡经堂的冲击不大，他们刊印的医药书、堪舆图书和日常用书等仍有销路。不过，受地域所限，他们无法刊印传播新思想的图书，后来又在石印等新技术冲击下，走向衰落。怡经堂只坚持了一代，这在四堡书坊中也很少见。

马源锡林兰堂 这是一家创办于道光年间的书坊，先是以刻书为主，据1990年龙岩师专历史系学生调查报告称："古本《金瓶梅》属林兰堂藏版，土地革命时期，红军进入四堡后毁掉了。'文革'期间下放干部厦门大学洪教授（已病逝）离开四堡时，从马屋带走几块《金瓶梅》残版。"马屋马氏族人也都说林兰堂曾经印过《金瓶梅》。林兰堂在道光年间发展迅速，马源锡及其二子还到广东潮州和汕头开店售书，店号林兰堂。咸丰年间兵燹之后，马屋书坊也进一步向外地发展，其中林兰堂最为突出。马源锡的孙辈，除在潮州、汕头续办林兰堂，并改称林兰堂准记书局外，还在福建上杭开林兰堂仪记书局，在福建长汀开大光书局。这些书局长期经营，直到新中国成立前后。从经营角度考察，他们能长期经营并生存发展，主要原因有三：一是彻底放弃农业而专门经营书业，成为纯粹的书商，不仅家人参与经营，还雇佣工人。如马嘉树先生，1949年前就曾在长汀大光书局当伙计。二是租版印刷，印书与销书并举。如大光书局印售的《河洛精义》所用书版就是从在兹堂后代马日东家借来的。四堡遗存大量书版，到民国间已少人问津，他们变废为宝，印书出售，大大节约了成本。三是销售新书。根据时势发展和读者需求，从上海、福州等地采购新书出售，受到民众欢迎。

马伯金本立堂 这是康熙间四堡马屋早期刻书大户马周群本立堂的延续。后因马周群之子转而业儒，渐趋衰落，但嘉庆间仍有本立堂刻本，如《新增幼学故事琼林》等。马伯金，族谱中无传。马伯金长子马益润（1893—?），在广西贵县售书，后卒于贵县。据马益润之孙马痴生先生称，马益润民国初年曾与族伯马伯瑝合股经营本立堂。马伯瑝（1890—1935），又名象昂，字启明，谱传称："年幼家贫，年十一始入私塾，颖悟非凡，师长甚器重之。越年，家境愈艰，改而学习琢银，随师往返建泰间，心勤手敏，未二年而艺成。十五岁随先祖佑山公贾于粤之贵县，开设书肆。”[1] 据此可知，贵县本立堂应是马益润的父亲马伯金与马伯瑝的父亲合伙创立的。本立堂“不数年而誉满商场”，为了扩大经营，后来又与雾阁邹继善合股经营。邹、马两姓三家合作经营本立堂在四堡被传为佳话。这是民国时期的事情，其时四堡书坊已衰败不堪，可惜这种符合商业经营规律的股份制经营最终还是无法挽救四堡书坊的衰亡。不过，四堡商人能够创造这种经营方式，也值得后人敬重的。

四、四堡书坊兴衰的原因分析

兴盛的原因

四堡书坊经营的成功，首先应该归于中国的儒家传统思想的指导。这种植根于农耕经济基础上的儒家思想，提倡孝悌忠信、礼义廉耻，强烈反对唯利是图、尔虞我诈的奸商作风。从四堡族谱中可以看出儒家思想已经成为四堡家族祠规、族训、家规和民约的核心内容。在这种思想指导下，四堡书坊的经营，表现出两个显著的特点：一是坊刻业必然是以家族为中心，以家庭为主体的模式进行生产和经营。二是邹、马两姓能和平共处，共同发展。家族尊长按照族规、民约对作坊间的矛盾进行调解仲裁，使书业能协调有序地运行。在家长统一指挥之下，全家的农事、工商各项经营以及婚丧喜庆等活动，都能有条不紊地进行。四堡传统的家庭多是几代人同居共灶，其人口少则二三十人，多则百余人，这有利于集中劳力完成各生产环节。

---

① 《长汀四堡里马氏族谱·七集》卷一，第 15 页。

为了共荣共赢，每年岁节各书坊公开张贴当年印刷新书的内封面，相互观摩，如发现相同或重复者，两族尊长共同协调，避免各书坊间产品销售矛盾的发生，保护家庭和家族间的平等竞争。同时，在年初的协调中，小型书坊可以通过协议租用大书坊闲置的书版进行刷印，从而有效保护了小书坊的生存和发展。而散布在全国各地的售书网点，彼此之间也互相照应，互通信息，调剂余缺，有力支持了本乡的书业发展。

四堡书坊经营坚持以儒家思想为指导，还表现为不以盈利为唯一目的。主要表现在两个方面：一是在经营作风方面，四堡书商有严格的道德自律，素以勤俭、诚信著称。经商以诚信为本，坚持信誉第一。二是在价值取向上，不以赢利为唯一目的。四堡人走上刻书、售书之路，大多迫于无奈，主要是读书做官的路实在太窄了。据统计，自明代中叶至清末，邹、马两姓共有169人获取功名，其中只有两人为正式考试录取的举人，其余均为贡生、生员、监生。在儒家思想影响下，四堡人开始不屑于经商，认为做其他生意太低贱，唯有刻书、卖书还有可取之处。因此，他们经营书业的目的，除了谋生糊口之外，还志在传播儒家文化。如邹圣脉为马周群撰写的祭文云："校雠经史，有功先圣实多；广布缥缃，嘉惠来学不少。故龙文之室，学士咸仰其居；折桂之乡，文人尽志其里。"[①] 余国琛撰《邹氏家谱序》也称："其乡耕读常业之外，储古籍雕板，装为缃帙，以应士大夫觅购者，不可胜计。此实有裨于文教，因而酝酿乎诗书之气，用能发越其英华。"[②] 还有不少书商认为，"择货殖中之术，莫如以书为货矣"。显然，他们是把图书跟一般商品货物区别对待的。如邹氏

① 《长汀四堡里马氏族谱·八集赠文》卷一，第76页。

② 《范阳邹氏族谱》卷首，第17页。

上祠谱称赞邹瑞轩："来平南业书肆，多历年所矣。……余忆历年来，见其肆中牙签万轴，而淫词邪说无一字，与人交易公平，称无宿诺。其富也，因德所致。"[1] 这也反映书坊业主坚持出好书，又坚守信用，公平竞争的价值取向。

四堡书坊经营成功的再一个原因是经营者具备一定文化水平。四堡书商早年所受的教育，令他们明于事理，对于后来从事书业多有帮助。

四堡书坊业主普遍是由售书起家的，他们为何想到自己刻书呢？马氏下祠谱提到马维翰为了在家奉侍父母，"不复业贾书，而募匠剞劂梨枣，募印书籍，以为诸贾贩，其利且倍蓰于远贾"。[2] 自己刻书成本很高，假如没有销路，是有风险的。笔者以为马维翰等敢于刻书，是审时度势的结果。清康熙间平定三藩之乱后，为利于民众休养生息发展生产，康熙帝提出了"恤商""利商便商"等政策，为刻书业创造了条件。清廷开科取士后，科举考试类用书自然需求量大。四堡坊刻业主在售书过程中显然看到了这一市场前景，因此有了积累之后，就开办书坊。

另外，一直是福建刻书中心的建阳，在清初遭严重兵燹之后，走向衰败，留下了大量的图书市场空间，也给四堡刻书业创造了极好的机遇。

四堡书坊业主充分发挥地区优势，就地取材，选择质量好的枣木、梨木和小叶樟等木材，雇请外地或本地有经验的刻工选择质地好的纸张油墨进行印刷。有些书坊主发挥自己的特长，亲自操作，节约人工成本，并保证质量。如马良奇"穷年有矻矻校阅精神，俾无遗缺"，他亲自参加抄写、校勘、刊刻修补等生产环

---

① 《范阳邹氏族谱》卷三十四《寿文》，第59页。

② 《长汀四堡里马氏族谱·七集列传》卷一，第38页。

节。做到抄写、上版、刊刻、试印至少要校四次的要求，防止手工操作之误，尽量减少差错。同时，十分注意读者需求，以印刷大众读物为主。如日用尺牍、通俗小说、戏曲、唱本，以及士子必读的参考用书等，以易于销售获利。

四堡书坊业主懂得发行的重要性。开办书坊之后，往往形成编、印、发一体化的生产模式。这在族谱中有大量的记述。马富良“兄弟三人，尝挟资售书江西，囊渐赢，大启尔宇。……复构别墅、贮书板，命儿孙远贾两粤”。[①] 邹新桥“祖居闽中长汀县雾阁乡，年方弱冠，即远出经商，凡繁盛都市，靡不有其足迹。迨历邕垣，认为有发展之余地，乃投资开设文海楼书局，经济运筹，所意屡中。由是囊箧丰积，利源即大开于邕市，田庐复广置于家乡”。[②]

当地人士提供的大量亲历、亲见、亲闻史料，也说明了这一点。如马云章先生曾撰文称：“由辛亥革命到 1949 年，残存的书店有邹森成、马宇望、马鹤山合股经营的广西贵县本立堂；邹远昌的广西百色启智书局；马炳芳的兴宁德文堂；邹以中的老隆以文阁；马传图的上杭林兰堂仪记；马德明的长汀民生书局和其他的一些小商小贩。”[③]

四堡书业还形成了广泛的图书销售网络，邹日升先生对此有过深入细致的考察，他撰文称：“四堡的书籍，除外地客商来直接采购外，自己经年累月连续不断地往外发运。其发行路线有三：南线、北线和西线。因其地处汀、连、清、宁四县结合部，其南至连城，北至清流、宁化，西至长汀。因此，书籍的发运路

---

① 《长汀四堡里马氏族谱·七集列传》卷一，第 69 页。

② 《范阳邹氏族谱》卷三十三《传文》，第 100 页。

③ 马云章：《四堡印书业的兴衰梗概》，1984 年手稿。

线也是按这三条线路行进。在靠人力肩挑或骡马驮运的时期，日行不过七八十里至百里，但沿线路的城镇都有四堡人的书店可供歇宿，调剂货源余缺。这些沿途书店的开设者，原也是走乡串村深入馆、院推销书籍的流动书商，经过一段时间熟悉后，才开设铺面。如此逐步往前四处延伸，愈行愈远，散布到江南各省。当时，北线经清流入沙溪下闽江或由宁化到建宁、泰宁进入江西丰城、临川、南昌、樟树、九江等地。再沿长江向上游进发到武汉、长沙和重庆、成都；向下游抵安庆、芜湖、宣城、南京、湖州、无锡、苏州和杭州。西线至长汀后，也分水陆两路，一路沿汀江乘舟南下入上杭、潮州、汕头，经海运入珠江，进广州，散入粤西各地；或沿珠江上溯至广西梧州、贵县、灵山、横州、南宁、百色，直抵云南各地；或于潮州陆路转入粤东北各地。另一路由长汀向西入赣南和湖南诸县市。南线至连城后分东、南两路：东路入永安经沙溪至南平、建瓯、崇安、浦城各地，或沿闽江东下福州，转海运入温州与浙东各地，再入杭州，并散于全浙；南路经朋口溪入韩江至广东，或陆路至龙岩、漳州、厦门、泉州等地。总之，从四堡向西、向南、向北三线出发后，再分水、陆各支线往四周扩散，步步延伸，如网状叶脉一般，分散到长江以南各省。”[①] 笔者曾发现四堡林文堂在广东兴宁县向乡村书馆、书舍上门售书的账本，进一步证实邹先生的描述是可信、可靠的。

四堡书坊利用农村集市赶墟的习惯，新辟墟场，批发图书。邹氏谱中不仅有关于新设“公平墟”的记载，而且录有邹氏各房建墟合同。合同全文如下：

---

① 邹日升：《中国四大雕版印刷基地之一——四堡》，载《中华文化明珠四堡》，第 11～12 页。

立合同人，胜公子孙同曾侄孙，礼崇公子孙御祖、洪生、熊云、中彦、雄彦、一彦、圣乾、徽耀等，为本乡之水口新起公平墟，老少欢悦，俱各齐心踊跃，各出自己粮田以作墟场，其建造店宇并小庄，皆照八股均派。胜公房墟基使用俱出祠内公项，礼崇公、雄公、希孟公、承生公四公合成一半，胜公一半。自后每年将公平墟税当作八股收税，胜公房收墟税四股，礼崇公房亦收四股。其年二房每收一半。至递年收墟税，公议胜公彦择知事者四人，礼崇公房择知事者四人。至临收租之期，务要知会八人同往均收均分，毋得越议一二人专擅。恐口无凭，立合同字，各付一纸，永远为照。乾隆四十年六月廿三日，立合同人胜公、崇公子孙同立。[①]

同时规定在墟场开店需交租：

通墟众造店屋开后：天后宫左畔一植大客店一所，二植大客店一所，三植店一间，四植又一间，五植又一间，六植又一间，共六植。其右畔各人自造之店屋，各人自己递纳地租交众，及小庄租钱交众。嘉庆七年壬戌岁秋，首事邹胜公、敷公二公子孙同立碑。[②]

显然，墟场的设立与管理都是很有序的。据称，当时浒湾有许多书商在此租屋收购图书，再运往江西各地出售。

关于四堡书坊注重保护版权的许多例子，以上已有记叙。从四堡遗存书版和图书中，也经常看到“藏板所有翻刻必究”的字样。清代四堡书坊不仅书中刻上版权保护字样，而且还相应采取有效措施制止盗版、盗印，比如通过族规、家规保护版权，通过

---

① 《范阳邹氏族谱》卷二十九《乡村》，第 2 页。

② 《范阳邹氏族谱》卷二十九《乡村》，第 3 页。

“岁一刷新”保护版权等。

四堡晚期书坊的经营受到多方面的巨大冲击，除了咸丰兵燹之外，科举制度的废除，上海等地石印、铅印技术的引进，给古老的坊刻业带来冲击。面对时代变革，一批四堡书商，逐渐放弃雕版刻书，而以售书批发为主，少量图书委托石印或铅印，以继续经营。据《广西文史资料》第八辑《四堡在广西开的书店》记载，当时在广西经营的四堡书坊有六家转型成功，并坚持到新中国成立前后，列表如下：

名称	地址	业主	从业人员	经营内容	经营时间
文海楼书局	南宁兴宁路14号	邹镜湖	12人	图书文具	1912—1948
志成书局	田东县平马镇南华街	邹广成	2人	图书文具	1911—1940
文香阁	横州	邹恒振	4人	图书文具	1912—1953
时中阁	横州	邹汉城	3人	图书文具	1912—1953
启智书局	百色市原大街	邹子猷	10人	图书文具并印刷	1921—1949
本立堂书局	贵县城内	马宇望、马鹤山、邹森成	6人	图书文具并印刷	1920—1930

失败的启示

四堡书坊经营既有兴盛，也有衰败。衰败的情况，大体可分两种：一种是整体经营衰败，如晚期咸丰兵燹后固守家乡的书坊。另一种是个体经营失败。这种个案，不仅晚期有，早中期也有。

先说整体衰败。四堡坊刻业最终走向衰亡的原因，综述一章有过论述，概括起来就是时代的发展和封建小农经济思想的束缚。前者是外因，后者是内因，在内外因素交相作用下，使得固守于家乡的书坊在光绪末年纷纷倒闭。不可否认，明清之际的闽西山区，商品经济相当活跃，特别是四堡坊刻出版业的兴起，对山区自然经济结构曾经发生过强烈的冲击。但是就整个闽西地区而言，仍然以农业生产为主，而且农业生产力水平不高、粮食不足是闽西经济的一大隐患。四堡书坊业主致富之后，往往回乡大量购买田地，就是为了解决家庭粮食问题。在手工业方面，除雕版印刷业异军突起外，其他均不成气候，整个闽西山区，仍然处于农业自然经济状态。四堡书坊业主虽然从事刻书、售书，但是重农轻商的思想仍根深蒂固，始终没有把书业当主业，而只作为副业加以经营。因此，四堡刻书业始终没有形成规模产业，只是从属于各个家庭的副业。大多数四堡书坊业主乡土观念浓重，经营积累下的巨额资金，一是用于回乡置腴田、构大厦；二是用于回乡设书馆、聘名师，课子弟，兴教育；三是用于回乡修桥、铺路、建庙宇做善举。邹、马两姓族谱中关于这方面的记载，比比皆是。购地建房如马伯麟“车牛远服，权厥子母。利市常倍，渐而衣食无缺，渐而田舍是求，置田数十百亩，……遂得优游以终其天年焉”。[①] 马洪长“远贾豫章。……囊渐裕，置买腴田，构大厦，援例入雍，卓然负誉乡里”。[②] 兴儒业设书馆如邹士俊“善经营，筑此（书）室为我后人敬业乐群地。……历聘师，悉宿学名儒，为小子矜式”。[③] 做善事、兴庙宇者如邹子岳：“尝游延、建、邵等处贸迁，获厚利，归而构华厦、置田园。所最难得者，助学宫、修祖祠、建桥梁、创亭宇，凡人所吝为者，皆乐为之。”[④] 邹龙泉“遨游于江右之樟镇。……倡建庙宇，修筑桥路，一切力济

① 《长汀四堡里马氏族谱·七集列传》卷一，第 41 页。

② 《长汀四堡里马氏族谱·七集列传》卷一，第 91 页。

③ 《范阳邹氏族谱》卷三十三《传文》，第 15 页。

④ 《范阳邹氏族谱》卷三十四《寿文》，第 62 页。

之行，靡不倦倦焉殚心力而为之。”[①]

综上所述，四堡晚期固守本土的坊刻业，在科举制度取消以及西方新思想、新技术冲击面前，无所适从，土崩瓦解，走向衰亡便是很自然的事情了。

再说个体经营失败。这些个案指经营书业没有超过两代的书坊。这种情况，在四堡早中晚三期书坊中也屡见不鲜。大体情况有三种，一种是刻书售书获利后，大量购田、建房，转而耕读，放弃书业。上述邹致臣、邹廷锦、马伯麟、马振南皆如此。如邹廷锦“长兄早赴玉楼，独持家政，广置书林，惨淡经营，购良田，建华厦”。[②] 书业后继无人。另一种是先弃儒经商后又弃商业儒。如上述邹鸣保书坊、邹洪春书坊皆是。再一种是单纯以获利为目的，既售书也兼做其他生意，其他生意好，便放弃售书。如邹康山“家素清淡，……挟书诗经史，游粤之潮、惠、嘉间，以与文人学士周旋。又广罗海错山珍，以游江赣湖汉”。[③] 这三种情况，都是因为没有把刻书当作主业来经营。

---

① 《范阳邹氏族谱》卷三十三《传文》，第 44 页。

② 《闽汀龙足乡邹氏族谱》卷三十《传文》，第 51 页。

③ 《闽汀龙足乡邹氏族谱》卷三十《传文》，第 103 页。

第五章　四堡书坊的书版与书籍遗存

一、四堡书坊的书版遗存

1992—1993 年间，笔者在四堡考察时，书坊印房旧址仍在，在文海楼印房门墙上，还依稀可见当年“岁一刷印”的书籍内封面清样。当地老人告诉我们，1966 年前都还见过一排排摆放在厅堂、闲屋或印房内的书版，小孩子经常瞒着大人偷书版做木枪玩。十年浩劫，书版和旧书才毁于一炬。不过，仍有一批书版保存了下来。当时我们在四堡搜访到书版 997 块，涉及 17 家书坊的 79 种书籍。并将这批书版全部刷印出样纸，并进行考证，整理分类。这批藏版大多由四堡书坊业主后代保存，少数外流的，也还能查出来自何家。尽管多数书版不完整，但能依据当地邹、马两姓族谱，查出其业主及堂名。当时整理成的材料，对书版刊刻年代及版式特征等做了详细的考察和记述，自 1994 年编成后从未公开发表，今稍作订正，辟作为一章。至于近年来新发现的书版，将作为补遗，另行介绍。

邹氏上祠遗存书版

（一）文香阁遗存书版

1993 年 12 月 1 日，笔者在四堡文香阁业主邹殿梁曾孙邹式善家发现一批书版，经整理，共有较完整者 209 块，残版若干，刷印后知有五种书，分别是：《唐诗合选详解》94 块，《直省乡墨精锐》96 块，《元亨疗牛集》残版 15 块，《咏物诗选》4 块，《大学》残版一块。这五种书版除《元亨疗牛集》存有内封面版外，其余均无内封面版。五种书的版式特征简介如下：

1. **《唐诗合选详解》**　存版 94 块，其中目次版 4 块，其余为内文版。框高 13.5 厘米，宽 20.5 厘米。半叶 10 行，行 23 字，小字双行同。白口，四周单边，单鱼尾。全书十二卷，每卷书版 25 块左右，全书约 320 块。每卷卷端均有“山阴刘文蔚豹君诠释”字样。

2. **《直省乡墨精锐》**　存版 96 块，其中目次版 2 块，其余为内文版。框高 16.5 厘米，宽 24.5 厘米。半叶 9 行，行 25 字，字旁时有圈点或小字注。白口，左右双边，单鱼尾。该书由梁葆庆评选，周项参订，梁葆庆侄梁守介、梁守朴，周项之子周承恩同校。

3. **《元亨疗牛集》**　存版 15 块，含内封面、上卷目录及序言等版。此书由六安州喻本元、喻本亨编，四堡崇德堂据金陵汝显堂唐少桥刻本翻刻。喻本元名仁，号曲川；喻本亨名杰，号月川；

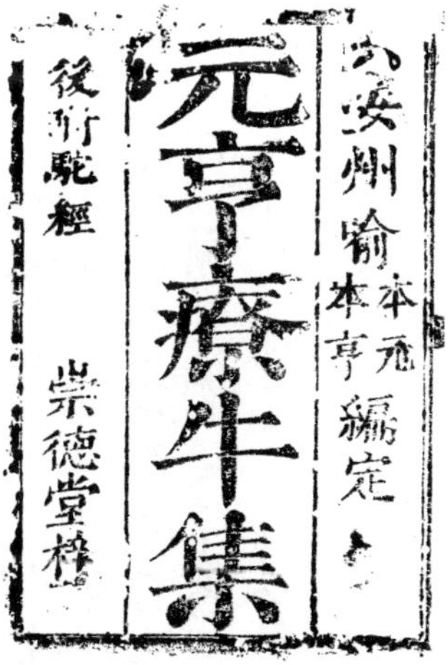

崇德堂刊本《元亨疗牛集》

明万历间直隶六安州（今安徽六安）人。《元亨疗马集》为兽医名著，内附疗牛、疗驼的内容，历代一再翻刻。不过，以《元亨疗牛集》为名并附驼经者，尚属首次发现。内封面版框高 12.5 厘米，宽 8.5 厘米，属袖珍本。四周双边，分三栏，中刻书名，右刻编者名，左栏上刻“后附驼经”，下刻“崇德堂梓”。内文版框高 12.8 厘米，宽 17.6 厘米，半叶 12 行，行 23 字。无栏线。白口，四周双边，单鱼尾。由上卷目录可知内文除文字部分外，还有大量疗牛图。笔者所见每张图均占半叶，半叶分上中下三栏，上栏标病牛图名称，中栏绘一病牛图，形象十分生动，雕刻较精，下栏标病状、病因及疗法等文字。

4.《咏物诗选》　有存版 15 块，镌于《元亨疗牛集》15 块版的另一面。原书框高应在 15 厘米左右，宽 23 厘米左右。后来因书版另一面改刻为《元亨疗牛集》，四周被削去，该书的上下框界已经不见，而左右框界仅镌有序文的书版见到一边，推知为左右双边。黑口，单鱼尾。半叶 10 行，行 18 字以上。可以肯定这套书版先刊刻《咏物诗选》，后因书版四周围蠹损，为节省用材，削齐后另一面用来刻《元亨疗牛集》。从字体来看，该书以

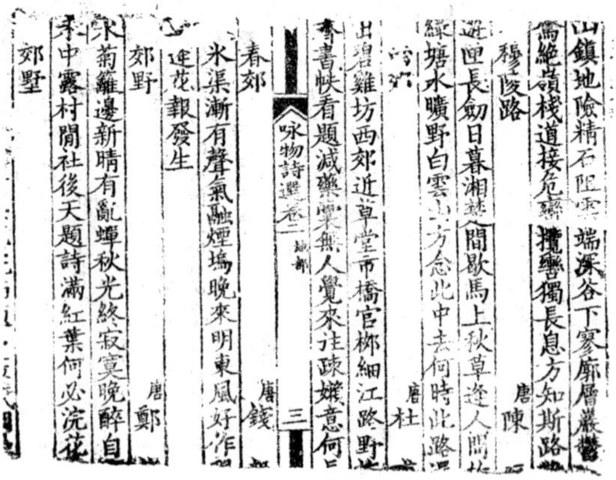
山鎮地險精石阻雲　端深谷下寥廓層巖
高絕嶺棧道接危巒　攬轡獨長息方知斯路
穆陵路　唐　陳
逆旅長劍日暮湘楚間　歇馬上秋草逢人問
綠塘水曠野白雲山方念此中去何時此路
唐　杜
出碧雞坊西郊近草堂市橋官柳細江路野
春書帙看題減藥欄無人覺來往疎嬾意何
咏物詩選卷二　三
春郊　唐　錢
水渠漸有聲氣融煙塢晚來明東風好作
迎花報發生
郊野　唐　鄭
咏菊籬邊新晴有亂蟬秋光終寂寞晚醉自
東中露村閒社後天題詩滿紅葉何必浣花
郊墅

《咏物诗选》

行书上版，宛润秀美，不像《元亨疗牛集》为宋体字。加上版心黑口，笔者以为此书版很可能是四堡罕见的明代晚期雕版。

5. **《大学》**　存残版1块。不见框边线，版心镌书名“大学”二字，无鱼尾，无叶数，字体为楷体，字旁时有圈点，其他无考。

上述五种书版刊于何时，并无明确记载，只能从文香阁业主及其沿革加以考述。查《范阳邹氏族谱》，知文香阁业主邹殿梁（1835—1889），名联梓，字金镛。邹元超三子，曾经跟随父亲在广东灵山县（今属广西）开书店（碧清堂），后来邹殿梁在广西横州另开书店，堂号文香阁，销售的图书由四堡运去。邹殿梁之子邹新佑、孙邹恒振承祖业，继续印书、售书。邹殿梁曾孙邹式善告诉我们，他的祖父在外经营，祖母在家组织印书、装书，但这是听其父亲说的。他自己八九岁时（1949年前）亲眼见长汀县书店老板来找伯父邹恒舒购买《红楼梦》书版，但没有成交，书版后来不知去向。还说他家也有《康熙字典》书版，印成的书一套20册。我们在四堡曾见到两部《康熙字典》，是道光七年印的，也找到四堡有《红楼梦》书版的证据，故邹式善的话是可信的。邹氏上祠谱有邹殿梁的传文，但只记其在外“张设书肆”，没讲在四堡刻书，因此邹殿梁印书很可能用的是祖上刊刻的书版。上述五种书版的刊刻年代当在道光之前，个别书版，如《咏物诗选》《元亨疗牛集》可能是崇德堂遗留下来的。崇德堂业主邹葆初，即邹元超曾祖。

（二）文海楼遗存书版

文海楼遗存书版，原由文海楼创办者邹殿赓（1828—1865）曾孙邹式泉等保存，前几年交连城县新泉革命纪念馆保存。书版共3种、117块。据说，邹殿赓其他子孙还藏有零星书版，还有一些被原龙岩师专历史科收购，作教学之用。此外，邹殿赓的另一曾孙邹日升家里还有若干种文海楼出版的图书及当年卖书的账本，这些实物可与雕版互相印证，有利于考证书版刊刻的年代。现先将三种书版简述如下：

1.**《小题正鹄》初集、二集、三集**　存版 107 块，缺内封面，有序文版。我们将所刷版样与邹日升所藏文海版《小题正鹄》（三册）相对照，发现完全一样，虽缺内封面版，但可确认此书版为文海楼所刊刻。框高 12.5 厘米，宽 17 厘米，框外有眉批，半叶 9 行，行 25 字。白口，四周双边，单鱼尾。从藏书内封面知《小题正鹄》编者为平江李元度，出版者四堡文海楼书坊。序文版署有“道光丙午上巳次青李元度识于仙源讲舍”推知，该书版当刊刻于清道光二十六年（1846）之后。

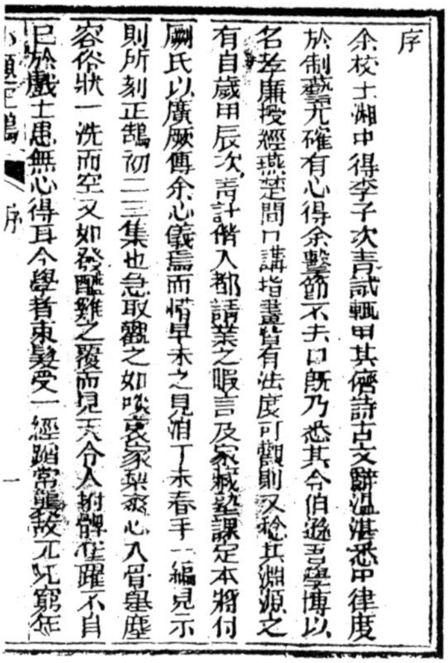
序
余校士湘中得李子次青試輒甲其儕詩古文辭溫湛悉中律度
於制藝尤確有心得余嘉節不去口既乃悉其令伯遜吾學博以
名孝廉授經燕楚間口講指畫皆有法度可觀則又稔其淵源之
有自歲甲辰次青計偕入都請業之暇言及家藏塾課定本將付
剞劂氏以廣厥傳余心儀焉而惜早未之見洎丁未春手一編見示
則所刻正鵠初二三集也急取觀之如啖哀家梨爽心入骨畢歷
容俗狀一洗而空又如發醯雞之覆而見天令人翀舉雀躍不自
已於戲士患無心得耳今學者束髮受一經蹈常襲故兀兀窮年
小題正鵠　序　一

文海楼刊本《小题正鹄》

2.**《诗韵集成》**　存版 1 块。框高 15 厘米，宽 20 厘米。框内分上下栏，上栏小字，半叶 18 行，行 11 字；下栏大字，半叶 9 行，行 12 字，小字双行。白口，四周单边，无鱼尾。因书版为文海楼所有，故初步认定刊刻时间在道光中后期。

3.**《蒲编堂训蒙草》**　存版 9 块。与邹日升藏文海楼版《蒲编堂训蒙草》原书字体、版式完全一样。框高 12.1 厘米，宽 17.4 厘米，上有批注。半叶 9 行，行 25 字。白口，四周双边，单鱼尾。此书是清制义名家路德为其子路慎庄编写的一本八股文读本，书前序文末署“道光丁酉三月路德序于关中书院之仁在堂”，可知此书版当刊刻于道光十七年（1837）之后。文海楼版是后来翻刻的。

（三）应文堂遗存书版

应文堂与上述文海楼、文香阁一样，都是由祖上创办的碧清堂分立出来的。创办人邹殿试（1809—1894），名联映。应文堂曾经刻过很多书，由邹殿试曾孙邹式涌保存的书版尚有 10 种 159 块，现已分别送交四堡文化中心（今四堡古雕版印刷展览馆）和闽西博物馆保管。现简述如下：

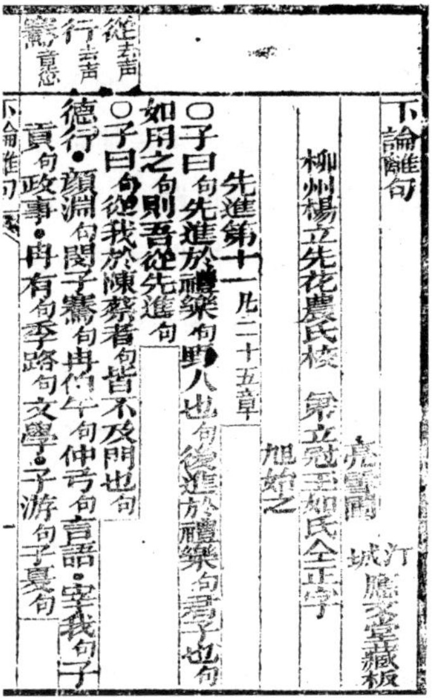
下論離句
汀城應文堂藏板
柳州楊立先花農氏校　弟立亮雪圃　立冠玉如　立旭始之　氏同正字
從去声　行去声
先進第十一　凡二十五章
〇子曰句先進於禮樂句野人也句後進於禮樂句君子也句如用之句則吾從先進句
〇子曰句從我於陳蔡者句皆不及門也句
德行•顏淵句閔子騫句冉伯牛句仲弓句言語•宰我句子貢句政事•冉有句季路句文學•子游句子夏句

应文堂刊本《下论离句》

1.《下论离句》　存版 3 块。首叶版刻有“汀城应文堂藏板”，还刻有“柳州杨立先花农氏校，弟立亮雪圃、立冠玉如、立旭始之氏同正字”。框高 15.5 厘米，宽 19.7 厘米。框内分上下两栏，上栏注音，半叶 10 行，行 3 字；下栏正文，半叶 10 行，行 24 字不等。白口，四周单边，单鱼尾。

此謂治國•在齊其家句
右傳之九章句釋齊家治國句
〇所謂平天下•在治其國者句上老老•而民興孝句上長長•而民興弟句上恤孤•而民不倍句是以君子有絜矩之道也句
所惡於上•毋以使下句所惡於下•毋以事上句所惡於前•毋以先後句所惡於後•毋以從前句所惡於右•毋以交於左句所惡於左•毋以交於右句此之謂絜矩之道句
詩云句樂只君子句民之父母句民之所好•好之句民之所
大學離句　六

应文堂刊本《大学离句》

2.《大学离句》　存版 1 块。四周双边。版式、字体与《下论离句》相同。

3.《上孟》　存 1 块。框高 16.5 厘米，宽 22.2 厘米。框内分上下两栏，上栏注音，半叶 10 行，行 3 字；下栏正文，半叶 10 行，行 24 字，行间有线。白口，四周单边，单鱼尾。中缝上标书名，下标叶数。

4. **《管稿》初集、二集、三集**　存版 80 块，缺内封面。框高 12.6 厘米，宽 16 厘米。框分上下两栏，上栏高 1.6 厘米，标注；余为下栏，下栏半叶 9 行，行 25 字，字旁时有圈点。白口，上下双边，单鱼尾。

5. **《增补应世便书表文通用》**　存版 44 块，缺内封面。框高 12.5 厘米，宽 21 厘米。半叶 12 行，行 22 字，字旁时有圈点。白口，左右双边，单鱼尾。卷七首叶有“增补应世便书表文通用卷之七”字样，并见“书堂著”三字，可认为本书为应文堂所编。序前有“道光辛丑书堂李登贤书”字样，可见此版刊于道光年间。

6. **《新刻居家必用杂字》**　存版 10 块，缺内封面。框高 13.2 厘米，宽 20 厘米。半叶 6 行，每行分上下两排，上下各 4 大字。白口，四周单边，单鱼尾。“玄”字缺笔，且外加一圈，是避康熙帝玄烨之讳，可见此版是应文堂早期翻刻版或由碧清堂遗留之版。

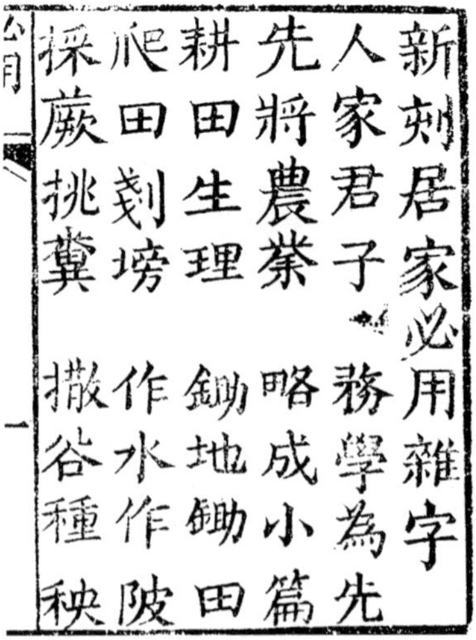
新刻居家必用雜字
人家君子務學為先
先將農桒略成小篇
耕田生理鋤地鋤田
爬田剗塝作水作陂
採蕨挑糞撒谷種秧
必用　一

应文堂刊本《新刻居家必用杂字》

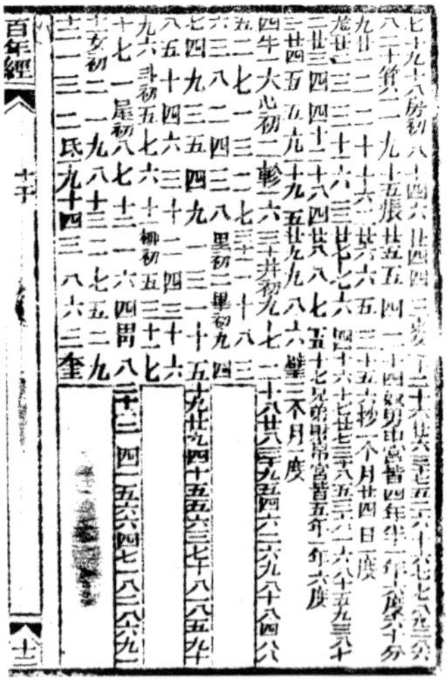
百年經

应文堂刊本《百年经》

7. **《百年经》**　存版 2 块。框高 17 厘米，宽 21.8 厘米。半叶12行，行34字。白口，四周单边，双鱼尾。

8.**《行文资典》**　存版16块，缺内封面。框高12.5厘米，宽21.1厘米。半叶10行，行23字，小字双行。白口，四周单边，单鱼尾。卷一首叶刻有“晋江郑文焕章人甫汇订”字样，从而知该书编者为郑文焕。

9.**《新刻秤命全书》**　存版1块。框高17厘米，宽22.5厘米。框内平分上、中、下三栏，每栏半叶14行，行14字，每三四行用线隔开。白口，四周单边，单鱼尾。版心下刻“冲天数定局”。下无叶数，而首行有“冲天数定局河南左布政四川成都府干湛校定”字样，可知应为首叶。

10.**《新增秤命全书》**　存版1块。书版字体、字号与《新刻秤命全书》相同，但版框略异，高17.2厘米，宽21.9厘米。框内分上下两栏，每栏半叶14行，行20字，每两行间加线。白口，单鱼尾。版心鱼尾下刻有“鬼谷先生评定”字样。

上述应文堂10种书版除《增补应世便书表文通用》外，均不明刊刻年代，但考业主生卒，可推知为清道光年间所刻，个别书版或许刊刻时间更早。

（四）翰宝楼遗存书版

翰宝楼业主邹子肇（1775—1827），名孔昌，号启园，邹龙川三子。其玄孙邹从松存有祖上书版三种103块，于1993年11月送交四堡文化中心保管。三种书版分别是《同怀制义》《小草庐时文》《诗赋韵珠》。邹从松老人告诉笔者，这些书版是其曾祖父邹元暄留下来的，由邹从松之兄邹从盖保藏至今。邹从松的祖父、父亲都是中医，没有从事刻书。曾祖父邹元暄是邹龙川八个孙子之一。邹龙川的儿子及孙子在乾隆、嘉庆时期经营书业颇兴盛，在四堡雾阁村所盖“子仁屋”，至今仍十分气派。邹龙川家族遗留下大量的书版，多于1966年之后烧毁，余下的几种都是以楷书上版刊刻，字体风格也很一致，可认为是同一时期刊刻的，应在乾隆至道光间。现分别简述如下：

1. **《同怀制义》**　存版 55 块，框高 17.7 厘米，宽 22.3 厘米。半叶 9 行，行 25 字，字旁时有加圈点，楷体字。白口，左右双边，单鱼尾。版心下镌“静读山房”四字，这是翰宝楼的一个分堂号。

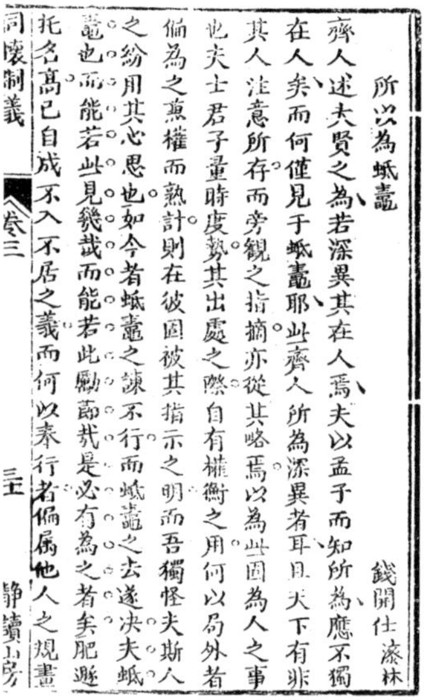
所以為蜮蠹
錢開仕滌林
齊人述夫賢之為若深異其在人焉夫以孟子而知所為應不獨在人矣而何僅見于蜮蠹耶此齊人所為深異者耳且天下有非其人注意所存而旁觀之指摘亦從其略焉以為此固為人之事也夫士君子量時度勢其出處之際自有權衡之用何以局外者偏為之熏權而熟計則在彼固被其指示之明而吾獨怪夫斯人之紛用其心思也如今者蜮蠹之諫不行而蜮蠹之去遂決夫蜮蠹也而能若此見幾哉而能若此勵節哉是必有為之者矣肥遯托名高己自成不入不居之義而何以奉行者偏屬他人之規畫

同懷制義　卷三　三十　靜讀山房

翰宝楼刊本《同怀制义》

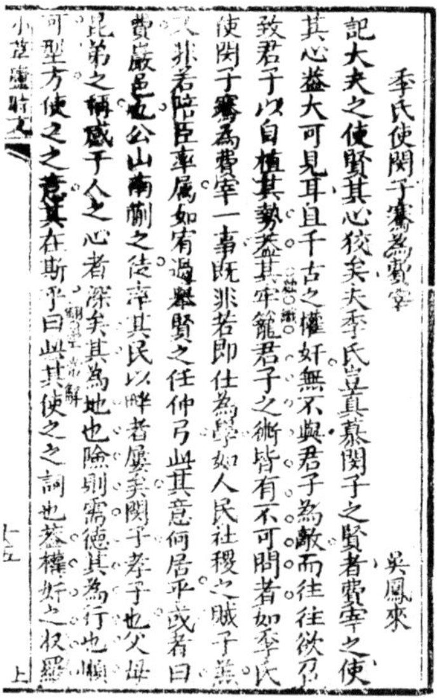
季氏使閔子騫為費宰
吳鳳來
記大夫之使賢其心狡矣夫季氏豈真慕閔子之賢者費宰之使其心益大可見耳且千古之權奸無不與君子為敵而往往欲召致君子以自植其勢蓋其牢籠君子之術皆有不可問者如季氏使閔子騫為費宰一事既非若即仕為學如人民社稷之賊子羔又非若陪臣牽屬如宥過舉賢之任仲弓此其意何居乎或者曰費巖邑也公山南蒯之徒率其民以畔者屢矣閔子孝子也父母昆弟之稱感乎人之心者深矣其為地也險則需德其為行也順可理方使之之意其在斯乎曰此其使之之詞也蓋權奸之权詐

小草廬時文　上　十五

翰宝楼刊本《小草庐时文》

2. **《小草庐时文》**　存版 11 块。框高 16.8 厘米，宽 21.9 厘米。半叶 9 行，行 25 字，字旁时有圈点。白口，左右双边，单鱼尾。字体与《同怀制义》一样。

3. **《新增诗赋珠玑》**　简称《诗赋韵珠》，存版 38 块。卷二首叶见本书为葛时采辑、林栖梧增补。框高 10 厘米，宽 14.4 厘米。四周单边，是袖珍本。框内分上下两栏，上栏高 3.9 厘米，标音韵，上栏大字 8 行，小字双行，行字不等；下栏正文，下栏 10 行，行 12—14 字。内文均楷体字。白口，无鱼尾。字体与

《同怀制义》一样。

除上述雕版外，邹从松还存有其父邹为铿所藏的多种四堡版书籍，但书中不见翰宝楼堂名，故不能认定就是翰宝楼印本。此外，邹子肇之兄邹子仁的后代也藏有 100 多块书版。已经发现的有 26 世邹中林家所藏《算法》书版 2 块。框高 24 厘米，宽 17.3 厘米。半叶 9 行，行 20 字不等。白口，四周单边，单鱼尾。书版是邹中林曾祖父留下的，刊刻时间当在道光至同治间。

（五）林文堂遗存书版

邹氏上祠林文堂业主邹联寓（1839—1913），字源敷，又字美爵，邹廷海第五子。现邹联寓之孙邹存柱存有林文堂书版 7 种 119 块，分别是《五经》版 73 块，《新刻梁山伯祝英台全本》4 块，《增广正文》11 块，《新刊大字分句贤文》7 块，《增注三字经》5 块，《四言杂字》13 块，《人家日用》6 块。林文堂书版特点是多刻有堂名以及刊刻年代，这就为版本的考证提供了许多方便。现分别简述如下：

1. **《五经》**　存版 73 块，缺内封面。根据《五经》内容推算，《五经》书版至少有 225 块以上。在我们刷印的纸样中，《诗经》卷二首叶刻有“富文堂梓行”字样，而小雅卷三首叶又刻“仕文堂梓行”，又有“林文堂梓行”字样的，皆邹联寓的堂号，且版式、字体风格一致，故只能由一家刊刻而成，而不是用几家的书版凑成的一部书。框高 15.5 厘米，宽 22.8 厘米。框分上下两栏，上栏高 1.6 厘米。

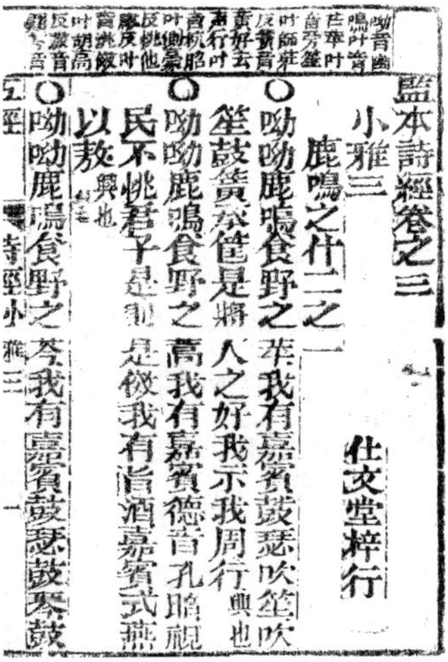
監本詩經卷之三
小雅三
鹿鳴之什二之一
○呦呦鹿鳴食野之苹我有嘉賓鼓瑟吹笙吹笙鼓簧承筐是將人之好我示我周行興也
○呦呦鹿鳴食野之蒿我有嘉賓德音孔昭視民不恌君子是則是傚我有旨酒嘉賓式燕以敖興也
○呦呦鹿鳴食野之芩我有嘉賓鼓瑟鼓琴鼓
仕文堂梓行

林文堂刊本《五经》

米，注音；下栏每半叶 9 行，行 17 字，小字双行。白口，四周单边，单鱼尾。方体字，雕刻较精细，为林文堂早期书版，当刊刻于咸丰、同治年间。

2.《**新刻梁山伯祝英台全本**》　存版 4 块，内文首叶刻有“林文堂寓记”字样。框高 14.2 厘米，宽 20.3 厘米。内文每半叶分上、中、下三栏，上栏图，中、下栏文。半叶 13 行，行 14 字，双栏线。白口，四周单边，单鱼尾。书版雕刻不精，当为林文堂晚期书版。

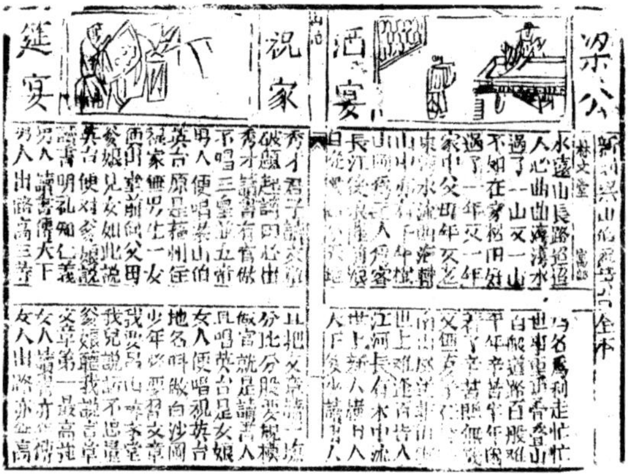

林文堂刊本《新刻梁山伯祝英台全本》

3.《**增广正文**》　存版 11 块，不见内封面。内文首叶署“林文堂梓”，第 21 叶有“增广终”字样，说明全书共有 12 块版。框高 12.5 厘米，宽 20.5 厘米。半叶 9 行，行上下各 7 字，中空一格。白口，四周单边，单鱼尾。缺内封面故不详刊刻时间，但见林文堂所刊《四言杂字》《增注三字经》《人家日用》等均在同治至宣统间，此版当亦为其时所刊。

4.《**新刊大字分句贤文**》　存版 8 块。内封面框高 13.4 厘米，宽 9.4 厘米，四周双边，上栏署“光绪二年”，中栏署“昔时贤文”，左栏下署“林文堂梓行”。内文版心下署有“林文堂梓行”字样。内文框高 13.3 厘米，宽 19 厘米。半叶 6 行，行上下各 6 字，中空一格；白口，四周单边，无鱼尾。

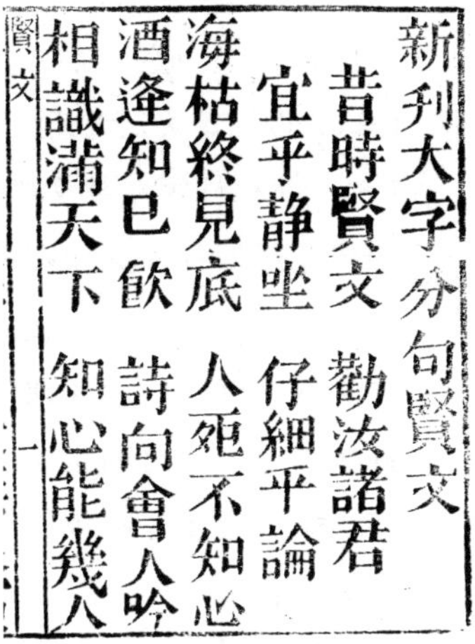
新刊大字分句賢文
昔時賢文　勸汝諸君
宜乎靜坐　仔細平論
海枯終見底　人死不知心
酒逢知已飲　詩向會人吟
相識滿天下　知心能幾人
賢文　一

林文堂刊本《新刊大字分句贤文》

5.《增注三字经》　存版 5 块。内封面版与《四言杂字》内封面同版，内封面卷轴形装饰，很雅致。竖分三栏，中栏署“增注三字经”书名，右栏署“同治七年重刊”，左栏署“林文堂梓行”。内文第 10 页末有“三字经终”字样，知该书共 6 块版。框高 14.5 厘米，宽 21.8 厘米。半叶分上中下三栏，上栏为增注，首叶与末叶为图，上栏半叶 20 行，行 6 字；中、下栏正文，半叶 10 行，行各 3 字。白口，四周单边，双黑鱼尾对向。

6.《四言杂字》　存版 13 块，共 13 页，全书完整。背面无字，内封面版即《增注三字经》版的反面。框高 12 厘米，宽 9 厘米，四周双边，竖分三栏，中栏刻书名，右栏刻“同治乙丑年梓行”，左栏刻“林文堂”。内文版框高 12 厘米，宽 19 厘米。分上下两栏，中间用细线隔开，首叶亦见“林文堂”字样。半叶 8 行，行上下各 4 字。白口，四周单边，单鱼尾。

林文堂刊本《人家日用》

7.《人家日用》　存版 6 块。内封面竖分三栏，中栏刻书名“人家日用”，右栏刻“宣统庚戌年”，左栏刻“林文堂寓记”。内文框高 11.7 厘米，宽 21.6 厘米。半叶分上下两栏，中间空一字并用细线隔开，半叶 10 行，行上下各 4 字。白口，四周单边，无鱼尾。书版镌刻不佳，疑为林文堂晚期版。

（六）邹存柱家藏林文堂之外的书版

四堡雾阁邹存柱家除存有祖上邹源敷遗留林文堂版之外，还有不少其他堂号的书版。这些书版应是林文堂租用或购买的书版。林文堂创办于清朝晚期，这时期四堡的雕版印刷业已趋向衰落，许多在乾、嘉时期相当兴旺的堂铺停业了，他们的书版就被子孙转卖给林文堂等刚刚创办的书坊。这批书版共有 15 种 47 块。现简述如下：

1.《**孔子文章**》　存内封面版 1 块。框高 13.4 厘米，宽 8 厘米，左右双边，竖分三栏，中栏刻书名，右栏上刻“壬辰年新刊”，左栏下刻“五美轩板”，这里的壬辰年或是光绪十八年（1892）壬辰。

五美轩刊本《孔子文章》

五美轩刊本《百家姓》

2.《**新增刻百家姓**》　存版 5 块。内封面版框高 14 厘米，宽 9.6 厘米。四周双边，竖分三栏，中栏刻书名，右栏上刻“丁亥秋月新镌”，左栏下刻“五美轩板”。内文框高 14.8 厘米，宽 21

厘米。半叶 6 行，每行上下各 4 字，中空一格，姓下小注郡望。版心白口，上下双边，单鱼尾。这里的丁亥年当是光绪十三年(1887)。内文首叶首行镌“新增刻百家姓”，下署“连邑五美轩梓行”。四堡历来属长汀县，这个连邑五美轩很可能是林文堂在连城县开设书坊所用的堂号。

3.《**新刻增补百家姓**》　存版 2 块。内封面版框高 13.8 厘米，宽 9.4 厘米。四周花边，竖分三栏，中栏刻书名，右栏上刻“新刻增补”，左栏下刻“楼外楼梓”，但未署刊刻时间。内文框高 13.5 厘米，宽 19.2 厘米。半叶大、小字各 4 行，行上下各 4 字（姓）或 8 字(地名)。白口，四周单边，单鱼尾。版式与五美轩版《百家姓》不同。

楼外楼刊本《千字文》

4.《**千字文**》　存版 6 块。内封面版框高 12.5 厘米，宽 10 厘米。四周双边，竖分三栏，中栏刻书名，右栏上刻“丁卯桂月”，左栏下刻“楼外楼梓”。内文框高 12.6 厘米，宽 22 厘米。半叶 6 行，行上下各 4 字，中空一格。白口，四周单边，单鱼尾。这里的丁卯应是同治六年（1867)。

林文堂刊本《六字孝经》

5.《**新刊训蒙六字经**》　存版 8 块。内封面版框高 14.2 厘米，宽 10 厘米。四周单边，竖分三栏，中栏刻书名，右栏上刻“福清叶向高集著”，左栏上刻“□□濮自谦增释”，下刻“广秀堂梓”。正文框高 14.2 厘米，宽 23 厘米。半叶分上下栏，均为 9 行，行 6 字，故称六字经。白口，四周单边，无鱼尾。这个广秀堂与林文堂，应是同一家，理由有二：其版式、字体等均与林文堂版相同；《六字孝经》也是福清叶向高集著，封面版署“闽汀林文堂寓记”。故笔者以为这是林文堂以广秀堂名义印行的书版。

6.**《新刻训蒙六字孝经》**　存版 7 块。内封面版框高 12.6 厘米，宽 9.6 厘米。四周双边，竖分三栏，中栏刻书名，右栏上刻“宣统己酉年重镌”，左栏下刻“闽汀林文寓记”。内文框高 13.5 厘米，宽 20.4 厘米。半叶 8 行，行上下各 6 字，中空一字。白口，四周单边，单鱼尾。

7.**《开蒙初学论世文》**　又名《第一先》，存版 5 块。内文首叶署“汀城同日新梓行”。内文框高 13.8 厘米，宽 19.5 厘米。半叶 7 行，行上下各 7 字，中空一字。注解则行数、字数不等。白口，四周单边，单鱼尾。笔者在原龙岩师专邱荣洲先生处见到此书散叶 6 张，与所刷版样完全一样。同时还见到《车公子传》《车公子后传》两种完整的书叶（未装订成册），《车公子传》署“汀城同日新堂梓”，《车公子后传》署“汀城周日升堂梓”，可见同日新与周日升应是同一家堂铺。

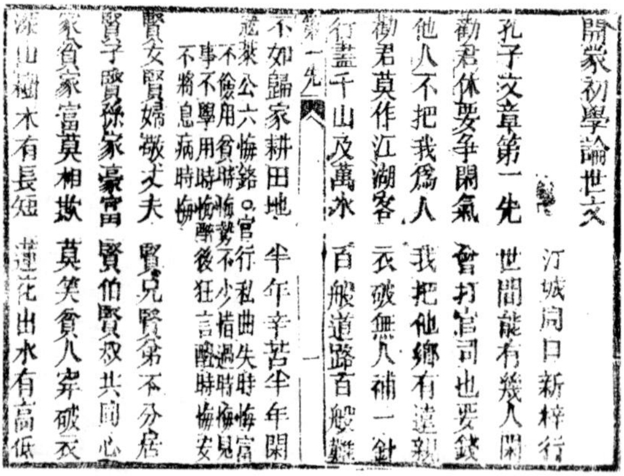
開蒙初學論世文　汀城同日新梓行
孔子文章第一先　世間能有幾人閑
勸君休要爭閑氣　會打官司也要錢
他人不把我爲人　我把他鄉有遠親
勸君莫作江湖客　衣破無人補一針
行盡千山及萬水　百般道路百般難
第一先
不如歸家耕田地　半年辛苦半年閑
寇萊公六悔銘○官行私曲失時悔　富不儉用貧時悔　藝不少惜過時悔　見事不學用時悔　醉後狂言醒時悔　安不將息病時悔
賢女賢婦敬丈夫　賢兄賢弟不分居
賢子賢孫家豪富　賢伯賢叔共同心
家貧家富莫相欺　莫笑貧人穿破衣
深山樹木有長短　蓮花出水有高低

汀城同日新刊本《开蒙初学论世文》

8.《四书典要辨讹》　存内封面版 1 块。框高 8.7 厘米，宽 8.2 厘米。四周双边，中间刻书名，右下署“本斋藏板”，左下署“翻刻必究”。此书未见内文版，但从封面大小可知是四堡书版中较小版本之一，当为专供科举应试之用的书，刊刻时间很可能是在四堡坊刻最兴盛的乾隆、嘉庆年间。这里的“本斋藏板”，初步考证系林文堂上代邹观辉（1734—1815）所刊书版。

9.《试体诗赋》　存序言版 1 块。框高 12.4 厘米，宽 20.2 厘米。左右双边，半叶 8 行，行 16 字。行书写版镌刻，书版质量远比林文堂其他书版好。序言署乾隆五十七年（1792）壬子，知该书首刊于乾隆时期。该书版不是林文堂所刊，应是购买他人之版进行印刷。

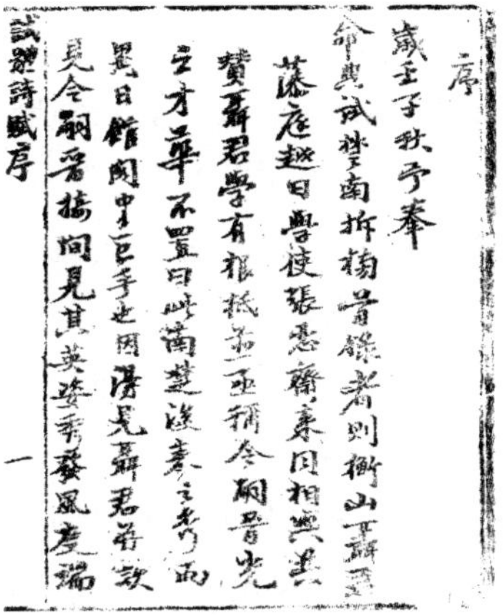

《试体诗赋》

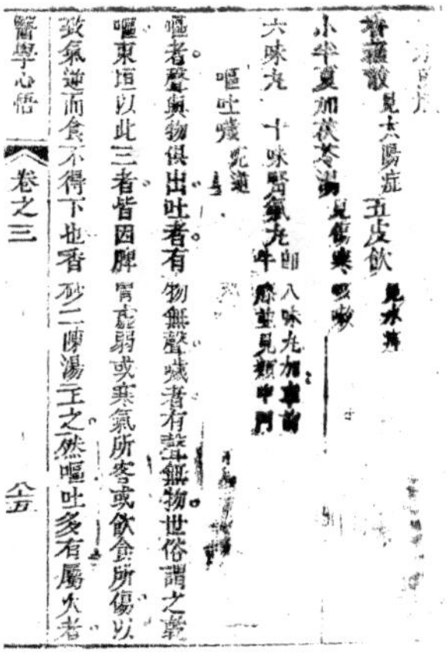

《医学心悟》

10.《医学心悟》　存版 2 块。框高 19.6 厘米，宽 27.2 厘米。半叶 8 行，行 24 字，字旁时有圈点。白口，四周双边，单鱼尾。此版字体及版式与林文堂版有所不同，主要区别在于行间距大，与邹氏下祠邹完士萃华堂藏版相似，应是林文堂所购他人祖传之版。

11.《检骨格》　存版 1 块。框高 13 厘米，宽 19.5 厘米。半叶 8 行，行字数不等，上框外加小字注。白口，四周单边，单鱼尾。此书版版式与文海楼藏版相似，当是林文堂租用文海楼的藏版印刷。

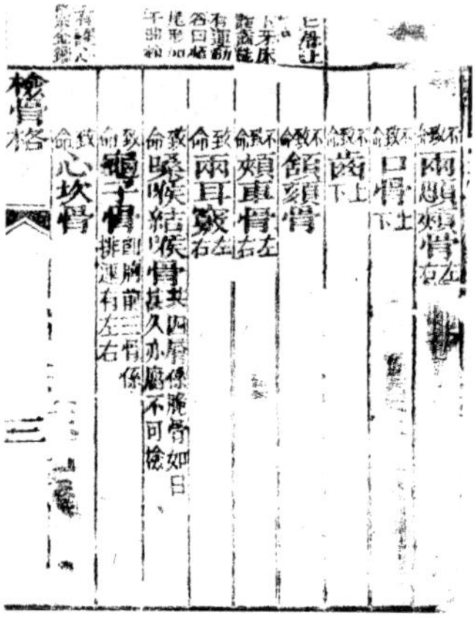

《检骨格》

12.《新版算法指明》　存版 4 块。框高 12.4 厘米，宽 17.2 厘米。半叶 10 行，行 18 字。版心白口，四周单边，单鱼尾。序言版首行下有“□□轩藏板”字样。有图。此版亦非林文堂原刻之版，也是购买他人书版而将原堂号剜去后进行印刷。刊刻时间当在晚清。

13.《感应篇·阴骘文·观音经》　存残版 2 块。内封面版框高约 18 厘米（上部缺），宽 9 厘米，四周双边，上半部竖刻“感应篇”“阴骘文”“观音经”，下半部镌一香炉，左下署“文河轩藏板”。内文框高约 18 厘米（上半部缺损约 4 厘米），宽 19.5 厘米。白口，四周单边，双鱼尾。首叶刻有“□□□□年岁次癸未仲冬月闽汀长邑沐恩弟子王汉章敬□□□壹千卷”字样。长邑应指与四堡相邻的清流长校乡。文河轩堂号，笔者询问了四堡许多老人，均不知业主是谁，族谱亦无记载，但这些版片却在林文堂后代家中，故应是林文堂所购他人之版或另立招牌印行的。

文河轩刊本《感应篇·阴骘文·观音经》

14.《□□□》卷七《逃亡》　存版1块。从内容看是占卜之书，框高8.1厘米，宽13.5厘米，是袖珍本。半叶7行，行15字，注小字双行。白口，左右双边，单鱼尾。此书版似为林文堂早期刊刻，当刊于咸丰、同治年间。

15. 书名未详　存版1块。从内容上看，系《童子问路》或《考卷问珍》之类科举书。框高15厘米，宽21厘米。半叶10行，行27字，字旁时有圈点。黑口，四周单边，无鱼尾。版心不刻书名、卷数，仅刻页数，与四堡其他书版不同，应是林文堂购买的外地书版。

（七）德新堂（邹克桢）遗存书版

邹克桢（1866—1926），邹氏上祠谱载：“公讳希尧，字柱臣。国学生。为贺发公之次子，兄弟五人。公幼习儒业，奈以家事纷繁，弃儒为贾。……由是于汀城设局售书。”① 1994年3月中旬，笔者在邹克桢曾孙邹光焕家发现所存墨盘两个，书版3块，以及旧印房一间，印房内有当年堆放印版的架子一个。据邹光焕介绍，这些东西都是曾祖父邹克桢或其上代留下的，因祖父去世早，父亲亦未刻书。从前家里存有很多书版，放满整个架子，有二三百块，后来烧毁了。我们把剩余的书版刷印成样，现简述如下：

唐詩合選詳解卷之一目次
五言古詩
述懷　魏徵
感遇二首　陳子昂
薊丘覽古贈盧居士藏用　陳子昂
感遇　張九齡
宿天竺寺　陶翰
林園秋夜作　李嶷
經下邳圯橋懷張子房　李白
子夜吳歌　李白
唐詩合選詳解〈目次　一

德新堂刊本《唐诗合选详解》

1.《唐诗合选详解》　存版2块，为卷一第五、六两叶和卷十一第七、八两叶。框高13.7厘

① 《范阳邹氏族谱》卷三十三《传文》，第95页。

米，宽 20.4 厘米。半叶 10 行，行 24 字，注释小字双行，行字数同。白口，四周单边，单鱼尾。字体镌刻工整。

2. 宁邑德新堂内封面专用版框 存版 1 块。版外框高 20.6 厘米，宽 13.1 厘米，四周单边；版内框高 15.7 厘米，宽 8.3 厘米，四周双边。内框之内全部镂空，可用于套印各种书名。这个内封面专用框正面刻龙图案，并镌“宁邑德新镌”字样；背面刻凤图案，无堂名。这种内封面专用版框在四堡尚属首次发现，刊刻精细。

德新堂内封面专用版框

上述书版及内封面专用版框，如系邹克桢所刻，当在光绪年间，那么谱传所谓“于汀城设局售书”或有出入，应是“于宁邑设局售书”。如果是邹克桢上代所传，则刊版时间更早些。谱载邹克桢父亲邹贺发、祖父邹孔泰，均曾刻书、售书，另外，其曾祖父邹满瑞之兄邹忠瑞，也是四堡当年有名的刻书者。

（八）祖述堂遗留书版

笔者曾两次到四堡考察，了解到邹龙川世系是四堡雾阁村上祠刻书大户。邹龙川的三个儿子、八个孙子均从事刻书、售书，但他刻书所用的堂号尚未查清，有人用族谱所载邹龙川的字“正望”两个字来命名，以讹传讹，给研究者带来麻烦，也给读者提供了错误的信息。后来笔者再次深入四堡考察，经多方考证，才弄清邹龙川及其长子邹子麟所用堂号为祖述堂。笔者在四堡查访得一部由祖述堂藏版、务本堂梓行（挖补后印行）的医书《保赤指南车》十卷，并找到《保赤指南车》的若干片书版，证明祖述堂、务本堂是四堡的堂铺。1992 年 11 月，福建科学技术出版社整理出版了《保赤指南车》。前言称："《保赤指南车》约于 1834 年前完稿，黄梅园、邓旒及邓焜参与校订，分为十卷刻印刊行，但数量不多，现今未能见到。其曾孙邓镠（1842—1908）应用该书治病大有效验，而于光绪庚辰年（1880）整理，由祖述堂刻版刊印，得以流传。此后务本堂有挖补再印，民间亦有临摹手抄。"但没有说明祖述堂、务本堂在何处，业主是谁。祖述堂藏版除了《保赤指南车》外，还有《四书补注备旨题诀汇参》，现简述如下：

1.《保赤指南车》　存序言版 1 块。序言版式与四堡藏本完全一样，故可认定此版为祖述堂版。框高 12.8 厘米，宽 17.2 厘米。半叶 6 行，行 18 字。白口，四周双边，单鱼尾。

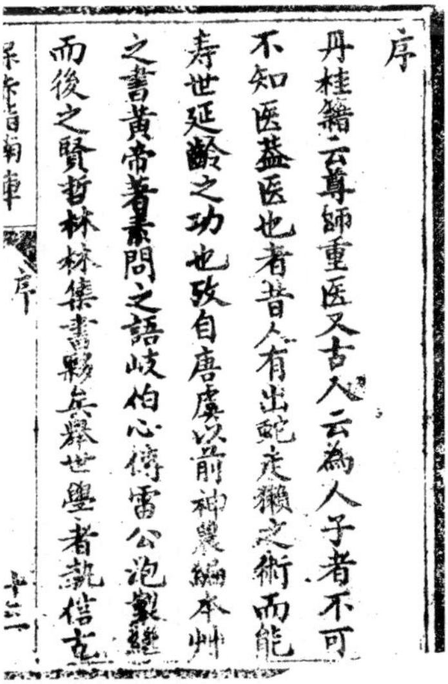

序
丹桂籍云尊師重医又古人云為人子者不可
不知医益医也者昔人有出蛇疰獺之術而能
寿世延齡之功也致自唐虞以前神農編本艸
之書黄帝著素問之語岐伯心傳雷公泡製經
而後之賢哲林林集書夥矣舉世學者孰信玄

祖述堂刊本《保赤指南车》

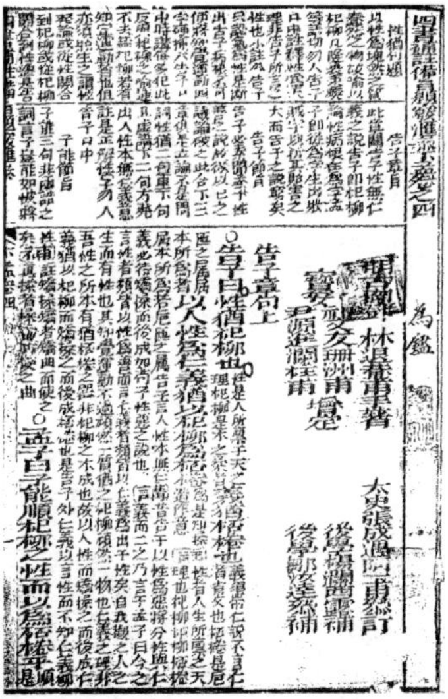

祖述堂刊本《四书补注备旨题诀汇参》

2.《四书补注备旨题诀汇参》　存版 2 块，其中 1 块残片，分别为《下孟》卷三 1 块，《下论》卷四半块。框高 21.5 厘米，宽 30 厘米。框内分上中下三栏，上栏小字，每半叶 22 行，行 6

字；中栏小字，22行，行8字；下栏正文，半叶大字11行，行30字，小字双行，行亦30字。白口，左右双边，单鱼尾。镌刻尚整齐。

查邹氏上祠谱知，邹龙川、邹子麟父子生活于清乾隆年间，据此可推知《四书补注备旨题诀汇参》可能刊于乾隆年间。为了进一步证实刊刻时间，我们还考证了此书参补者四堡邹汝达的生卒年月。查邹氏下祠《闽汀龙足乡邹氏族谱》卷十有邹汝达小传，邹汝达（21世），名廷忠，字徵赐，号汝达，生于康熙六十年（1721），卒于嘉庆十二年（1807）。这就进一步说明，该书初版于乾隆年间。

祖述堂遗留的书版远不止这二种，还需继续挖掘、收集。上述翰宝楼，是邹龙川三子邹子肇分立的一个堂号，而邹龙川次子邹子仁后裔邹火生所藏《算法》的堂号，现也已查出，叫天宝楼。就是说，天宝楼和翰宝楼都是由祖述堂分立而来的，正如马氏念兹堂、文兹堂和文林堂是由在兹堂分立出来一样。四堡家族刻书世代相传，但所用堂号经常变化，往往在四堡刻书、印书用一种堂号，在外开店售书又用另一种堂号。

邹氏下祠遗存书版

（一）翠华堂遗存书版

1994年3月中旬，笔者在四堡田茶村发现村民邹洪位藏有祖上邹完士（步蟾）清道光年间财产分关1份，其中有分授五个儿子的书版名称，合计45套（种）。同时在邹洪位老屋发现藏版5种26块，加上之前发现的《史记》1种，共6种27块。查邹氏下祠谱载：“邹完士，名步蟾，号桂林，徽猷公四子，道光六年丙戌史学宪岁试取进邑文庠生第一名，同治六年丙寅捐修府学题名配享。生乾隆五十八年癸丑，卒于光绪四年。生子五：见期、见秋、见臣、见光、见尊；女一：菊陶，适文庠生马贤佐。”[①] 当年邹完士分授儿子的书版迄今尚存 3 种 6 片，分别是《史记》《增补苏批孟子》《钦定协纪辨方书》。另外《泛梗集》《开山立向修方吉》和一种试卷版，则是邹完士之孙邹有澜手上所刻。现将 6 种书版简介如下：

1. **《史记》**　存版 1 块。框高 19.6 厘米，宽 28.2 厘米。框外天头有注，半叶 9 行，行 20 字；白口，四周单边，单鱼尾。方体字，刊刻质量颇佳。

2. **《增补苏批孟子》**　存版 3 块。框高 17 厘米，宽 26.4 厘米。半叶 9 行，行 20 字。白口，四周单边，单鱼尾。字体清晰工整。

3. **《钦定协纪辨方书》**　存版 2 块，为卷三“义例、岁刑”“奏议”两叶。此书是传统择吉之书。框高 12.4 厘米，宽 19.6 厘米。半叶 9 行，行 20 字。白口，四周双边，单鱼尾。

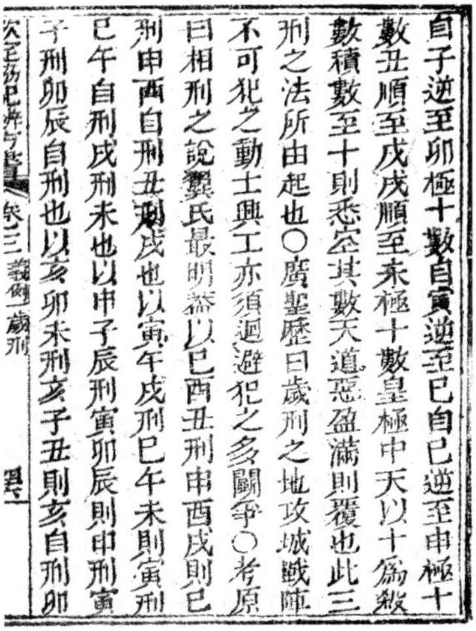
自子逆至卯極十數自寅逆至巳自巳逆至申極十
數丑順至戌戌順至亥極十數皇極中天以十爲殺
數積數至十則悉空其數天道惡盈滿則覆也此三
刑之法所由起也○廣聖歷曰歲刑之地攻城戰陣
不可犯之動土興工亦須迴避犯之多鬬爭○考原
曰相刑之說龔氏最明蓋以巳酉丑刑申酉戌則巳
刑申酉自刑丑刑戌也以寅午戌刑巳午未則寅刑
巳午自刑戌刑未也以申子辰刑寅卯辰則申刑寅
子刑卯辰自刑也以亥卯未刑亥子丑則亥自刑卯
欽定協紀辨方書　卷三　義例一　歲刑

翠华堂刊本《钦定协纪辨方书》

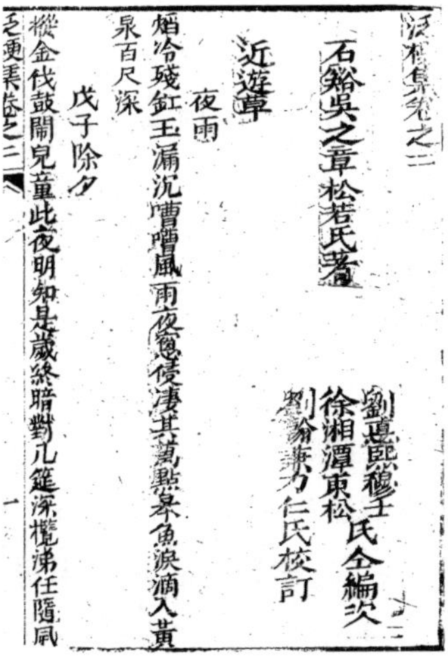
泛梗集卷之二
石谿吳之章松若氏著
劉連熙穆王
徐湘潭東松　氏仝編次
劉翁崇力仁氏校訂
近遊草
夜雨
焰冷殘釭玉漏沉嘈嘈風雨夜偏侵淒其萬點皋魚淚滴入黃
泉百尺深
戊子除夕
爆金伐鼓鬧兒童此夜明知是歲終暗對几筵深攪涕任隨風
泛梗集卷之二　一

翠华堂刊本《泛梗集》

4. **《泛梗集》**　存版 9 块。此书为个人诗文集，作者是石溪

① 《闽汀龙足乡邹氏族谱》卷十《世系》，第 23 页。

吴之章，编者为刘德熙、徐湘潭，校订者刘翰兼。框高 18.4 厘米，宽 26.5 厘米。半叶 10 行，行 24 字。白口，四周单边，单鱼尾。字体与刊刻质量比前三种差。

5.《开山立向修方吉》 存版 2 块。此书是堪舆之书，首行署“开山立向修方吉、邹有澜藏板”，框高 12.6 厘米，宽 20 厘米。半叶 8 行，行字数不等。版框无线，四角用“∟”或“┐”表示；白口，无鱼尾。版式与通常略异。

6. 四书五经试卷版 存版 10 块。似为《增补苏批孟子》默写练习册，默写部分为空白版，但行间有圈点或短点，时有“苏云十二转”“苏云十三转”字样，显然是供士子默写之用。框高 17 厘米，宽 26.4 厘米，大小与《增补苏批孟子》一样。半叶 9 行，每行可默写 20 字。空版天头位置增加一栏提示文字，从内容上看，是提示《孟子》某章、某节所批注的内容要点，要求士子在空白版中一字不漏地默写出来。这种书版在四堡尚属首次发现，与当今教辅用书颇相似。这对研究古代科举应试之书，有一定参考价值。

上述图书在分关文书中记载的有三种，可知书版刊刻时间当在清嘉庆年间。四书五经试卷版可能与《增补苏批孟子》配套，也可能由邹完士孙子邹有澜所刊。查邹氏下祠谱，知邹有澜字水源，号印波，又号萃华，生同治七年（1868），卒年不详。因此其他书版当刊刻于光绪年间。

（二）素位堂、素位山房遗存书版

四堡素位堂和素位山房，在清光绪至民国年间印售大量书籍，不仅在四堡印售，而且还在漳州府口街开设书店，店名也叫素位堂。1990 年 12 月，原龙岩师专历史科学生在四堡调查时，访问了当年在漳州开店的邹洪轩和在四堡印书的邹海成。邹洪轩年 80 岁，是素位山房业主邹作就之孙，曾在漳州素位堂卖书；

邹海成年70岁，是素位堂业主邹作礼之侄。笔者于1994年3月在四堡考察时也拜访了二位老人，他们一致认定漳州素位堂业主是邹作礼，素位山房业主是邹作就。邹海成说，他与父亲邹作胜当时只印书、卖书，没有刻书，印书所用的书版是收购来的，堂号记不清了。并说务本堂业主不是邹氏，而是马屋中桥一家。1990年，曾在漳州素位堂售书的邹洪轩的叔父邹熮成还健在，他们在邹熮成处见到素位堂一些版本，有《真草隶篆四体千字文百家姓》《初学引机》《注释序时》《精校星命新万年书》等。后来，邹荣洲先生还从四堡收购得若干书版供教学、科研之用，笔者藏有他所刷版样，但记不清是从哪家收购的。现经笔者考证，素位堂梓行过下列书版。

1. **《千字文真草篆隶》** 存残版1块。框半叶高17.8厘米，宽11.3厘米。半叶8行，行14字（实12字，上中下各4字）。白口，四周单边，无鱼尾。

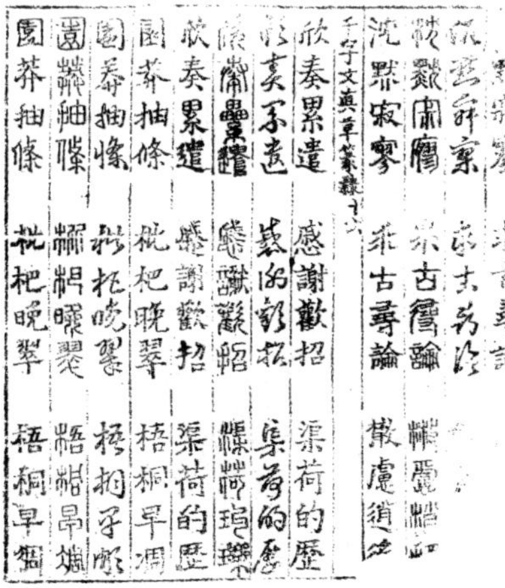
千字文真草篆隸
沈默寂寥 求古尋論 散慮逍遙
欣奏累遣 感謝歡招 渠荷的歷
園莽抽條 枇杷晚翠 梧桐早凋

素位堂刊本《千字文真草篆隶》

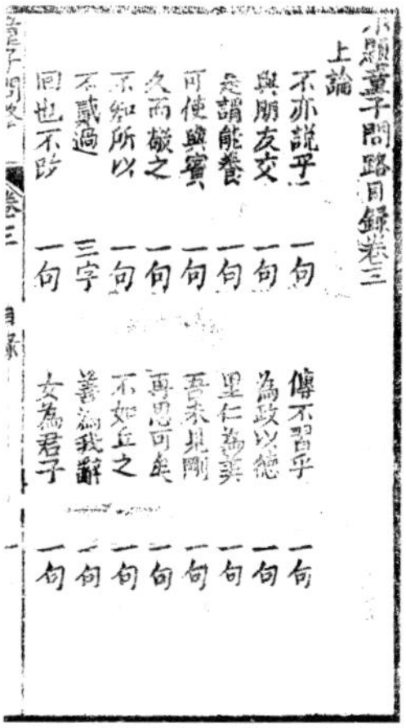
小題童子問路目録卷三
上論
不亦説乎 一句 傳不習乎 一句
與朋友交 一句 為政以德 一句
是謂能養 一句 里仁為美 一句
可使與賓 一句 吾未見剛 一句
久而敬之 一句 再思可矣 一句
不知所以 一句 不如丘之 一句
不貳過 三字 善為我辭 一句
回也不改 一句 女為君子 一句

素位堂刊本《小题童子问路》

2. **《小题童子问路》** 存版2块，为卷三目录。框高16厘米，宽18厘米。目录半叶10行，每行2个篇名。白口，四周单边，单鱼尾。以楷书镌版。

3.《**注释序诗**》　又称《注释序时》，存版 13 块，均为内文版。该书全名为“国朝注释排律序诗”。框高 12 厘米，宽 19.2 厘米。半叶 10 行，行 18 字。白口，四周单边，无鱼尾，字体甚精。

素位堂刊本《注释序诗》

4.《**初学引机**》　存版 2 块，为内文版。框高 16.2 厘米，宽 22.2 厘米。半叶 9 行，行 25 字，字旁时有圈点或注，不占行。白口，四周双边，单鱼尾。此书版原为邹子肇翰宝楼藏版，后为素位堂所购，当刻于嘉庆、道光年间。

（三）翠云堂遗存书版

翠云堂是四堡晚期书坊中规模最大的书坊之一，业主邹序恩好刻书，“家中书板汗牛充栋”，惜大部分毁于咸丰间兵燹。所遗书版不多，今存有《雷峰塔》书版一套，共 54 片，108 叶，仅缺内封面一块，这是迄今四堡所见最为完整的一套书版。笔者在四堡邹群处见到插图版一片，版刻质量尚好。据见过序文等版样的吴德祥称，《雷峰塔》为玉山主人所著，嘉庆十一年（1806）吴炳文作序，四堡翠云堂重刻于道光二十二年（1842）。字体工整清秀，仿宋体，版面清晰精致。版框高 11 厘米，宽 18 厘米。书版现存连城冠豸山风景区旅游管理处（县旅游局）。《雷峰塔》即《白蛇传》，四堡书坊曾出版过大量明清小说和戏剧故事等，《雷峰塔》的发现也是一个证明。

马氏下祠遗存书版

（一）马屋大成楼遗存雕版考

马屋大成楼后裔马振华于1993年11月1日送交四堡文化中心书版8块，分别是：《韵法入门》1块，《诗韵》1块，《双凤奇缘传》2块，《算法》3块，《幼学须知直解》1块。大成楼创办人马一鸣（1767—1827），字朝凤，号岐山，马祚礼长子。大成楼书坊创办于乾隆后期，现存风车上书写有"大成楼"字样，时间是嘉庆戊寅年（1818）。马一鸣之孙马炳芳、曾孙马传洪曾到广东开书店，堂号德文堂。马振华是马传洪之子、马一鸣玄孙，小学教员。他将藏版都刷出纸样，装订成册，现简述如下：

1. **《韵法入门》**　存内文版1块。框高17.1厘米，宽20.6厘米。半叶10行，行18字，小字双行。白口，左右双边，单鱼尾。此书约刊于清嘉庆年间。

2. **《诗韵》**　又称《试帖》，存内文版1块。框高9.5厘米，宽13厘米。框内分上下两栏，上栏大字韵法，上栏半叶5行，行8字，小字双行，行亦8字；下栏诗歌，半叶10行，行13字。白口，四周单边，无鱼尾。此书约刊于清嘉庆年间。

3. **《双凤奇缘传》**　存第五十七回书版2块。框高12.8厘米，宽18.8厘米。半叶8行，行18字。白口，四周单边，无鱼尾。内文楷体镌版。

4. **《算法》**　存残版3块。框高约16厘米，宽20.4厘米。半叶9行，行字数不等。白口，四周单边，无鱼尾。

5. **《幼学须知直解》**　存下卷第37页内文版1块。框高19.5厘米，宽22.9厘米。半叶8行，行24字，小字双行，行亦24字。白口，四周单边，单鱼尾。约刻于清嘉庆年间。

马振华先生家还藏有明崇祯十六年田契二份，一份是清流县长校乡卖予马屋马先凤的田契；另一份是马先凤再转卖给马仲金的田契。据厦门大学历史研究所曾玲教授研究，四堡于清乾隆、嘉庆时期买卖田地所遗留下的田契特别多，这也反映出四堡在清代中期刻书业特别兴盛，书坊业主获利甚丰，不少人购地建房。

（二）马屋在兹堂及其分号遗存书版

在兹堂业主马松存裔孙马贤仰先生藏有在兹堂道光十九年（1839）财产分关一份。这份分关明确记载分给儿子的财产中有各种书版107套，均写有书名，多数为儒家经典，也有小说及医书等，每部有书版数十块或数百块，总数在万块以上。这批书版百余年来大多被烧毁，所幸马贤仰先生至今仍藏有书版15块，含有3种图书，而马松存第三子马盛周文兹堂后裔马日东也藏有祖上书版9块，共2种。此外，1990年12月，原龙岩师专历史教育科也从在兹堂后代家购去部分书版，现据书版刷样简介如下：

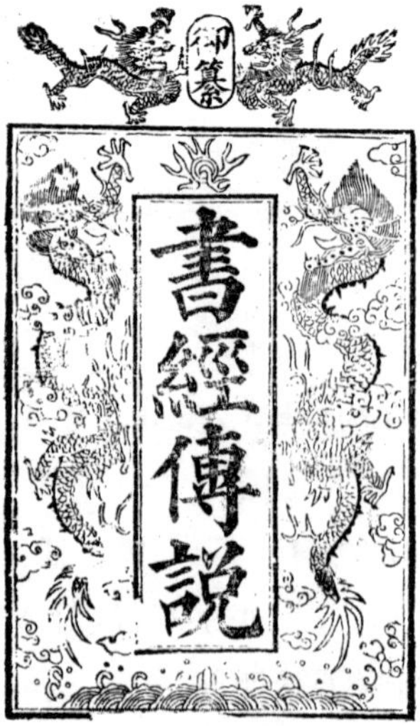

在兹堂刊本《书经传说》

1.《书经传说》　存版2块。其中内封面版1块，框高17.5厘米，宽12.5厘米。四周双边，中间大字加框刻书名，两旁镌龙，上框外还镌有两条小龙衔着“御纂”二字，整个版面精致，是四堡所见内封面版中的精品。另一块为序言版，框高18.5厘米，宽25.5厘米。四周双边，半叶6行，行13字。行书上版刻成，书法水平甚高。此书虽不见内文，但可知是清初精刻本，书版弥足珍贵。

2.**《周易折中》**　存内封面版1块，版式与《书经传说》一样，只是书名不同而已。想必还曾刻过《诗》《礼》《春秋》等五经整套书版。

在兹堂刊本《周易折中》

四書補註備旨
大學卷一

在兹堂刊本《四书补注备旨》

3.**《四书补注备旨》**　存版13块，其中《大学》卷一1块，《中庸》卷一9块，《下孟》卷三3块。框高22.2厘米，宽29.2厘米。框内分上、中、下三栏，上栏名词解释，中栏节旨，下栏正文。正文半叶11行，行32字，小字双行，行亦32字。白口，四周单边，单鱼尾。刊刻较精。

4.**《五经》**　存版2块，其中《礼记·月令》1块，《礼记·祭葬》1块。框高16.6厘米，宽23.2厘米。框内分上下两栏，上栏注音，下栏正文，半叶9行，行18字。白口，四周单边，单鱼尾。刊刻较佳。

5.**《孟子》**　存版7块，分别是卷一4块，卷二1块，卷三1块及残版1块。框高19.6厘米，宽27厘米。框内分上下两栏，上栏3.7厘米，注文；下栏正文，半叶9行，行17字，小字双行，行亦 17 字。白口，四周单边，单鱼尾。雕刻亦佳。

6. **《五经文选》**　存版 8 块，其中《书经》3 块，《易经》5 块。框高 10.2 厘米，宽 14.5 厘米，半叶 9 行，行 25 字，字旁时有圈点。白口，四周单边，无鱼尾。中缝上标书名，下标叶数、篇名。将篇名如“书经”“易经”标在版心最底部是此书版的一大特点，一般在这个位置多标堂名。

7. **《寄岳云斋诗赋》**　存版 12 块，均为内文版。框高 11.8 厘米，宽 19.5 厘米。半叶大字 8 行，小字 16 行，行 17 字。白口，左右双边，无鱼尾；此书版明显特点是：有些版面突破版框向天头凸出，即抬格书写。

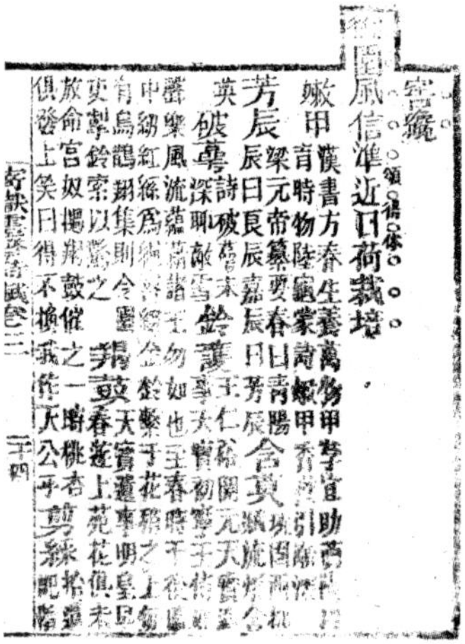

在兹堂刊本《寄岳云斋诗赋》

在兹堂刊本《乡党详说》

8. **《乡党详说》**　存版 1 块。框高 13.5 厘米，宽 20.5 厘米。半叶 10 行，行 19 字，字旁时有圈点。白口，四周双边，单鱼尾。雕刻较好，方体字，似为清乾、嘉间刊刻。

以上书版合计 8 种 45 块，只是在兹堂当年书版的极小一部分，这 8 种书版均开列于在兹堂道光十九年（1839）分关文书中。马松存（1770—1848），名萃仲，号保亭，又号辅孟。太学生，其父马履源是马屋缃山堂业主马定策之孙。缃山堂也有一份分关，是乾隆三十八年（1773）马定策之子马斯扬分授六个儿子的财产文书，载列书版 87 套（种）。由此可见上述书版当在乾、嘉年间刻成。

（三）马屋文汇楼遗存书版

四堡马屋村文汇楼业主马宽裕（1670—1750），字良容，号桂亮，是马其炳第五子。曾在广东惠州开书坊，精堪舆，著有《炉传通书》《名公应酬》《新增幼学》《催福通书》《经史典故》等书。其儿孙多承祖业刻书、售书。遗留书版由其后裔马传渭兄弟所藏，1992 年交四堡文化中心（现四堡古雕版展览馆），共计 3 种 56 块，现简述如下：

1. **《注释小题及锋集》**　存版 44 块，均为内文版。框高 16.7 厘米，宽 21.6 厘米。半叶 9 行，行 25 字，字旁时有圈点或注。白口，左右双边，单鱼尾。字体工整。

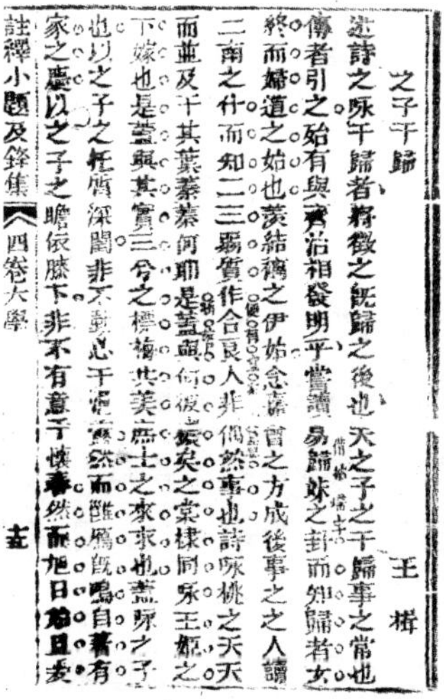
之子于歸　王楫
述詩之咏于歸者將徵之既歸之後也天之子之于歸事之常也
傳者引之始有與齊治相發明乎嘗讀易歸妹之卦而知歸者女
終而婦道之始也羡結褵之伊始念蘋蘩之方成後事之之人讀
二南之什而知二三竭質作合良人非偶然事也詩咏桃之夭夭
而華及于其葉蓁蓁何耶是蓋與何彼穠矣之棠棣同咏王姬之
下嫁也是蓋與其實三兮之摽梅共美庶士之來求也蓋咏之子
也以之子之柔質深閨非不就忌于漂然而雎鳩既鳴自有
家之慶以之子之瞻依膝下非不有意于懷春然而旭日始旦妻
註釋小題及鋒集　四卷大學　[illegible]

文汇楼刊本《注释小题及锋集》

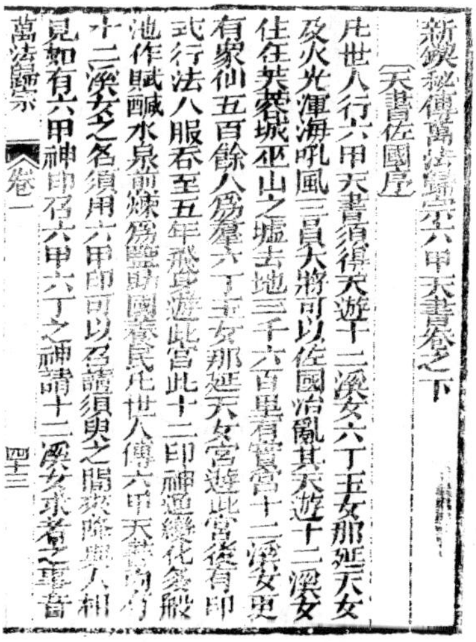
新鍥秘傳萬法歸宗六甲天書卷之下
天書佐國序
凡世人行六甲天書須得天遊十二溪女六丁玉女那延天女
及火光渾海吼風三員大將可以佐國治亂其天遊十二溪女
住在芙蓉城巫山之墟去地三千六百里有寶宮十二溪女更
有眾仙五百餘人爲群六丁玉女那延天女宮遊此宮後有印
式行法八服吞至五年飛身遊此宮此十二印神通變化參殿
池作賦醎水泉煎煉爲鹽助國養民凡世人傳六甲天書欲行
十二溪女之名須用六甲印可以召請須臾之間揆降與人相
見如有六甲神印召六甲六丁之神請十二溪女求者之事皆
萬法歸宗　卷一　四三

文汇楼刊本《万法归宗》

2. **《万法归宗》**　存版 8 块，均为内文版。卷一第 43 页首刻有“新锲秘传万法归宗六甲天书卷之下”字样。框高15.2厘米，宽22厘米。半叶10行，行24字。有配图，刻画精致。白口，四周单边，单鱼尾。字体工整。

3.**《孟子》**　存版4块，均为内文版。框高19.3厘米，宽26.5厘米。框内分上下两栏，上栏小字注文，半叶18行，行6字；下栏正文，大字9行，行17字，小字双行，行亦17字。白口，四周单边，单鱼尾。字体工整大方。

上述几种书版从镌刻字体上看，应为清初刊刻的，再从业主生卒推知，当刊刻于清康熙、乾隆时期。

（四）马屋嵩山书屋遗存书版

嵩山书屋业主马益肃（1832—1897），字克恭，又字其馨，号守谦，马伯洲长子。太学生。谱载曾贩书于湖南益阳。其后裔马步祥藏有不少书版。1990年12月，原龙岩师专历史教育科为教学需要曾购去若干书版。此外，其后裔马步先珍藏有祖上刊刻之书版，有《春秋左传杜林汇参》《礼记精华》《礼记疏义大全》《新订四书补注备旨》等。现简述如下：

1.**《新订四书补注备旨》**　简称《四书补注备旨》，存版1块，为内文版。框高22.7厘米，宽29厘米。框内分上、中、下三栏，书版上栏空白；中栏内容为“节旨”，半叶22行，行10字；下栏正文，半叶11行，行32字，小字双行，行亦32字。白口，四周单边，单鱼尾。此版与在兹堂版《四书补注备旨》最大不同之处在于正文中的“注”字或“讲”字，为求醒目，是用阴文刻的。

2.**《论语》**　存版1块，为卷一第36叶。框高19厘米，宽26.5厘米。框内分上下栏，上栏解字；下栏正文，正文半叶9行，行17字，小字双行，行亦17字。白口，四周单边，单鱼尾。

字体尚好。

3.**《孟子》** 存版 9 块，均为内文版。框高 19.2 厘米，宽 26.5 厘米。框内分上下栏，上栏解字；下栏正文，半叶 9 行，行 17 字，小字双行，行亦 17 字。白口，四周单边，单鱼尾。

从业主生卒推算，上述书版当刻于或购于咸丰、同治年间。

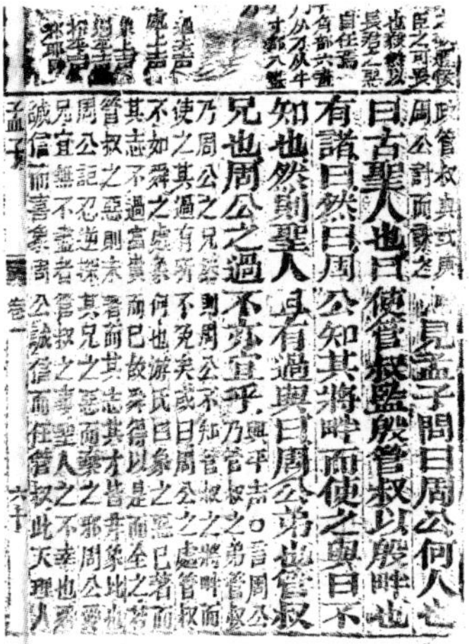

马氏嵩山书屋刊本《孟子》

（五）马氏务本堂遗存书版

《保赤指南车》一书除署“祖述堂藏板”外，又有“务本堂梓行”字样，当是务本堂借用祖述堂书版印行的，故务本堂与祖述堂不是一家。那务本堂业主是谁，又有哪些藏版呢？笔者见到务本堂印行的书有《尚书离句》和《河洛精义》两种，《尚书离句》卷首有马光序，序后署“乾隆十六年六月吉鄞江马光斯觐氏题于东溪书屋中”，并钤有马氏印两枚。鄞江即汀江，汀州别称。检马氏下祠谱世系卷，记载有马光的资料。马光字斯觐，号潜溪。太学生。生于康熙四十一年（1702），卒于乾隆三十一年（1766），生四子。马光父亲马定策，祖父马利群（权亨）都是清初四堡有名的书坊主，族谱有传。马光之弟马烈（1705—1752），字斯扬，生有六个儿子。在马烈去世后 21 年，即乾隆三十八年（1773），由其堂弟等族亲为他的六个儿子分家留有一份分关，分关中明确记载分给 6 个儿子的书版名称和数量，共达 87 副（种）。可充分说明这个务本堂是马利群家族刻书所用的堂号之一。据调查，务木堂所刊刻书版非常多，在光绪间及民国时期被四堡邹、马两氏购买或租用。雾阁邹海成印书、卖书所用的书版也有不少是从务本堂后代那里购买的。现将初步理清由别人保存，实属务本堂刊刻的书版简述如下：

1. **《幼科铁镜》**　存版 7 块，虽无内封面，不见堂名，但马烈分关中有此书名。框高 11.5 厘米，宽 19.2 厘米，半叶 10 行，行 20 字。白口，四周单边，单鱼尾。此版当刊于乾隆中期。

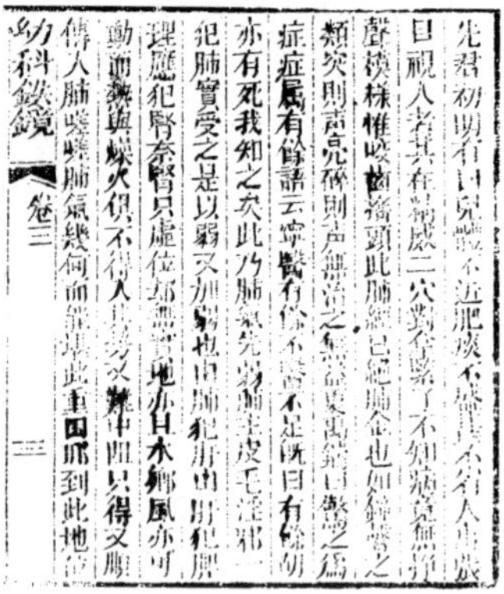

马氏务本堂刊本《幼科铁镜》

马氏务本堂刊本《四书典腋》

2. **《保赤指南车》**　存序言版 1 块。版式已在祖述堂遗存版中介绍，挖补时间当在清末民初。

3. **《四书典腋》**　存版 4 块。此版是原龙岩师专历史教育科从务本堂业主后裔家中收购的。框高 8 厘米，宽 13.8 厘米。半叶 20 行，行 26 字。白口，四周单边，单鱼尾。这是四堡迄今发现的最小书版，又是一部篇幅较大的科举工具用书，当刊于乾隆、嘉庆年间。

（六）其他尚未查明业主及堂号的书版

四堡雾阁邹恒宗先生在二十世纪六十年代从堆放在晒谷坪上准备焚毁的大量书版中，拾得两块雕版。一名《考卷问珍》，一不刻书名，但从内容看亦属“童子问路”之类应试用书，版心有“卷一认题”字样。另外，原龙岩师专邱荣洲先生寄来《四言杂字》版样 4 张，实有版 2 块，也不知是何家所刻，现将其版式特点简述如下：

1.《**考卷问珍**》　存版1块。框高18厘米，宽21.8厘米。半叶9行，行25字，字旁时有圈点或注。白口，四周单边，无鱼尾。精体写刻本，似为乾、嘉年间刊刻的。

2. **书名未详**　存版1块。框高12厘米，宽18厘米。半叶9行，行22字，注小字双行。白口，四周单边，单鱼尾。系科举应试用书，书名不详，版心镌有“卷一认题”字样。方体字，工整。

3.《**四言杂字**》　存版2块。框高12.3厘米，宽19.3厘米。半叶8行，行8字。分上下两排，中空一字并用线隔开。白口，四周单边，单鱼尾。版式、字体与邱荣洲所藏原书一致。原书作“维新楼藏板”，业主未详。字体雕刻一般，似晚清时刊刻。

4.《**诗经读本**》　存版1块，为内封面版。框高17.8厘米，宽11厘米。四周双边。竖分三栏，中栏刻书名“诗经读本”，右栏上刻“道光乙未新镌”字样，左栏下刻“敬业堂藏板”。书版系邹氏业主所有，未详何人。

5.《**算法**》　存版2块。框高14厘米，宽17.3厘米。半叶9行，行20字。白口，四周单边，单鱼尾。未详刊刻者及印行时间。书版现藏四堡邹火生家，可认为是邹火生祖上所刻，即邹龙川后裔刻本，刊刻时间当在清嘉庆以后。

上述79种遗存书版（有8种只存内封面版，实71种），四周单边者50种，约占70.42%；四周双边或左右双边者21种，约占29.57%。版心白口者69种，占97.18%；黑口者2种，约占2.81%。版心单鱼尾者53种，约占74.64%；双鱼尾者3种，约占4.22%；无鱼尾者15种，约占21.12%。版面分上下两栏或上中下三栏者21种，约占29.57%。

由此可见，四堡雕版以四周单边、版心白口、单鱼尾者居多，这是四堡雕版版式的明显特点，对识别四堡刻本有一定帮助。另从雕版版框大小来看，一般高约15厘米，宽约20厘米，每半叶约10行，行约20字，行格比较拥挤，字小行多，版面疏朗美观、字大如钱者很少。字体多为方体，内文写刻的书版不多。笔者亲见版心黑口者有两家，均为手写上版，字体美观。

从雕版选材来看，一般多为枣木、梓木、梨木和小叶樟等。其中梓木又称白楠木，质地好且硬度适中，适于雕刻书版。枣木较为坚硬，质地紧密；梨木硬度适中，纹理细滑。但是，以上几种木材四堡较少，故多选用当地小叶樟做版材。小叶樟虽然没有枣、梨等材质好，但在当地分布很广，因此四堡雕版用材以小叶樟居多。

另外，从刊刻质量来看，以早中期刊刻质量好，晚期刊刻质量差；大书坊刊刻质量较好，中小书坊刊刻质量相对差一点。比如马屋早中期书坊缃山堂、务本堂和在兹堂，属马定策家族，遗留至今的书版虽然数量不多，但质量上乘。《书经传说》《周易折中》两书内封面版精雅美观，是为清初精刻之本。《四书补注备旨》《乡党详说》等，版面宽敞、字体疏朗、质量上乘。又如邹葆初崇德堂清初刻《元亨疗牛集》是用明末所刊《咏物诗选》书版的背面刻成。版材质量好，应是枣木。《咏物诗选》行书手写上版，字体宛转秀丽，版心黑口，与众不同，可能是邹葆初清初从广东兴宁书坊带回的书版。此外，中田屋马定邦、子仁屋邹子仁所遗书版质量也都还不错。

二、四堡书坊的书籍遗存

遗存版本实录

四堡雕印的书籍以实用和通俗见长，大体可分为幼学启蒙读物、儒家典籍、课艺应试用书、医书、通俗小说、诗词、日常应用读本以及堪舆、筮卜、星算十类。四堡版刻读物均为坊刻本，虽然流布很广，从前并不为官家、藏书家所重，各大图书馆收藏也很少。当地书坊业主后代收藏的大量书版和图书，多焚毁于二十世纪六七十年代，但仍有一些视祖业遗产为生命者，保存了一些刻本。

1992 年 3 月以来，笔者曾多次前往四堡实地考察，挨家挨户收集四堡所刻书籍和书版，收获颇丰。现将四堡遗存版本调查分为八大类，共计 125 种；其中有版有书者 80 种，无版有书者 45 种。另外，从已发现的 6 份分关文书和嘉庆间萃云堂（翠云堂）书坊为族人提供刻书购纸而编制的书单及当年售书账本中，我们发现了更多的书籍品种。其中务本堂（马斯扬）乾隆三十八年（1773）分关中载分授各房书版 87 套（种），在兹堂（马松存）道光十九年（1839）分关中载分授各房书版 107 套（种），翼经堂（马益保）道光年间分授各房书版 79 套（种），万卷楼（邹邦钰）光绪二十三年（1897）分关中载分授各房书版 17 套（种），大文堂（邹允藩）光绪二十三年（1897）分关中载分授各房书版 31 套（种），萃华堂（邹完士）道光年间分关中载分授各房书版 48 套（46 种）。以上 6 份分关共见书籍 367 种。翠云堂书单共有 860 种。另外。未作版本记录的还有 132 种。以上各项相加，已达 1484 种之多，除去重复之外，四堡目前有据可查的书籍已经超过千种。

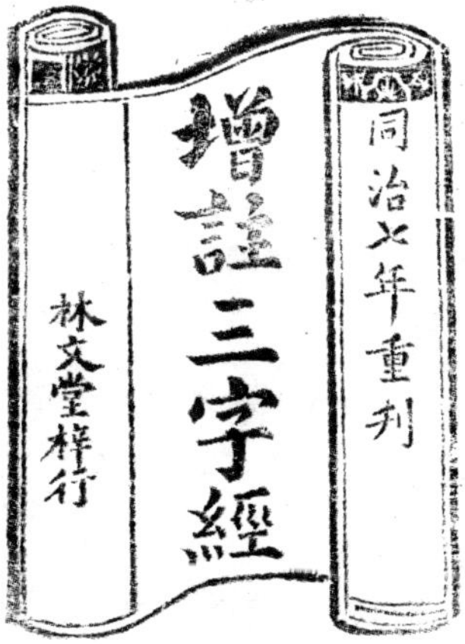

林文堂刊本《增注三字经》

现据版本记录、书版刷样和当地族谱等资料，仅对笔者调查所得 125 种版本进行分类并考证，简述如下。

（一）幼学启蒙读物

1. **《增注三字经》**　清同治七年（1868）四堡邹氏林文堂重刊本，详见“书版遗存”。书版 5 块，现藏四堡古雕版印刷展览馆。

2. **《新增刻百家姓》**　连邑五美轩“丁亥秋月新镌”本，详见“书版遗存”。书版5块，现藏四堡古雕版印刷展览馆。

3. **《新刻增补百家姓》**　四堡楼外楼刻本，详见“书版遗存”。此书虽无刻印时间，但楼外楼刊刻的《千字文》却有“丁卯桂月”字样，盖为清同治六年（1867）丁卯刻本，此书亦同时所刊行者。书版2块，现藏四堡古雕版印刷展览馆。

4. **《千字文》**　四堡楼外楼“丁卯桂月”刻本，详见“书版遗存”。书版6块，现藏四堡古雕版印刷展览馆。

5. **《真草篆隶千字文百家姓》**　四堡素位堂刻本，详见“书版遗存”。残版1块，现藏四堡邹春良处。原书封面署有“邹熚成”三字，盖是其旧藏。检邹氏族谱，邹熚成生于光绪二十六年（1900），其伯父邹元哲，同治、光绪间主持素位堂刻书，可认定此书刻于同治、光绪年间。

6. **《新刊训蒙六字经》**　四堡广秀堂刻本，详见“书版遗存”。书版8块，原由林文堂后代邹存柱收藏，现藏四堡古雕版印刷展览馆。

7. **《新刻训蒙六字孝经》**　清宣统己酉年（1909）四堡林文堂刻本，详见“书版遗存”。书版7块，现藏四堡古雕版印刷展览馆。

8. **《开蒙初学论世文》**　又名《第一先》，汀城同日新刻本，详见“书版遗存”。书版5块，现藏四堡古雕版印刷展览馆。

9. **《四言杂字》**　清同治乙丑年（1856）四堡邹氏林文堂刻本，详见“书版遗存”。书版13块，现藏四堡古雕版印刷展览馆。

10. **《增广正文》**　四堡邹氏林文堂刻本，详见“书版遗存”。书版11块，现藏四堡古雕版印刷展览馆。

11.《新刊大字分句贤文》　清光绪二年（1876）四堡邹氏林文堂刻本，详见“书版遗存”。书版 7 块，现藏四堡古雕版印刷展览馆。

12.《蒲编堂训蒙草》　清道光丁酉年（1837）四堡邹氏文海楼刻本，详见“书版遗存”。书版 9 块，现藏连城新泉革命纪念馆，原书藏四堡文海楼业主后裔邹日升处。

13.《初学字辨》　清光绪丙子年（1876）四堡马氏维经堂刻本。版框半叶高 13.8 厘米，宽 9.4 厘米。内文分上、中、下三栏，上、中栏半叶 5 行，每行一个大字，一个注音加一个词组；下栏 8 行，行 12 字。白口，四周双边，单鱼尾。全书上下卷合订一册，共 112 页，原书现藏马屋马玉山家。

14.《四言》　四堡维新楼藏版，详见“书版遗存”。书版 2 块，现藏四堡雕版印刷展览馆，原书存原龙岩师专邱荣洲处。

15.《初学引机》　邹子肇翰宝楼藏版，素位堂刊行本，详见“书版遗存”。书版 2 块，现藏原龙岩师专历史教育科。该书散叶 12 张，现藏龙岩师专邹荣洲先生处。

16.《新增幼学故事琼林》　四堡马氏本立堂藏本，邹氏翠云堂刊行本。全书四卷，编者为西昌程允升，增补者是四堡雾阁邹圣脉，参订者有清溪谢梅林及邹圣脉长子邹可庭。前有仿邹圣脉手书序言，序末署“时嘉庆元年岁在丙辰仲春上浣雾阁邹圣脉梧冈氏书于寄傲山房”字样，说明此书刊于清嘉庆元年（1796）之后。查邹氏下祠谱，邹圣脉字宜彦，号梧冈。生于康熙三十年（1691），卒于

本立堂刊本《新增幼学故事琼林》

乾隆二十六年（1761）。因此，邹圣脉不可能在嘉庆元年（1796）写序，这应是本立堂业主的伪作。查邹氏下祠谱，翠云堂在嘉庆年间业主为邹光龙（1765—1832），其曾祖邹圣瑞是邹圣脉的胞弟。因此，借用本立堂藏版刊印邹圣脉的著作是顺理成章的，然为了打开该书的销路，在封面上印出“邱琼山先生原本”的旗号，又伪造邹圣脉手书序，改易撰序时间反露了马脚。不过此书实为蒙学经典读物，历代都有翻印本，近年还多次重印。

该本内封面框高17.3厘米，宽13.2厘米，四周双边。竖分三栏，中栏刻书名“新增幼学故事琼林”，右栏上刻“邱琼山先生原本”，左栏下署“本立堂藏板”。内文框高19厘米，宽28厘米。半叶分上下两栏，上栏10行，行6字，下栏10行，行26字，小字双行，行亦26字。白口，左右双边，单鱼尾。原书现藏四堡邹洪勋家。

17.**《幼学须知直解》**　四堡马屋大成楼藏版本，详见“书版遗存”。书版1块，现藏大成楼业主马一鸣后裔马振华处。

（二）儒家典籍

1.**《下论离句》**　四堡邹氏应文堂藏版本，详见“书版遗存”。书版3块，现藏四堡古雕版印刷展览馆。知应文堂业主邹殿试，生于嘉庆十四年（1809），卒于光绪二十年（1894），故此书当刻于道光中期。

2.**《上论离句》**　四堡邹氏应文堂藏版本。与《下论离句》字体、版式均相同，有未装订书叶整本，共29叶，现藏原龙岩师专历史科邱荣洲处。

3.**《大学离句》**　四堡邹氏应文堂藏版本，详见“书版遗存”。书版1块，现藏四堡古雕版印刷展览馆。

4.**《尚书离句》**　清乾隆十年（1745）四堡马氏务本堂刻本。全书共6卷，分订二册，湘潭刘梅坨先生鉴定，仁和钱在培先生辑解。框高 29.5 厘米，宽 28.2 厘米。半叶 10 行，小字双行，行 24 字。白口，四周单边，单鱼尾。此书序末署“乾隆十年六月吉鄞江马光斯觐氏题于东溪书屋中”。原书现藏四堡邹从松家。

5.**《五经》**　四堡马氏在兹堂刻本，详见“书版遗存”。书版 2 块，现藏在兹堂后裔马传绪家。

6.**《五经》**　清咸丰同治间四堡邹氏林文堂刻本，详见“书版遗存”。书版 72 块，现由四堡邹氏林文堂后裔邹存柱交四堡古雕版印刷展览馆。

7.**《书经传说》**　四堡马氏在兹堂刻本，详见“书版遗存”。书版 2 块，现藏四堡马屋马贤仰家。

8.**《周易折中》**　四堡马氏在兹堂刻本，详见“书版遗存”。书版 2 块，现藏四堡马屋马贤仰家。

9.**《诗》**　四堡益友堂刻本。书缺封面，内文框高 18.4 厘米，宽 25.6 厘米。半叶分上下栏，上栏注音；下栏正文，半叶 9 行，小字双行，行 17 字。白口，左右双边，无鱼尾。此书现存卷二、卷四、卷六，藏四堡邹为鉴家。

10.**《礼记精华》**　四堡马氏嵩山书屋道光间刻本。莘田汪基（警斋）、云湾江永（春斋）、芷园吴云垗（时祥）同订。框高 20.2 厘米，宽 26.8 厘米。框内上下栏，上栏小字注解；下栏半叶 9 行，行 18 字。白口，四周单边，单鱼尾。版心下镌“嵩山书屋”四字。查四堡《马氏大宗谱》，嵩山书屋主人马克恭生于道光十二年壬辰（1832），卒于光绪丁酉年（1897），嵩山书屋创办于道光年间。原书现藏马步先家。

11.**《礼记疏义大全》**　清道光间四堡马氏嵩山书屋刻本。黄同秦（继宗）集。框高 20 厘米，宽 26.8 厘米。框内分上下两栏，上栏小字注解；下栏半叶 11 行，行 19 字，小字双行。白口，四周单边，单鱼尾。此书卷十七，现藏马步先家。

12.**《春秋左传杜林汇参》**　谦亭、周正思合纂，四堡马氏嵩山书屋道光间刻本。框高 20 厘米，宽 29 厘米。四周单边，框内分上下栏，上栏小字注解；下栏每半叶 11 行，行 19 字，小字双行。白口，单鱼尾。版心下镌“嵩山书屋”四字。此书现存第二十卷一册，藏马步先家。

13.**《五经文选》**　四堡马氏在兹堂刻本，详见“书版遗存”。在兹堂道光十九年分关中列有此书名，书版 8 块，原龙岩师专历史教育科从在兹堂后裔手中购藏。此书大约刊于道光初期。

14.**《诗经读本》**　清道光乙未年（1835）四堡邹氏敬业堂刻本。详见“书版遗存”。书版 1 块，现藏四堡古雕版印刷展览馆。

15.**《四书补注备旨》**　四堡马氏在兹堂刻本，详见“书版遗存”。书版 13 块，原藏马氏在兹堂后裔马贤仰家，现藏四堡古雕版印刷展览馆。

16.**《四书补注备旨题诀汇参》**　四堡邹氏刻本，详见“书版遗存”。原书共四卷订四册，藏四堡邹从松家。书版 2 块，现藏四堡邹子麟后裔处。

17.**《四书正文》**　全称《天宝楼校正监韵分章分节四书正文》，四堡邹氏天宝楼刻本。框高 16.5 厘米，宽 23 厘米。半叶 10 行，行约 19 字（因书残）。白口，四周单边，单鱼尾。现存一册，藏四堡邹从松家。邹从松为翰宝楼业主邹子肇后代，天宝楼业主邹子仁则是邹子肇之兄。邹子仁（1755—1827），名孔爱，号静庵。由其生卒可推知此书约刻于乾隆、嘉庆年间。

18.**《四书典腋》**　四堡马氏务本堂刻本，详见“书版遗存”。书版 4 块，现藏原龙岩师专历史教育科邱荣洲处。

19.**《新订四书补注备旨》**　四堡马氏嵩山书屋藏版本，详见“书版遗存”。原书存《下论》卷三一册，现藏四堡马屋嵩山书屋后裔马步先处。书版1块，现藏后裔马步祥处。

20.**《论语》**　四堡马氏嵩山书屋藏版本，详见“书版遗存”。现有原书散叶4张，书版1块，1990年12月，原龙岩师专历史教育科从马克恭后代马瑞土处收藏。

21.**《孟子》**　四堡马氏嵩山书屋藏版本，详见“书版遗存”。原书散叶镌有“折桂马氏藏板”字样。书版9块及散叶现藏原龙岩师专历史教育科。

22.**《四书正文·下孟》**　首叶刻“文海楼较正监韵分章分节四书正文”，下署“汀城文海楼新藏板”字样，即四堡邹氏文海楼光绪间刻本。框高15.7厘米，宽20.6厘米。半叶分上下两栏，上栏19行，行5字；下栏10行，行19字。白口，四周单边，单黑鱼尾。此书与天宝楼本略有不同，应视为两种版本。原书1册，现藏四堡古雕版印刷展览馆。

23.**《上孟》**　四堡邹氏应文堂藏版本，详见“书版遗存”。书版1块，现藏闽西博物馆。而书版是四堡应文堂后代提供的，故可认定此书为应文堂道光中期所刊。

24.**《史记》**　四堡邹氏萃华堂藏版本，详见“书版遗存”。经考证，萃华堂业主邹完士，生于乾隆五十八年（1793），卒于光绪四年（1878），故知此书当刊于道光年间。书版1块，现藏四堡邹洪位家；散叶2叶，现藏原龙岩师专邱荣洲处。

25.**《增补苏批孟子》**　四堡邹氏萃华堂藏版本，详见“书版遗存”。初步认定，此书应刊于清嘉庆年间。书版3块，现藏四堡邹洪位家；散叶1叶，现藏原龙岩师专邱荣洲处。

26.**《二论串文备旨》**　又称《二论引端》，四堡震记萃古林刻本。封面上端横镌“冯太史鉴定”，竖分三栏，中栏刻书名，右栏上刻“香园夏荣斋手辑”，左栏下刻“震记萃古林新镌”。该书序言后署“乾隆四十一年岁次甲寅仲冬之吉旦，同里年家宗弟修桂月拜手书”。内文版框高15.7厘米，宽22.4厘米。序文半叶9行，行26字；正文半叶10行，行36字，小字双行，行亦36字。白口，四周单边，单鱼尾。版心下端刻“桂月”二字。原书存上册一册，现藏四堡邹嵩彦后裔处。

27. **《增补监略》**　四堡马氏刻本。封面内文首页首行刻“增补监略二卷”，第二行上刻“明内阁李廷机九我先生原本”，下刻“闽中马裕良容甫辑”。框高20.3厘米，宽26.4厘米。半叶9行，行28字，小字双行，行亦28字。白口，左右双边，单鱼尾。查马氏下祠谱世系，马裕（马宽裕），马其炳第五子，字良容，号桂亮，生于康熙九年（1670），卒于乾隆十九年（1754），是马屋著名书坊文汇楼的创办人，故知此书当刻于清康熙、乾隆间。原书存一册，现藏四堡邹洪勋家。

28. **《监本易经》**　框高15.2厘米，宽23厘米。内文半叶分上下栏，上栏为小字注，18行，行3字；下栏正文半叶9行，行18字。白口，四周单边，单鱼尾。现存残书一册，藏四堡邹嵩彦后裔处。查邹氏下祠谱，邹嵩彦，名圣耀，号锦亭。生于康熙五十七年（1718），卒于乾隆五十四年（1789），曾设瑞文堂印书，从而推知此书当刊于清乾隆年间。

29. **《菜根香四子书》**　清道光辛丑年（1841）四堡马屋马氏在兹堂刻本。原龙岩师专历史教育科于1990年12月在四堡调查时，记有该书封面样式，封面上端横书“道光辛丑年镌”。竖分三栏，中栏刻书名“菜根香四子书”，左栏下刻“在兹堂藏板”，右栏上刻“洪武正韵”。内文版框规格没有记录。

（三）医药类图书

1. **《神农本草经读》**　四堡邹氏素位堂刻本。原书四卷并附录，分订四册，著者福建长乐陈修园。素位堂创办人邹允哲(1832—?)，生活于清道光至光绪年间，故可推知刊刻时间当在光绪年间。框高 11.2 厘米，宽 16.8 厘米。半叶 8 行，行 16 字，小字双行，行字同。白口，四周单边，单鱼尾。原书现藏四堡古雕版印刷展览馆。

2. **《御纂医宗金鉴》**　存卷二、卷三、卷七、卷六十三、卷六十五、卷六十七、卷六十九、卷七十一、卷七十三、卷七十五十册。卷六十三至卷七十五为外科卷，外科卷有内封面，内封面雕龙，中刻书名“医宗金鉴外科”。序后署“乾隆七年十二月十五日”。原书框高 11.4 厘米，宽 20 厘米。半叶 10 行，行 24 字。白口，四周单边，单鱼尾。外科卷多镌有人体图，刊刻精美。刊印堂铺待考。原书藏四堡邹火生家。

3. **《增补药性赋》**　存书一册。内封面竖分三栏，中栏刻书名“增补药性赋”，右栏上刻“太医院原本”，左栏下刻“内附珍珠囊，□□□藏板”，堂号被挖去，盖系转购他人之书版。原书框高 16 厘米，宽 20.8 厘米。框内分上下栏，上栏每半叶 13 行，行 8 字；下栏每半叶 13 行，行 14 字。白口，四周单边，单鱼尾。刊刻较差，从字体来看，应为清末刻本，刊刻堂铺待考。原书一册，藏四堡邹火生家。

4. **《医方捷径》**　存书一册，不见内封面。内文框高 16 厘米，宽 20.8 厘米。框内分上下栏，上栏半叶 13 行，行 8 字；下栏半叶 13 行，行 20 字。白口，四周单边，单鱼尾。版式与《增补药性赋》相似。原书一册，藏四堡邹火生家。

5. **《灵素集注节要》**　全书共十二卷，分订四册，存后三册。本书系长乐名医陈修园集注，其子陈元犀参订，其孙陈心典、陈心兰校字。原书框高15.8厘米，宽21.6厘米。半叶8行，行18字，小字双行，行字同。白口，四周双边，单鱼尾。此书缺首册，不详刊刻者堂名。

6.**《医方药性合篇》** 四堡邹氏谦受堂刻本。全书上下卷两册，仅见一册，内封面有“济世金针”“医方药性合编”“谦受堂藏板”等字样，内文首页刻“太医院增补青囊药性赋直解卷之上”。这里的谦受堂，经考证是四堡刻书大户邹龙川孙子邹际虞（元暄）所用堂号，刊书时间约在清道光初年。原书框高14厘米，宽19.6厘米，框内分上下栏，半叶12行，上栏行10字，下栏行17字。白口，四周单边，单鱼尾。

谦受堂刊本《医方药性合编》

7.**《验方新编》** 清光绪九年（1883）震记萃古林刻本。全书共八卷，订八册，现存有七册。内封面刻有“震记萃古林梓”“光绪癸未年镌”字样。框高11.5厘米，宽19.6厘米。半叶12行，行20字。白口，左右双边，单鱼尾。书现藏四堡邹维桢家。

8.**《增补药性雷公炮制》** 二卷订一册，不见内封面，序署“顺邑张光斗题于继善堂”。框高13厘米，宽19.6厘米。半叶9行，行23字。白口，左右双边，单鱼尾。刊刻者及刊刻时间待考。书现藏四堡古雕版印刷展览馆。

9.**《活幼心法大全》** 全书九卷，合订一册。不见内封面，但内文首叶署“明清江聂尚恒著、清江宁周京辑”，序署“康熙十五年岁次丙辰嘉平望日向山堂夕惕主人周京雨郇氏叙”，旁另行镌“向山堂命男国宾有客楼梓”，知此书首刊者为向山堂有客楼。框高 19 厘米，宽 27.2 厘米。半叶 9 行，行 21 字。白口，左右双边，单鱼尾。版心下镌“向山堂”。全书刻印精良，为清前期刻本。

10. **《医学心悟》**　四堡邹氏林文堂藏版本，详见“书版遗存”，是林文堂购藏的他家书版。书版 1 块，现藏四堡古雕版印刷展览馆。

11. **《保赤指南车》**　四堡邹氏祖述堂藏版。清光绪庚辰年（1880）马氏务本堂梓行本。全书十卷，前五卷为“临症痳痘新书”，后五卷为“内外科集症”。封面上端横刻“光绪庚辰新镌”；竖分三栏，中栏刻书名“保赤指南车医书”，右栏上刻“邓乐天集著”，左栏下刻“祖述堂藏板”。后五卷封面刻有“务本堂梓”，可见此书为务本堂刊于 1880 年。存书版 1 块、原书 1 部，现藏四堡古雕版印刷展览馆。

12. **《幼科铁镜》**　四堡马氏务本堂藏版本，详见“书版遗存”。书版 7 块，现藏四堡古雕版印刷展览馆。

13. **《检骨格》**　四堡邹氏林文堂租用文海楼藏版，详见“书版遗存”。

14. **《太医院增补青囊药性赋直解》**　书分《药性赋》和《医方捷径》两篇，合订一册。框高 16.8 厘米，宽 21 厘米。框内分上下栏。《药性赋》上栏半叶 13 行，行 7 字；下栏 10 行，分两列，上下各 7 字。《医方捷径》上栏半叶 12 行，行 8 字；下栏 9 行，行 20 字。白口，四周单边，单鱼尾。此书刊刻不精，字体拙劣，体例不统一，为四堡坊刻劣本，刊刻时间当在晚清。刊印堂铺待考，书藏四堡古雕版印刷展览馆。

15. **《元亨疗牛集》**　四堡邹氏崇德堂刻本，详见“书版遗存”。崇德堂是四堡书坊创始人之一邹葆初所用堂号，创设于清康熙初，此书无具体刊刻时间，但为四堡书坊早期刻本是无疑的。书版 15 块，现藏四堡邹式善家。

（四）日常实用读本

1. **《人家日用》**　清宣统二年（1910）四堡邹氏林文堂刻本，详见“书版遗存”。书版 5 块，现藏四堡古雕版印刷展览馆。

2. **《新刻居家必用杂字》**　四堡邹氏应文堂藏版本，详见“书版遗存”。书版 10 块，现藏四堡古雕版印刷展览馆。

3. **《增补应世便书表文通用》**　四堡邹氏应文堂藏版本，详见“书版遗存”。另见原书，知是益发堂刊。书版 44 块，原藏应文堂后裔邹式涌处，现藏四堡古雕版印刷展览馆。

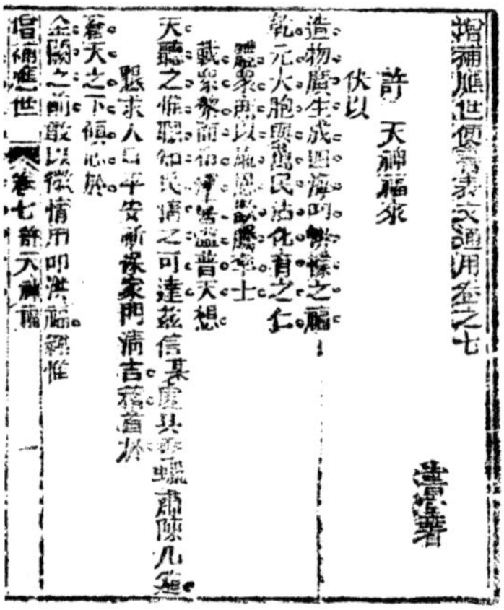
許 天神福家
伏以

“书堂著”《增补应世便书表文通用》

4. **《应世便书》**　四堡益友堂刻本。存卷三、卷四一册。编者为书堂李登贤，汇订者是李登贤儿子李上兆。书末刻有“书堂李登贤辰庚”字样。框高 12.2 厘米，宽 20 厘米。半叶 10 行，行 22 字，个别行字不等。白口，单鱼尾。

5. **《正字通》**　四堡枕松堂藏版本。全书以地支分为 12 集。内封面竖分三栏，中栏刻书名“正字通”，右栏上刻“廖百子先生原本”，左栏下刻“枕松堂藏板”。正文首叶有“宣城梅膺祚诞生原本，长洲韩荚慕庐参订”字样。又见康熙乙酉年（1705）韩荚撰序。框高 17.8 厘米，宽 26 厘米。半叶 9 行，行 32 字，小字双行，行亦 32 字。白口，四周单边，单鱼尾。枕松堂为四堡马屋在兹堂业主后裔所用堂号。原书一套，现藏四堡邹从松处。

6. **《正字通》**　四堡邹氏培德堂刻本。全书以地支分为12集，分订十册。内封面竖分三栏，中栏刻书名“正字通”，右栏上刻“长洲汪份曹先生增订”，左栏下刻“培德堂梓行”。内封面上端横刻“梅诞生先生原本”。卷首首叶第二行刻“宣城梅膺祚诞生音释、长洲汪份武曹增补”，卷六巳集、卷十三戌集正文首页刻“宣城梅膺祚诞生音释、星聚楼增定”字样。框高13.6厘米，宽20.4厘米。半叶8行，行16字。白口，四周单边，单鱼尾。卷首有汪份撰序言，署“时康熙己亥暮春”。培德堂版《正字通》与枕松堂版《正字通》是两种不同的版本，此书首刊于明万历四十三年（1615），清代多有翻刻本，另有一种是原龙岩师专89级学生在四堡考察时发现的由邹氏崇经堂印行的《正字通》，这也是宣城梅膺祚音释、星聚楼校订本。星聚楼当是江西金溪浒湾镇书坊。四堡书商与浒湾书商之间有着密切的联系和接触。培德堂是四堡邹氏下祠邹仁声及其子孙刻书所用堂号之一。

7. **《新刻算法指明》**　四堡林文堂藏版本，详见“书版遗存”。四堡书版时有堂名被削情况，这是因书版买卖易主造成的，该书版亦然。书版4块，原藏邹氏林文堂后代邹存柱家，现藏四堡古雕版印刷展览馆。

8. **《算法》**　详见“书版遗存”。书版2块，现藏邹火生处。

9. **《算法》**　四堡大成楼藏版本，详见“书版遗存”。书版3块，原藏马屋大成楼后裔马振华家，现藏四堡古雕版印刷展览馆。

10. **《算法撮要》**　清光绪二十四年（1898）刻本。存书一册，不见内封面，内文首叶有“光绪二十四年戊戌春月新刻”字样。框高12.4厘米，宽20.2厘米。半叶8行，行23字不等。白口，四周单边，单鱼尾。书藏四堡邹氏万卷楼后代家，可能为万卷楼所刊。

11.《康熙字典》　清道光七年（1827）刻本。全书订十册，版心均刻有“道光七年奉旨重刊”字样。框高 12 厘米，宽 18.6 厘米。半叶 8 行，行 12 字，小字双行，行 24 字。黑口，四周双边，双鱼尾。方体字，刊刻颇佳。原书三册，现藏马氏缃山堂后裔马元生家。四堡书坊刻《康熙字典》是有文献记载的，一是在兹堂道光十九年（1839）分关文书中有“道光字典”名称，即道光七年（1827）刻的《康熙字典》；二是邹氏文海楼后代所藏光绪年间售书账本，其中有出售《康熙字典》的数量及收入等。

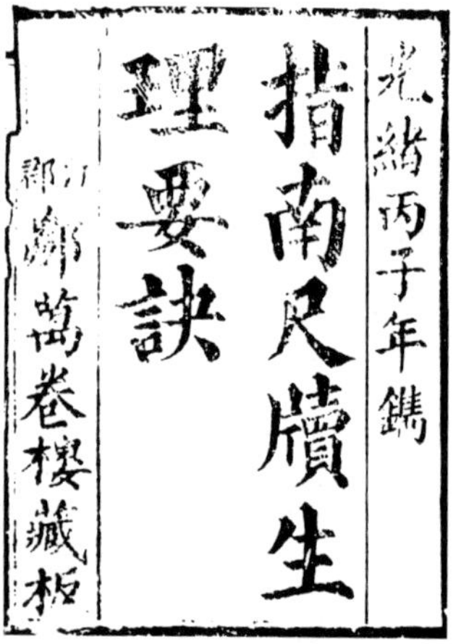

万卷楼刊本《指南尺牍生理要诀》

12.《指南尺牍生理要诀》　清光绪二年（1826）四堡邹氏万卷楼刻本。全书四卷，合订一册。内封面竖分三栏，中栏刻书名“指南尺牍生理要诀”，右栏上刻“光绪丙子年镌”，左栏下刻“汀郡邹万卷楼藏板”。框高 12 厘米，宽 19.6 厘米。半叶 8 行，行 20 字。白口，四周单边，单鱼尾。原书藏四堡邹氏万卷楼后裔邹群文家。

13.《对联大全》　存书卷三、卷四，合订一册。编者为“龙足邹屏翰”。查邹氏下祠谱，邹屏翰名邹家宪，又字序上，号式辟。生于嘉庆元年（1796），卒于光绪十三年（1887）。龙足即四堡雾阁。原书框高 11.8 厘米，宽 18 厘米。半叶 8 行，每行上下各 7 字。白口，四周单边，单鱼尾。据作者生卒推知，此书当刊于清道光年间。原书一册现藏四堡邹火生家，福建省图书馆亦有藏本。

14.《采辑新联图章佳句》　天福堂藏版本。存第四集一册。内封面竖分三栏，中栏书名左下角刻有“天福堂藏版”字样，右

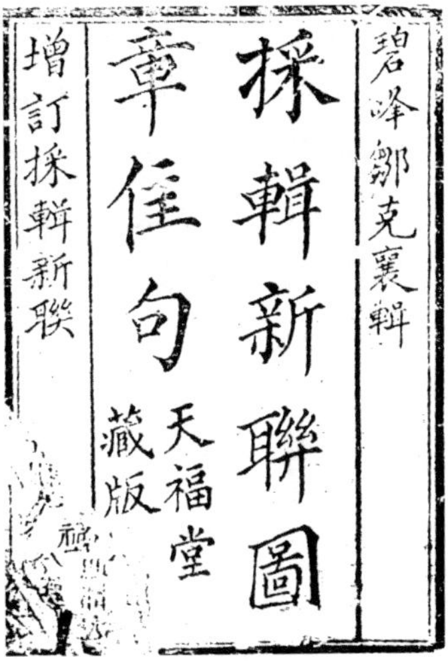

天福堂刊本《采辑新联图章佳句》

栏上刻“碧峰邹克襄辑”，左栏刻“增订采辑新联”。框高12.9厘米，宽19.6厘米。半叶上下栏，均10行，上栏每行8字，下栏每行12字。白口，四周单边，单鱼尾。中缝刻书名“酬世全书图章丽句”，知此书是《酬世全书》中的一种。作者邹克襄，四堡人，名景扬，字显官，号克襄，别号碧峰，是邹圣脉之孙，生于乾隆九年（1744），卒于嘉庆十四年（1809）。此书当刊于乾隆时期。

15.**《汇纂家礼帖式集要》**　有两种版本，一是振之堂刻本，二是成文堂刻本。编者叶浩海、廖国安。振之堂版序署“大清嘉庆十五年岁次庚午孟春谷旦序于碧水之大夫第”字样。框高12.5厘米，宽19厘米。半叶10行，行26字，小字双行，行字同。白口，四周单边，单鱼尾。成文堂版，版式略有不同，框高14.2厘米，宽20厘米。四周单边，半叶9行，行25字。振之堂版存书五卷，分订三册；成文堂版存卷五、卷六合订一册。成文堂是四堡邹氏下祠邹邦钰刻书所用堂号，而邹邦钰生于清道光间，刻书当在同治、光绪年间。

16.**《桥梓绣林》**　四堡成文堂、玉兰堂刻本。全书六卷，分订三册。编者清漳丹诏山人江浩然（荣绍），刊刻者为闽汀成文堂和玉兰堂。本书详叙日常应用文写法。框高12.9厘米，宽19厘米。内文依内容需要排版，一般半叶10行，行26字，字旁时有加圈点。白口，四周单边，单鱼尾。另有一种仅署“成文堂梓行”的版本，版框稍大，半叶9行，行25字。该书序后署有

“嘉庆辛未春丹诏山宝雷表弟沈宝善序于新会县公署”字样。从成文堂和玉兰堂业主邹邦钰、邹邦彦生卒推知，当刊于清同治、光绪年间。

17.**《龙门草法》** 清道光二十一年（1841）福文堂刻本。原书共二册，存卷下一残册，此书为书法册子，又有汪由敦草书，后刻有“道光辛丑年福文堂摹刻”字样，又有“清照斋镌”“万卷楼印”两枚印章。框高17.2厘米，宽22.8厘米。篆书部分半叶5行，行5字，其他部分不等。白口，四周单边，单鱼尾。镌刻精善。书现藏四堡邹群文家。

（五）堪舆、占卜、星算类

1.**《百年经》** 四堡见有两种版本，第一种是四堡马氏天道堂刻本。存书一册，缺内封面，内文可见“天道堂梓行”字样，版心下亦有“天道堂刊”字样。框高18厘米，宽22厘米。半叶12行，行30字，也有依内容需要配图或分栏的。白口，四周双边，单鱼尾。天道堂是马屋马从德祖上所设书坊，马从德生于嘉庆二十一年（1816），依其生年推知，此书当刊于乾隆、嘉庆年间。第二种是四堡邹氏应文堂藏版本，详见“书版遗存”。书版3块，原存四堡邹氏应文堂后裔邹式涌家，现藏闽西博物馆。

2.**《新刻秤命全书》** 又称《新增秤命全书》，四堡邹氏应文堂藏版本，详见“书版遗存”。书版3块，现藏闽西博物馆。

3.**《万法归宗》** 四堡马氏文汇楼藏版本，详见“书版遗存”。书版8块，原藏文汇楼马良容后裔处，现藏四堡古雕版印刷展览馆。

4.**《感应篇·阴骘文·观音经》** 四堡邹氏林文堂藏文河轩藏版本，详见“书版遗存”。书版1块，现藏四堡古雕版印刷展览馆。

5.**《罗经解》** 四堡邹氏聚贤堂刻本。存上卷，部分残缺。

内封面竖分三栏，中栏刻书名“罗经解”，右栏上刻“新安吴天洪先生评定”，左栏下刻“聚贤堂梓行”。框高14厘米，宽20.6厘米。半叶9行，行24字。白口，左右双边，单鱼尾。框外天头时有加注。查邹氏下祠谱，知聚贤堂业主是邹发琛，字传瑞，号蕴石，生于乾隆三十五年（1770），卒于道光十二年（1832），可推知此书大约刊于清嘉庆年间。

6. **《地理辨正疏》**　清光绪七年（1881）四堡裕丰堂刻本。全书六卷，分订两册。内封面天头横刻“黄公石原本”；竖分三栏，中栏刻书名“地理辨正疏”；右栏上刻“光绪辛巳春镌”，下刻“杨筠松撰真诀”；左栏上刻“国朝蒋大鸿传、姜汝皋注、张心言注”，下刻“裕丰堂藏板”。四堡有裕丰堂，可认定此书为四堡本。书框高16.2厘米，宽25厘米。半叶9行，行20字。白口，四周单边，单鱼尾。原书现藏四堡古雕版印刷展览馆。

7. **《精校星命新万年书》**　民国十八年（1929）四堡邹氏素位堂刻本。存书一册。笔者见内封面草样一张，竖分三栏，中栏上刻“漳州府口街素位堂”及书名，右栏刻“前后一百八十年，至民国一百二十年止”，左栏刻“民国十八年冬日出版”。漳州府口街素位堂系四堡邹允哲所设素位堂的一个分号，版式特征待补。

8. **《钦定协纪辨方书》**　四堡邹氏萃华堂藏版本，详见“书版遗存”。此书约刊于清嘉庆年间。书版2块，现存四堡邹洪位家。

9. **《增补诸家选择广玉匣记》**　一名《玉匣记通书》。原书五卷，存卷一、卷二，合订一册。序后署“康熙甲子嘉平琅琊王相晋升识”，未见刊刻者堂名。框高10.5厘米，宽19.6厘米。半叶12行，行27字。白口，四周单边，单鱼尾。字体拙劣、刊刻不精，用纸亦劣，为粗毛边纸，当是晚清或民国初年刻本。

（六）课艺应试用书

1.《直省乡墨精锐》　四堡邹氏文香阁藏版本，详见“书版遗存”。书版 96 块，现藏文香阁后裔邹式善处。

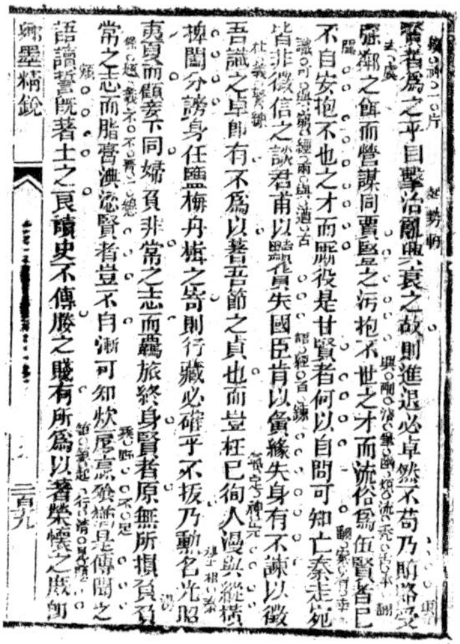
賢者爲之乎自擊治亂興衰之故則進退必卓然不苟乃临路受
縻鄉之餌而營謀同賈豎之污抱不世之才而流俗爲伍賢者已
不自安抱不也之才而厮役是甘賢者何以自問可知亡秦走宛
皆非微信之談君甫以黜花貞失國臣肯以貪緣失身有不諫以徵
吾識之卓節有不爲以著吾節之貞也而豈枉已徇人漫與縱横
捭闔分謗身任鹽梅舟楫之寄則行藏必確乎不拔乃勳名光昭
夷負而顧姜不同婦負非常之志而羈旅終身賢者原無所損負君
常之志而脂膏澳瀣賢者豈不自漸可知炊扅烹雞是傳聞之
語讀誓旣著士之良讀史不傳媵之賤有所爲以著柴懷之庶鄭
鄉墨精銳　二百九

文香阁刊本《乡墨精锐》

2.《小题正鹄》初集、二集、三集　四堡邹氏文海楼藏版本，详见“书版遗存”。书版 107 块，现藏连城县新泉革命纪念馆，原书三册全，藏四堡邹日升家。

3.《管稿》初集、二集、三集　四堡邹氏应文堂藏版本，详见“书版遗存”。书版 80 块，现藏四堡古雕版印刷展览馆。

4.《同怀制义》　四堡邹氏翰宝楼静读山房刻本，详见“书版遗存”。书版 56 块，原藏翰宝楼后裔邹从松处，现藏四堡古雕版印刷展览馆。

5.《小草庐时文》　四堡邹氏翰宝楼藏版本，详见“书版遗存”。书版 11 块，原藏翰宝楼后裔邹从松处，现藏四堡古雕版印刷展览馆。

6.《增订古文析义合编》　清乾隆四十一年（1776）四堡邹氏六经堂刻本。书存 7 卷，分订两册。编者晋安林西仲（云铭），前有林云铭康熙二十六年（1687）撰序。框高 18 厘米，宽 26.4 厘米。半叶 9 行，行 23 字，小字双行，行字同。版心白口，左右双边，单鱼尾。原书现藏四堡古雕版印刷展览馆。

7.《增订古文精言》　四堡马氏枕松堂刻本。原书共十三卷，存卷二一册。马宽裕辑，晋安林西仲、桐城周聘侯评注。卷首有马宽裕所写凡例。马宽裕（良容）是康熙年间四堡人，此书字体镌刻精善，当刊刻于清康熙、乾隆时期。框高 29.4 厘米，宽 26.8 厘米。分上下两栏，上栏半叶 16 行，行 3 字；下栏半叶 8 行，行 18 字，小字双行同。白口，四周双边，双鱼尾。原书现藏四堡马玉山家。

8.**《行文资典》**　四堡邹氏应文堂藏版本，详见“书版遗存”。书版 16 块，原藏应文堂后裔邹式涌处，现藏闽西革命博物馆。

9.**《铁网珊瑚全集》**　清光绪十六年（1890）南宁文海楼刻本。存初集、二集、三集，合订一厚册。南宁文海楼，即四堡文海楼创办者邹殿赓之子邹新桥在广西南宁分设的书坊。此书是古代书画著录典籍，前有许乃裕撰序，后署“道光甲辰三月既望敬斋许乃裕书于饱经堂”。书框高 15 厘米，宽 28.6 厘米。半叶 9 行，行 25 字。白口，单鱼尾。原书藏四堡邹日升家。

10.**《注释小题及锋集》**　四堡马氏文汇楼藏版本，详见“书版遗存”。书版 44 块，原藏文汇楼后裔马传谓家，现藏四堡古雕版印刷展览馆。

11.**《乡党详说》**　四堡马氏在兹堂藏版本，详见“书版遗存”。书版 1 块，现藏在兹堂后裔马贤仰家。

12.**《小题童子问路》**　四堡邹氏素位堂藏版本，详见“书版遗存”。书版 2 块，现藏四堡古雕版印刷展览馆。

13.**《考卷同珍》**　详见“书版遗存”。书版 1 块，现藏四堡邹恒宗家。

14.**《孔子文章》**　四堡邹氏林文堂购藏五美轩版，详见“书版遗存”。书版 1 块，原藏林文堂后裔邹存柱家，现藏四堡古雕版印刷展览馆。

15.**《古文详注发硎》**　存未装订散叶一卷，书框高 18 厘米，宽 26.7 厘米。半叶 10 行，行 26 字，小字双行，行亦 26 字。白口，四周单边，单鱼尾。原藏邹明胜后裔邹贵元家。据邹贵元称，家中堆有不少祖上留下的书版。查邹氏下祠谱，邹明胜，名宏化，清康熙年间人。其孙邹圣禄曾从事刻书。邹圣禄，字爵彦，生乾隆元年丙辰（1736），卒嘉庆八年癸亥（1803）。从散叶纸质及雕版字体上看，此书并非乾隆年间刊刻的。笔者以为，这些散叶当是邹圣禄子孙刊于清光绪年间者。原书散叶现藏四堡古雕版印刷展览馆。

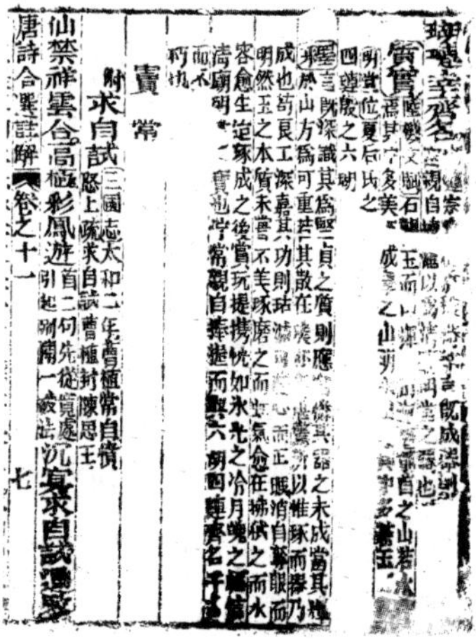
唐詩合選詳解卷之十一　七

文香楼刊本《唐诗合选详解》

（七）古代诗词及个人文集

1.**《唐诗合选详解》**　四堡邹氏文香阁藏版本，详见“书版遗存”。刊刻时间约在道光年间。书版 94 块，现藏文香阁后裔邹式善家。

2.**《咏物诗选》**　四堡邹氏文香阁藏版本，详见“书版遗存”。刊刻时间约在道光年间，书版 15 块，现藏文香阁后裔邹式善家。

3.**《新增诗赋珠玑》**　四堡邹氏翰宝楼藏版本，详见“书版遗存”。书版 38 块，原藏翰宝楼后裔邹从松处，现藏四堡古雕版印刷展览馆。

4.**《诗韵集成》**　四堡邹氏文海楼藏版本，详见“书版遗存”。书版 1 块，原藏文海楼后裔邹式泉家，现藏连城新泉纪念馆。

5. **《寄岳云斋诗赋》**　四堡马氏在兹堂藏版本，详见“书版遗存”。书版 11 块，原藏在兹堂后裔处，现藏四堡古雕版印刷展览馆。

6. **《国朝注释排律序诗》**　又称《注释序时》，四堡邹氏素位堂藏版本，详见“书版遗存”。清光绪初年，四堡邹氏素位堂曾用此书版印书并在漳州等地发行。该书楷书写刻，刊刻甚精，当是四堡清乾隆年间刊刻。书版 13 块，现藏四堡古雕版印刷展览馆。

7. **《试体诗赋》**　四堡邹氏林文堂藏版本，详见“书版遗存”。书版 1 块，现藏四堡古雕版印刷展览馆。

8. **《注千家诗》**　原书上下卷合一册，封面残缺，编者为任来吉（松桥）、王相（晋升），未详刊刻者及刊刻时间。书框高 15.7 厘米，宽 23.4 厘米。框内分上下栏，上栏半叶 10 行，行 10 字；下栏半叶 9 行，行 16 字。白口，四周单边，单鱼尾。书原藏四堡邹祥武家，现藏四堡古雕版印刷展览馆。

9. **《泛梗集》**　四堡邹氏翠华堂藏版本，详见“书版遗存”。此书是翠华堂邹有澜所刊。邹有澜（1868—?），生活于清咸丰、光绪年间，此书当刊于光绪年间。书版 9 块，现藏翠华堂后裔邹洪位家。

10. **《红豆村人诗稿》**　全书十二卷，见原龙岩师专学生所描此书第十二卷纸样一张，系个人诗集。半叶 19 行，行 40 字。堂号及刊刻时间待考。原书现藏四堡马屋村。

11. **《韵法入门》**　四堡马氏大成楼藏版本，详见“书版遗存”。书版 1 块，原藏大成楼后裔马振华家，现藏四堡古雕版印刷展览馆。

12. **《诗韵》**　又称《试帖》，四堡马氏大成楼藏版本，详见“书版遗存”。书版1块，原藏大成楼后裔马振华家，现藏四堡古雕版印刷展览馆。

13. **《新增说文韵府群玉》**　存未装订书叶一卷，框高20.5厘米，宽28厘米。半叶10行，行22字，小字双行同。白口，左右双边，单鱼尾。原书藏四堡下祠邹明胜后裔邹贵元家，现藏四堡古雕版印刷展览馆。查四堡邹氏下祠谱，知邹明胜生活于康熙年间，有售书记载，其孙邹圣禄曾刻书，但邹圣禄是乾隆年间人。未装订书页的存在，可能是因为晚清四堡刻书业受到石印、铅印书的冲击，致使大量图书推销不出去而纷纷倒闭，于是连印好的书叶也不去装订了。因此，笔者以为此书散叶以及邹贵元藏《合参通律》《诗经读本》《正鹄》初集、二集、三集等书散叶，都是邹圣禄的子孙刊于光绪年间的。

（八）小说、戏剧、故事等

1. **《新刻梁山伯祝英台全本》**　四堡邹氏林文堂刻本，详见“书版遗存”。书版4块，现藏四堡古雕版印刷展览馆。

2. **《第一才子书》**　即《三国志》，全书共十册，存9册，缺首册，但见各卷首叶有“茂苑毛宗岗序始氏评”字样，第十册末有“第一才子三国志卷终”字样。框高13.8厘米，宽20厘米。半叶10行，行24字。白口，四周单边，单鱼尾。《三国志》，四堡书坊有多种刊本，四堡下祠邹邦钰光绪二十三年（1897）分授四子的财产分关中就载有《三国志》书版，此书原藏四堡翰宝楼后裔邹升华处，虽不详刊刻时间和地点，但从纸张和字体上看，可断定为四堡刻本，大约刊于咸丰兵燹之后。原书现藏四堡古雕版印刷展览馆。

3. **《姜女》**　即《孟姜女哭长城》，存完整未装订书叶30

张，缺内封面，未详刊印堂铺及刊刻时间。框高 13 厘米，宽 19 厘米。半叶 10 行，行上下各排 7 字共 14 字。白口，四周单边，无鱼尾。原龙岩师专邱荣洲在四堡考察期间，发现不少村民家里藏有未装订的书叶，并收集了不少。笔者在四堡考察时亦有同样发现，特别是咸丰之后开办的书坊，留下的书版及散叶特别多。再从这些书的字体及刊刻质量分析，笔者以为《姜女》当刊于清同治、光绪年间。散叶现藏原龙岩师专邱荣洲处。

4. **《车公传》《车公后传》《车公子传》** 又称《新刻车龙余娇小姐花灯记》。《车公传》存完整未装订零叶 15 张，有序言但缺内封面，内文首叶刻“汀城周日升堂梓”字样。《车公后传》存零叶 15 张，不见封面。《车公子传》存散叶 14 张，第 14 叶末刻“新刻车龙余娇小姐花灯记上卷终”“汀城同日新堂梓”字样，由此可见周日升、同日新为同一家堂铺。周日升之周与邹谐音，疑为邹氏所设书铺。《车公传》书框高 14.5 厘米，宽 23 厘米。半叶横分上、中、下三栏，每栏 10 行，行 7 字。白口，四周单边，单鱼尾。散叶现藏原龙岩师专邱荣洲处。

5. **《十里亭》** 存未装订散叶 12 张，仅缺首叶，刊印堂铺和时间待考。框高 11.1 厘米，宽 18.5 厘米。半叶 9 行，每行上下排各 7 字，中空 1 字。白口，双鱼尾。书叶现藏原龙岩师专邱荣洲处。

6. **《秦雪梅传文》** 四堡邹氏素位堂刻本。存未装订散叶 7 张，首叶刻有堂号。查四堡邹氏下祠谱，素位堂业主为邹允哲，生于道光十二年（1832），卒于民国年间。可知此书当刊行于清咸丰之后。版式记录待补。散叶现藏原龙岩师专邱荣洲处。

7. **《双凤奇缘传》** 四堡马氏大成楼藏版本，详见“书版遗存”。书版 2 块，原藏大成楼后裔马振华家，现藏四堡古雕版印刷展览馆。

8.《龙图公案》　存残卷若干叶。框高 11.8 厘米，宽 20 厘米。半叶 11 行，行 24 字。白口，左右双边，单鱼尾。刊刻堂铺和时间待考。原书残册现藏四堡瑞文堂后裔邹先应处。

9.《夜谭随录》　清乾隆五十六年（1791）刻本。全书共十卷，分订四册。内封面刻有“乾隆辛亥年镌”“本衙藏板”等字样。序后署“乾隆辛亥夏六月霁园主人书于蛾术斋之南窗”字样。框高 18.2 厘米，宽 17 厘米。每半叶 8 行，行 20 字。白口，四周单边，单鱼尾。书眉有评点文字，每行 6 字。原书现藏四堡古雕版印刷展览馆。

未作版本记录的四堡版图书

（一）考察所见之书

《新刊正字划千字文》（邱荣洲藏散叶 5 张），《四书题镜》（邱荣洲藏散叶 1 张），崇经堂版《正字通》（原龙岩师专 89 级学生黄玉清所见），素位堂版《精校星命新万年书》《胡大川幻想诗》《集古人物书谱》《近代名人书谱》《古今名人书谱》（以上 5 种是原龙岩师专历史科 89 级学生所见），《合参通律》、洪武正韵《诗经读本》、套印《正鹄初集》《二集》《三集》，《监本易经》《串文备旨》（以上 5 种是笔者在四堡所见）。以上合计 13 种。

（二）当事人所见之书

《金瓶梅》（马振华在 1966 年前读过四堡版此书），《河洛精义》《鲁班级》（马痴生家藏枕松楼版），林兰堂版《千字文》（马痴生家藏），大光书局版《家礼广类》《一年杂字》《三字经》《大增广》《十里亭》《赵玉麟》等（马痴生在长汀大光书局营业所亲见），《万花楼》《狸猫换太子》《征东》《征西》（邹洪涛亲见祖上邹序恩印行之书），《资治通鉴》（书版 60 块，原藏马屋马瑞士家，后转卖到外地），《人家日用》《三字经》《学儒先进》《孟子》《幼学琼林》《家礼广类》《玉堂春》《大增广》（以上 8 种是邹鲁成亲见四堡最后一位印书、售书者邹海成所卖之书）；《续金瓶梅》书版、《三国演义》书版（马痴生于 1949 年前在藏经阁屋中所见），《梁山伯与祝英台》《车公子传》《昭君和蕃》（原龙岩师专学生记录马传顺述其家中田屋有这几种书），《三字经》《儿科秘要》《算法撮要》（马屋马启祥藏）。以上合计 31 种。

（三）马云章知见之书名

马云章先生，曾在广东翁源开书店，1949 年前回四堡，曾任四堡乡乡长。他于 1984 年所写《四堡印书业的兴衰梗概》中列有四堡书坊出版的部分书目：

1. **启蒙读物类**　《三字经》《百家姓》《弟子规》《增广贤文》。

2. **深造典籍类**　《四书》《四书合讲》《诗经》《书经》《易经》《春秋左传》《礼记》《古文评注》《古文观止》《古文释义》。

3. **医药书籍类**　《黄帝内经》《灵枢素问》《药性赋》《医学正宗》《医宗金鉴》《本草纲目》《本草合编》《公余医录》《一盘珠》《竹林女科》《保赤指南》《汤头歌诀》《时方括要》《伤科大全》《神农本草》《脉诀》。

4. **筮卜类**　《卜筮正宗》《文王八卦》。

5. **星算类**　《百年经》《运理大全》《渊海子评》《麻衣相法》《柳庄相法》。

6. **地理类**　《山洋指迷》《龙穴扼要》《人子须知》《地理大全》《雪心赋》。

7. **诗词类**　《千家诗》《唐诗三百首》《唐诗注疏》《韵对屑玉》《字类标韵》《诗韵全璧》《随园诗注》《李白诗》《杜甫诗》

《苏东坡诗》《李后主词》《清真词选》《东坡词选》《宋词》。

8. **子书类**　《庄子》《荀子》《墨子》等。

9. **小说戏曲及日用类**　《三国演义》《水浒》《荡寇志》《西游记》《说唐全传》《征东》《征西》《隋唐演义》《杨家将》《十二寡妇征西》《一捧雪》《包公传》《列仙传》《儒林外史》《狄青征西》《燕山外史》《桃花扇》《牡丹亭》《西厢记》《鲁班经》《牛马经》《橘中秘》《象棋百法》《秋水轩》《家礼广类》《雪鸿轩》《家礼大全》《楹联全新》《对联大全》等。以上合计88种。

（四）福州官桂铨先生家藏四堡本

笔者于2015年6月23日和8月17日在福州官桂铨先生家中见到他所收藏的四堡刻本，合计28种，记录如下：

1. **文林堂刊本**　《四书》，署“汀郡文林堂”。《万章》卷五。《诗法入门》卷一、卷二。

2. **万卷楼刊本**　《小题清华集》，署“长汀万卷楼”“光绪五年新镌”，又有“汀城万卷楼藏板”“雾阁文苑堂梓行并发兑”。《孟子》《论语》，署“长汀万卷楼”。《诗经》卷二。《新增万宝全书》卷一至卷三，署“汀州邹姓万卷楼”。

3. **本立堂刊本**　《新增幼学故事珠玑》。《青云集》，共四卷，存卷四，署“闽汀本立堂”。《诗经读本》卷一，署“汀城本立堂刊于光绪十一年”。《新增幼学故事琼林》全四卷，署“汀州本立堂”。《诗经读本》，光绪十一年（1885）春镌。

4. **在兹堂刊本**　《增补幼学琼林》。《医方集解》存两册。

5. **崇文堂刊本**　《奇经脉决》《孟子章句》。《监本诗经》存卷四。《孟子》存一册，署“汀州崇文楼”。

6. **翼经堂刊本**　《四书题镜》，道光四年（1824）刊，署“福省翼经堂”。

7. **素位堂刊本**　《增订四书备义补注附考备旨》四册。

8. **文海楼刊本**　《下孟》一册。

9. **经文堂刊本**　《诗经备旨》，署“雾阁邹圣脉梧冈纂辑，男邹可庭编，孙邹景扬订正”。

10. **继溪堂刊本**　《警世怡情集》，道光九年（1870）刊。

11. **大成堂刊本**　《幼学故事琼林》。

12. **邹景扬大德堂刻本**　《酬世锦囊》，六卷，汀州邹景扬编。存一册。《云林别墅纂辑酬世锦囊家礼纂要续编》卷四，邹景扬编。《诗经备旨》卷六。

附录一：族谱载四堡外出销售书商名录

世系	姓名	生卒	字号	经营地区	备注
22 世	马祚宏	1730—?	厚彦	江西赣州	
23 世	马源召	1774—?	仲存	江西赣州	
24 世	马仰璇	1775—?	跃玑	江西赣州	
24 世	马仰深	1780—?	跃纯	江西赣州	
22 世	马祚槐	1783—?		江西赣州	定居赣州
23 世	马源昊	1784—?	卫钦	江西赣州	
23 世	马源清	1789—?	希伯	江西赣州	
25 世	马伯兰	1796—?	应良	江西赣州	
23 世	马源师	1797—?	有玉	江西赣州	
23 世	马源迁	1799—?	秀青	江西赣州	
23 世	马源肇	1802—?	卫基	江西赣州	
23 世	马源庭	1803—?	秀铨	江西赣州	
23 世	马源纯	1810—?		江西赣州	
23 世	马源安	1811—?	恒来	江西赣州	
23 世	马源楹	1811—?	秀柱	江西赣州	
24 世	马宗培	1817—1865	宜助	江西赣州	

续表

世系	姓名	生卒	字号	经营地区	备注
23世	马源永	1819—?		江西赣州	
23世	马源瑞	1831—?		江西赣州	
24世	马从相	生于嘉庆间		江西赣州	定居赣州
24世	马从儒	1836—?	正学	江西赣州	
24世	马从伦	1845—?	乐山、叙堂	江西赣州	
24世	马从凌	1859—?	可凤	江西赣州	
18世	马九寿	未详		江西赣州	
20世	马自南	1678—?	鲲奇	江西信丰	
21世	马洪定	1682—?		江西信丰	
21世	马洪盛	1706—1752	日茂	江西信丰	
19世	马顺应	生于康熙间		江西信丰	
21世	马洪立	1726—1765		江西信丰	
23世	马源善	1734—1788	世庆	江西信丰	
21世	马太有	1734—?	翰益	江西信丰	
22世	马祚恒	1742—?	致宜	江西信丰	
23世	马源浜	1746—1787	世哲	江西信丰	
23世	马源溥	1749—?	公存	江西信丰	
23世	马源晏	1752—1777		江西信丰	
22世	马殿宜	1755—?	立品	江西信丰	
23世	马源矩	1759—?		江西信丰	
23世	马源圣	1764—?	祥瑞	江西信丰	
23世	马树坤	1778—1825		江西信丰	
22世	马祚仪	1783—?		江西信丰	
24世	马从思	1797—?	有膏	江西信丰	

续表

世系	姓名	生卒	字号	经营地区	备注
25 世	马伯棣	1802—?	恂魁	江西信丰	
24 世	马从仁	1807—?		江西信丰	
25 世	马伯桐	1812—?	桢魁	江西信丰	
23 世	马源炳	1828—?		江西信丰	
23 世	马源盛	1738—?	文英	江西南安	
23 世	马周材	1749—?	廷用	江西南安	
24 世	马从骅	1752—?	在良	江西南安	
22 世	马殿机	1754—?	慎品	江西南安	
22 世	马殿原	1765—?		江西南安	
22 世	马祚点	1768—?	振贤	江西南安	
24 世	马从德	1803—1848		江西南安	
24 世	马从仕	1818—?		江西南安	
24 世	马从善	1821—?		江西南安	
23 世	马光天	1823—?	肇统	江西南安	
24 世	马从康	1826—?		江西南安	
23 世	马光化	1834—?	肇日、庆云	江西南安	
24 世	马从灏	1834—?	孔夷、旷山	江西南安	
23 世	马源权	1840—?	维度	江西南安	
25 世	马富华	1850—?	伯福	江西南安	
25 世	马伯行	1853—?		江西南安	
21 世	马洪韬	1741—?		江西万安	
22 世	马履蔼	1758—?	吉夫	江西万安	
23 世	马克广	1770—?	运可	江西万安	
23 世	马克洛	1781—?	瞻可	江西万安	

续表

世系	姓名	生卒	字号	经营地区	备注
23世	马克伊	1789—1840	聘可	江西万安	
24世	马从大	1821—?		江西万安	
21世	马洪起	1731—1794	志荣	江西广昌	
21世	马洪禧	1735—1814	福荣	江西广昌	
22世	马祚虞	1765—1787	耀华	江西广昌	
22世	马祚祖	1767—1819	克绳	江西广昌	
22世	马祚德	1770—1821	仁韶	江西广昌	
21世	马洪超	1775—?	发荣	江西广昌	
22世	马祚近	1779—1835	祥兴	江西广昌	
21世	马洪用	1724—?		江西吉安	
22世	马祚学	1739—?	向优	江西吉安	
22世	马辉官	1754—?		江西吉安	
22世	马祚和	1760—?		江西吉安	
24世	马从廷	1823—?		江西吉安	
16世	邹启俊	1672—1723	德政、人凤	江西吉安	
18世	邹儒文	1676—1728	为徵、常祚	江西樟树	商号述文堂
18世	邹述文	1692—1756	信徵、定祚	江西樟树	商号述文堂
19世	邹鋐朝	1712—1773	正俊、时杰	江西樟树	商号述文堂
19世	邹秉均	1718—1796	鸣盛、永生	江西樟树	
19世	邹鋐猷	1723—1772	正望、龙川	江西樟树	商号述文堂
18世	邹芳史	1726—?	凤章、霌玉	江西樟树	
19世	邹鋐起	1726—1762	正仪、龙冈	江西樟树	商号述文堂
19世	邹怀川	1729—1788	燕海	江西樟树	
19世	邹龙泉	1732—1817	正予、时运	江西樟树	商号述文堂

续表

世系	姓名	生卒	字号	经营地区	备注
20世	邹孔川	1753—1814	子汉	江西樟树	
20世	邹孔威	1765—1794	子仪	江西樟树	
20世	邹孔昌	1770—1834	子肇、启园	江西樟树	商号述文堂
21世	邹元睋	1772—1796		江西樟树	
21世	邹丕聪	1774—1799	元曜	江西樟树	
23世	邹建赏	1852—1900		江西新城	
21世	马太风	1723—?	敦恭、敬善	江西龙南	
23世	马源一	1729—1793	世亮	江西龙南	
21世	马太雯	1755—1793	翰星	江西龙南	
23世	马源开	1770—?	科士	江西龙南	
24世	马翼翔	1776—1794	振佩	江西龙南	
21世	马洪粹	1716—?	纯中	江西靖安	
21世	马洪淑	1721—?		江西靖安	定居靖安
21世	马洪则	1728—?	式中	江西靖安	定居靖安
22世	马祚昌	1759—?	作玉	江西靖安	
21世	马洪倍	1760—?		江西长宁	
23世	马源凤	1773—?	思岐	江西长宁	
23世	马源良	1777—1803	飞究	江西长宁	
23世	马齐材	1782—?	克用	江西长宁	
23世	邹玉龙	1810—1858	传祥	江西长宁	
22世	马祚盛	1734—?	致善	江西安源	
22世	马祚伟	1769—?		江西安源	
22世	马祚位	1783—1851	正列、鸣居	江西安源	
22世	马履海	1754—?	晏夫	江西会昌	

续表

世系	姓名	生卒	字号	经营地区	备注
23世	马源华	1782—1838	思耀	江西会昌	
23世	马源端	1791—1835	思彦	江西会昌	
22世	马天顺	1716—1773		江西铅山	
22世	马祚顺	1726—1771		江西铅山	
23世	马世名	1768—?		江西铅山	
21世	马成吉	未详		江西吉水	
21世	马洪玉	未详		江西吉水	
21世	马洪天	未详	得福	江西吉水	
21世	马洪标	生于康熙年间		江西光华	
23世	马源渡	1796—?		江西光华	
23世	马源嵩	1784—?		江西永丰	
21世	马洪万	1788—?		江西永丰	
24世	马从玖	1872—?		江西永丰	
18世	马云华	生于崇祯年间	从亮	江西瑞州	
24世	马玉卿	生于康熙年间		江西上高	
20世	马龙元	1670—?	怀长	江西大庾	
21世	马洪端	1683—?	至甫	江西泸溪	
20世	马隆岐	1649—?		江西袁州	
25世	马伯隆	1804—?		江西南丰	
21世	马太林	1722—?	翰先	江西定南	
21世	马洪声	1715—1753		江西分宜	
20世	马隆萃	1734—?	融德	江西分宜	
22世	马履霞	1752—?		江西安远	
21世	马洪长	未详	汲三	江西南昌	

续表

世系	姓名	生卒	字号	经营地区	备注
22 世	邹行	1742—1811	诚孚	江西南昌	
22 世	马祚汉	生于乾隆间		江西南昌	
23 世	邹宜谦	1844—1912	为恭、逊轩	江西瑞金	
21 世	邹廷斌	1738—1785	徽才	江西瑞金、南昌	
23 世	邹兴龙	1806—1835	传祯、庆堂	江西赣州、长宁、澄江等地	商号澄江书铺
24 世	邹家英	1822—1887	序道、兰林	江西南昌、长宁	
20 世	马隆禧	1630—1713	元锡、慕庐	江西	流动
19 世	马维翰	1639—1700	翊腾、厚斋	江西	流动
18 世	邹辅文	1682—1755		江西	
18 世	邹洪范	1684—1751	洛文	江西	
18 世	邹洪策	1691—1770	丹文	江西	
20 世	马谦	1722—1796	锡尊、富良	江西	流动
22 世	马履铭	1765—?		江西	流动
19 世	马亨泰	生于顺治间		广东南雄	
20 世	马锡三	1664—?		广东南雄	
20 世	马锡九	1666—?		广东南雄	
19 世	马宽裕	1670—1754	良容	广东南雄	
19 世	马熙成	1691—?		广东南雄	
20 世	马成	1717—?	锡纯	广东南雄	
22 世	马履望	1736—?	命夫	广东南雄	
20 世	马天球	1740—?		广东南雄	

续表

世系	姓名	生卒	字号	经营地区	备注
23 世	马源誉	1744—?	世儒	广东南雄	
22 世	马祚选	1746—?	允钱	广东南雄	
23 世	马源林	1752—?	世林	广东南雄	
23 世	马源准	1763—?	世宜	广东南雄	
23 世	马源尚	1765—?	世昌	广东南雄	
23 世	马源经	1769—1814	承纶	广东南雄	
23 世	马源道	1771—?	世用	广东南雄	
24 世	马翼燕	1780—?	振善	广东南雄	
23 世	马智材	1796—1838	惠用	广东南雄	
23 世	马国材	1797—?	定用	广东南雄	
23 世	马普材	1811—1837	恩用	广东南雄	
24 世	马翼广	1817—?	振东	广东南雄	定居南雄
23 世	马源坛	1818—?	景杏	广东南雄	
24 世	马从梅	1830—?		广东南雄	定居南雄
25 世	马伯亮	1851—?		广东南雄	定居南雄
17 世	马茂宗	未详		广东南雄	
21 世	马启棠	生于康熙间		广东翁源	
21 世	马启富	1717—?		广东翁源	
21 世	马先亮	1751—1802		广东翁源	
22 世	马履君	1757—?		广东翁源	
24 世	马从和	1783—1850	有庄、贵周	广东翁源	
24 世	马从钦	1785—1857	玉敬	广东翁源	
27 世	马传恩	1875—1934	雨鸿	广东翁源	商号西园书局
28 世	马嘉谟	1898—1982		广东翁源	

续表

世系	姓名	生卒	字号	经营地区	备注
	马傅思	未详		广东翁源	
	马阳魁	未详		广东翁源	
20世	马先德	1685—?	光泉	广东惠州	
20世	马先乐	1692—?	光白	广东惠州	
20世	马先华	1702—?	光三	广东惠州	
20世	马隆钊	1713—1771	锡茂	广东惠州	
21世	马洪勋	1747—?	长万	广东惠州	
23世	马源运	1762—?	为应	广东惠州	
25世	马伯郡	1846—?	恢先、绍裘	广东惠州	
22世	马祚标	1772—?	为超	广东惠州	
22世	马总先	1707—?		广东连平	
21世	马太荣	1724—?	翰华	广东连平	
21世	马太登	1726—?	文宽、归善	广东连平	
22世	马总乐	1737—1770		广东连平	
22世	马祚珙	1740—?	遂玉	广东连平	
21世	马智常	1751—?		广东连平	
22世	马祚盛	1755—?		广东连平	
21世	马洪咸	1716—?	宜中	广东潮州	
25世	马伯翔	1812—?	祥魁	广东潮州	
26世	邹金镕	1850—1893	鼎铭、作屏	广东潮州	
23世	马源澄	1822—?	泽霖、甘澍	广东潮州	
24世	马从唐	1861—1911	天民	广东潮州	
25世	马伯盛	未详		广东潮州	
26世	马益曦	未详		广东潮州	

续表

世系	姓名	生卒	字号	经营地区	备注
26世	邹宜祐	未详	应昌、悠然	广东潮州	商号萃文堂、文兰阁
18世	马家杰	1580—1647	明时	广东韶关	
17世	马祥二	生于顺治间		广东韶关	
24世	马从苍	1815—1865	文舒、秉英	广东韶关	
25世	马伯颜	1838—?	维理	广东韶关	
25世	马伯棠	1839—?	恢蒂、慎斋	广东韶关	
17世	马茂祥	未详		广东韶关	
21世	马洪亮	1675—?	至林	广东英德	
22世	马总发	1711—?		广东英德	
22世	马总良	1714—?		广东英德	
21世	马洪耀	1721—?	至谷	广东英德	
21世	马洪观	未详		广东英德	定居英德
18世	邹上选	1738—1764	明祥、正吉	广东嘉应州	
22世	马履周	1770—?		广东嘉应州	
23世	马瑜材	1807—1842	佩用	广东嘉应州	
23世	邹国光	1814—1893	兆德、玉臣	广东嘉应州	商号文经堂
25世	邹振光	1839—1911	邦燏	广东嘉应州	商号翰香堂
26世	马益保	1843—1912	淮轩、其珠	广东嘉应州	商号翼经堂
24世	邹承霖	1846—1874	发兰、汉卿	广东嘉应州	商号崇文堂
26世	邹麟昌	1852—1914	定坤、缙贤	广东嘉应州	
25世	邹汝才	1860—1905	兴	广东嘉应州	商号崇文堂
27世	马传新	1877—1941	扬铭、颂声	广东嘉应州	商号翼经堂
15世	邹葆初	1619—1673	孟纯	广东兴宁	

续表

世系	姓名	生卒	字号	经营地区	备注
16世	邹启瑜	1664—1729	德敬	广东兴宁	
16世	邹启璜	1669—?	德敷	广东兴宁	
17世	邹驯国	1689—1732	恭臣、长万	广东兴宁	
17世	邹肇国	1698—1770	旦臣、长开	广东兴宁	
17世	邹为国	1684—1728	让臣	广东兴宁	
23世	邹锦舜	1829—1883	师虞、广茂	广东兴宁	
24世	邹恒霖	1865—1914	存扬、雨卿	广东兴宁	
25世	邹肇乾	1889—1937	正中	广东兴宁	
27世	马炳芳	未详		广东兴宁	商号德文堂
21世	邹廷豪	1797—?	元庆、凤山	广东廉州	
22世	邹联栋	1832—1894		广东廉州	
22世	邹联三	1840—1862		广东廉州	
23世	邹建耀	1853—1924		广东廉州	
24世	邹恒廉	1873—?	秉贞、警轩	广东廉州	
24世	邹恒光	1875—1901		广东廉州	
18世	马待贤	生于明末清初		广东长乐	定居长乐
19世	马四福	生于明末清初		广东长乐	定居长乐
19世	马壬龙	生于明末清初		广东长乐	定居长乐
20世	马长生	生于明末清初		广东长乐	定居长乐
22世	马祚起	1711—?		广东河源	
24世	马从美	1804—?	升韶、敬池	广东河源	
25世	马伯易	1830—1864	畴品	广东河源	
23世	邹伯龙	1775—1844	传庆、达卿	广东高州	
23世	马源植	1778—?	玉棕	广东高州	

续表

世系	姓名	生卒	字号	经营地区	备注
23世	邹炳	1791—1826	传赏、豹卿	广东高州	
24世	邹家濬	1799—1861	序涛、济川	广东高州	
24世	马从波	1810—1852	扶祥、晏圃	广东高州	
24世	邹家栋	1808—1847	序元	广东高州	
24世	马从琅	1815—?	扶景、芳园	广东高州	
25世	邹赞隆	1834—1879	建彩、锦堂	广东高州	
19世	邹成能	1716—1792	熊云	广东灵山	商号碧清堂
20世	邹应乾	1746—1819	发光	广东灵山	商号碧清堂
20世	邹立乾	1763—1809	树光	广东灵山	商号碧清堂
21世	邹廷祚	1776—1848	元翰	广东灵山	商号碧清堂
21世	邹廷荣	1801—1863	元超、斐然	广东灵山	商号碧清堂
22世	邹联映	1809—1894	殿试	广东灵山	分立应文堂
22世	邹联瑛	1823—1886	殿翱	广东灵山	商号文海楼
22世	邹联飏	1828—1865	殿赓	广东灵山	商号碧清堂
25世	马伯涛	1835—?		广东灵山	商号文海楼
22世	邹联梓	1835—1889	殿梁	广东灵山	商号文海楼
25世	马伯昆	1841—?		广东灵山	
23世	邹建池	1848—1898	新城	广东灵山	商号文海楼
24世	邹恒榜	1880—1843	慕第、试轩	广东灵山	商号文海楼
24世	邹恒焯	1884—?		广东灵山	商号文海楼
25世	邹式凯	1903—?	懋绩、奇勋	广东灵山	商号文海楼
23世	马源辉	1761—?		广东始兴	
22世	马祚丹	1762—?		广东始兴	
26世	马益应	未详		广东始兴	

续表

世系	姓名	生卒	字号	经营地区	备注
18 世	马仕贤	生于康熙间		广东琼州	
20 世	马兆升	1711—?	汉友	广东琼州	
	马发霖	1673—?		广东仁化	
24 世	马从绍	生于道光间		广东仁化	
19 世	马寿麟	1693—?	合仁	广东大埔	
21 世	马洪策	1702—?		广东大埔	
19 世	马毓彦	生于顺治间	明芳	广东和平	
18 世	马大鸾	生于康熙间		广东和平	
18 世	马启伦	生于康熙间		广东海丰	
26 世	马益生	1700—?		广东澄海	
23 世	邹蕴石	1770—1832	传瑞、发琛	广东揭阳	商号聚经堂
24 世	马从健	1773—?	吉行	广东揭阳	
20 世	邹圣脉	1691—1761	宜彦、梧冈	广东广州	
21 世	马鸣宴	1749—1795	荣魁、宜乐	广东广州	
22 世	马光曙	1780—1846	东升、晓轩	广东乐昌	
17 世	马茂瑞	未详		广东乳源	定居乳源
14 世	邹仰鲁	1568—1598	震孟	广东武林	
18 世	邹洪佐	1682—1755		广东连南	
18 世	邹孔章	1710—1760	麟史、清玉	广东电白	
20 世	邹孔苑	1793—1829	子关、艺园	广东河邑	
21 世	邹丕铨	1796—?	元选、衡齐	广东新塘	
21 世	邹廷月	1752—1810	正光、明轩	广东四会	
23 世	马源利	1761—?		广东蕉岭	
23 世	马源常	1795—?	凝闰	广东镇平	

续表

世系	姓名	生卒	字号	经营地区	备注
23世	邹吉龙	1795—1863	传发、钜堂	广东增城	
22世	邹联香	1819—1859	殿开	广东化州	
25世	邹伯安	1840—1907	肇瑽、霞轩	广东惠阳	
26世	邹留丰	1843—1902	继恒、裕春	广东海陆丰	
21世	邹廷贤	1840—1907	徽璧、南轩	广东珠海	其五子售书珠海
23世	邹光龙	1765—1832	传经、乐庭	广东珠海	
23世	邹礼商	1795—1873	达德、学臣	广东平远	
18世	马大蕃	生于崇祯间	宗衍	广东	流动
19世	马权亨	1651—1710	利群	广东	流动
16世	邹启球	1662—1728	德斌	广东	
20世	马定邦	1672—1743	怡庵、则贞	广东	流动
18世	邹宗敬	1674—1746	世忠、继祖	广东	
17世	邹羌臣	1693—1765	表国、泗滨	广东	
17世	邹哲臣	1696—1759	翊国	广东	
17世	邹端臣	1697—1749	庄国	广东	
17世	邹均臣	1699—1746	驭国、鹏翔	广东	
18世	邹洪立	1703—1756	魁文、南祖	广东	
21世	马洪序	1709—?		广东	流动
23世	马源衍	1709—1788	观泽、观峰	广东	
21世	马玉峰	1711—1782	斯行	广东	流动
18世	邹达史	1714—1759	成章、云玉	广东	
18世	邹殿史	1714—?	彦章、霖玉	广东	
21世	邹廷扬	1720—1782	徽耀	广东	

续表

世系	姓名	生卒	字号	经营地区	备注
21世	邹谟	1721—1805	徽望、云村	广东	
21世	邹廷聘	1721—?	徽明	广东	
20世	马凤魁	1727—?		广东	流动
24世	马从周	1735—1794	兼三、砚峰	广东	
19世	邹秉扬	1738—?	鸣仲、嵩生	广东	
19世	邹锦绪	1738—1801	继云	广东	
22世	邹徽跃	1740—1794	芳谷	广东	
19世	邹秉柏	1746—?	鸣化、崇生	广东	
19世	邹鉉新	1751—1835	忠瑞、焕堂	广东	
20世	邹立乾	1753—1808	树光	广东	创设文海楼
20世	邹鼎乾	1760—1846	金光	广东	
21世	邹廷玉	1767—1824	有明	广东	
22世	邹登元	1767—1843	舜官、华园	广东	
19世	邹上茂	1771—1819	明雄、瑞吉	广东	卒广东
20世	邹孔烈	1775—1827	扬光、伟齐	广东	
20世	邹鳌山	1775—?	文澜、茂才	广东	
21世	邹廷运	1780—1822	静学、永燮	广东	
23世	邹有龙	1780—1830	传师、吉堂	广东	
20世	邹圣修	1784—?	谦才	广东	
23世	马源瑶	1794—1875	玉昆、义轩	广东	
22世	邹希程	1817—1890	克颐、养斋	广东	
25世	邹伦模	1826—1896	耕祚、臣圃	广东	
25世	邹伯立	1853—1930	肇生	广东	
22世	邹嘉兆	1839—?	乐亭	广东	

续表

世系	姓名	生卒	字号	经营地区	备注
23 世	邹存轩	1858—1881	为桐、文华	广东	
23 世	邹建刚	1858—?		广东	
24 世	邹传�	未详		广东	
24 世	邹家颂	未详	序号、庆堂	广东	
24 世	邹觐旺	未详		广东	
25 世	邹永康	未详		广东	
20 世	马瑞魁	1718—?		福建建宁	
22 世	马祚坚	1731—?	衍志	福建建宁	
21 世	马洪驷	生于康熙间		福建建宁	
23 世	马源鲁	1752—?	以德	福建建宁	
23 世	马源启	1754—1792	明德	福建建宁	
22 世	马祚洵	1754—?	仲夫	福建建宁	
22 世	马祚元	1764—?		福建建宁	
24 世	马从攀	1767—?	玉桂	福建建宁	
23 世	马源任	1773—?	圣桔	福建建宁	
24 世	马从儒	1774—?	文珍	福建建宁	
22 世	马祚儒	1780—?		福建建宁	
23 世	马源潜	1777—?	树德	福建建宁	
24 世	马从彻	1787—?		福建建宁	
24 世	马从湘	1800—?		福建建宁	
20 世	邹泰朝	1806—?	亮才、志扬	福建建宁	
22 世	马祚赞	1807—1871		福建建宁	
24 世	马从城	1817—1886		福建建宁	
25 世	马伯禄	生于嘉庆间		福建建宁	

续表

世系	姓名	生卒	字号	经营地区	备注
25 世	马伯斌	1826—1896	维燮、凤翔	福建建宁	
22 世	马祚福	1830—?		福建建宁	
24 世	马从云	1832—?	生贞	福建建宁	
23 世	马源常	1833—1865	思良	福建建宁	
24 世	马从腾	1849—1886	兰芳	福建建宁	
25 世	马伯皋	1849—?	恢鸣	福建建宁	
24 世	马从猷	1850—1908	观西	福建建宁	
25 世	马伯瑶	1854—1910	似琼、礼乐	福建建宁	
25 世	马伯傅	1858—?		福建建宁	
24 世	马从群	1869—?	巨山	福建建宁	
21 世	马太球	1718—?	翰如	福建邵武	
19 世	马新祚	生于康熙间		福建邵武	
22 世	马福庆	1791—?	合彩	福建邵武	
24 世	马从业	1823—?	文伟	福建邵武	
25 世	马伯初	1859—?		福建邵武	
25 世	马伯儒	1870—?	友学	福建邵武	
24 世	马从华	1872—?		福建邵武	
19 世	马任霖	未详		福建邵武	
20 世	马宝珍	未详	开生	福建邵武	
22 世	马祚显	1725—?	衍荣	福建南平	
22 世	马德洪	生于雍正间		福建南平	
22 世	马德贞	生于雍正间		福建南平	
21 世	马洪保	1740—?	尚任	福建南平	
22 世	马祚定	1758—?		福建南平	

续表

世系	姓名	生卒	字号	经营地区	备注
22 世	马鹤庆	1783—1837	日炳	福建南平	
22 世	马福忠	1792—?	冬彩	福建南平	
23 世	马源庄	1770—1837	敬存	福建建阳	
25 世	马伯永	1843—?	仰长	福建建阳	
25 世	马伯潼	1849—1871	德梓	福建建阳	
20 世	邹孔荣	1766—1813	谦光	福建崇安	
20 世	邹孔长	1773—1841	波光	福建崇安	
20 世	邹孔智	1775—1816	礼光、明轩	福建崇安	
23 世	马辉祀	1814—1858	楠景	福建崇安	
22 世	邹希伊	1816—1853	克谐、亮工	福建崇安	
24 世	马从礼	1824—?		福建崇安	
23 世	邹德嘉	未详	开谷	福建崇安	
23 世	马源春	1754—?		福建永安	
24 世	马从亨	1779—?	思谦	福建永安	
24 世	马从波	1814—?	先茂、新来	福建永安	
24 世	马从敬	1816—?	外茂、新启	福建永安	
25 世	马伯定	1820—?		福建永安	
24 世	马从锦	1827—?	正茂、新富	福建永安	
18 世	马大禧	生于崇祯间	应元	福建顺昌	
25 世	马伯富	1794—?		福建顺昌	
24 世	马从桂	1797—?		福建顺昌	
25 世	马伯慎	1804—?		福建顺昌	
24 世	马从銮	1814—?		福建顺昌	
25 世	马伯才	1814—?		福建顺昌	

续表

世系	姓名	生卒	字号	经营地区	备注
18 世	马大佐	生于崇祯间		福建泰宁	
22 世	马祚正	1727—?		福建泰宁	
22 世	马履宜	1744—?		福建泰宁	
23 世	马世典	1766—?		福建泰宁	
24 世	马从霖	1810—?		福建泰宁	
23 世	马源南	1844—?	维进	福建泰宁	
20 世	马锡遇	1648—1737	佛生	福建光泽	
20 世	马君吉	1670—1726	行孜	福建光泽	
23 世	马慕飞	1785—?	占雄	福建沙县	
18 世	邹宏化	1663—1727	明胜	福建漳州	
19 世	马化晞	1701—1761	荣敦	福建漳州	
25 世	马洪通	1718—?	德启	福建漳州	
24 世	马从开	1795—?		福建漳州	
22 世	马朝栋	1796—?		福建漳州	
24 世	马从聚	1815—?	文奎	福建漳州	
23 世	马树方	1838—?		福建漳州	
27 世	邹克成	1889—1950	良成	福建漳州	商号素位山房
27 世	邹瑞成	1898—1941		福建漳州	商号素位山房
27 世	邹叔成	1900—?		福建漳州	商号素位山房
23 世	邹文元	未详	传满、史卿	福建漳州	商号文林堂
18 世	邹昆祖	1723—1763	洪璧	福建泉州	
22 世	马祚典	1739—?	钦玉	福建安溪	
21 世	马洪贵	1732—?	仕中	福建诏安	
21 世	马洪满	1739—?	盈中	福建诏安	

续表

世系	姓名	生卒	字号	经营地区	备注
25世	邹翼顺	1832—1919	允哲、致中	福建漳州、福州	商号素位堂
26世	邹甘京	1858—?	作就、俊山	福建漳州、福州	商号素位堂
22世	邹希尧	1866—1926	克祯、柱臣	福建长汀	商号希尧书店
23世	邹宜洙	1895—1951		福建长汀	商号希尧书店
28世	邹洪彬	1907—1943		福建长汀	商号本立堂
27世	马德明	未详		福建长汀	商号民生书局
27世	马传图	未详		福建上杭	商号林兰仪记
21世	邹贺发	1831—1906	祭馨	福建南平、建瓯、邵武	
20世	邹孔书	1745—1793	子麟、可堂	广西南宁	
20世	邹孔椿	1747—1832	子荣、龄轩	广西南宁	
20世	邹孔茂	1752—1829	子华、松轩	广西南宁	
20世	邹孔衢	1756—1798	子云、齐峰	广西南宁	
20世	邹孔玉	1760—1802	子琼、朗峰	广西南宁	
21世	邹丕彬	1767—1843	元景、陟山	广西南宁	
21世	邹丕康	1776—1816	元晋、健斋	广西南宁	商号正予堂
20世	邹孔美	1776—1802	子瑆、珏轩	广西南宁	
21世	邹丕融	1782—1866	元明、昭亭	广西南宁	
20世	邹孔脉	1782—1820	子钧、绍轩	广西南宁	
20世	邹孔绪	1784—1841		广西南宁	
21世	邹丕暾	1789—1820	文旭、日升	广西南宁	
24世	邹日新	1844—1904	从周、承苍	广西南宁	
23世	邹建芳	1850—1915	兰薰、新桥	广西南宁	商号文海楼

续表

世系	姓名	生卒	字号	经营地区	备注
24世	邹恒舒	1886—1959	慕苍、知耻	广西南宁	商号文海楼
24世	邹恒墀	1880—?	慕祯、芝轩	广西南宁	商号文海楼
24世	邹恒坊	1884—1913	慕实、朴轩	广西南宁	商号文海楼
25世	邹理忠	1887—?	光亮、文提	广西南宁	
24世	邹恒端	1889—1944	慕贞、敬轩	广西南宁	商号文海楼
24世	邹恒监	1894—1944	慕衡、藻轩	广西南宁	商号文海楼
25世	邹式臬	1913—?	郁文	广西南宁	商号文海楼
25世	邹式尧	1934—?		广西南宁	
25世	邹式埠	1908—1959	懋炜、汉英	广西南宁	
25世	邹式爝	1925—?	日宾、叶飞	广西南宁	
25世	邹式铃	1938—?		广西南宁	
21世	邹丕彬	1767—1843	元景、陟山	广西容县	商号正望堂
21世	邹丕煌	1785—1865	元晖、苏门	广西容县	商号苏门号
22世	邹希植	1802—?	克立、建功	广西容县	
22世	邹希衍	1812—1869	克裔、基田	广西容县	商号苏门号
22世	邹希平	1820—1867	克治、南坡	广西容县	商号苏门号
22世	邹希滋	1823—1846	克蕃、庶齐	广西容县	商号苏门号
22世	邹希月	1824—1859	克初、朗轩	广西容县	商号苏门号
22世	邹希礼	1827—1881	克勇、鲁庄	广西容县	
22世	邹希达	1830—1854	克赐、器也	广西容县	商号苏门号
23世	邹宜惠	1829—1877	为施、恩绅	广西容县	
23世	邹宜有	1832—1897	为业、富绅	广西容县	
23世	邹宜鸣	1839—1857	为皋、斐声	广西容县	商号苏门号
23世	邹宜彭	1849—?	为寿	广西容县	商号苏门号

续表

世系	姓名	生卒	字号	经营地区	备注
23世	邹宜大	未详	为全、方圆	广西容县	
24世	邹日让	1857—?	从新、翰园	广西容县	卒容县
24世	邹日榕	1866—1896	从登、承均	广西容县	卒容县
24世	邹日耀	1869—?	从辉、光裕	广西容县	卒容县
24世	邹日辉	1873—1943	光成、文彬	广西容县	
23世	邹建琼	1847—1923	新琳、云蒸	广西横县	
26世	邹金铉	1873—?	作讱、仁中	广西横州	商号种梅书店
23世	邹建保	1878—1933	新佑、自天	广西横州	商号文香阁
24世	邹恒振	1900—1970	慕成、玉轩	广西横州	商号文香阁
24世	邹恒堉	1904—1951	慕畬、凝轩	广西横州	商号文香阁
27世	邹瀚成	1906—1951		广西横州	商号种梅书店
23世	邹新涛	1864—1933	建帆、波平	广西横州	
24世	邹恒葆	1915—1992	芝轩	广西横州	商号文香阁
25世	邹式绩	1915—?	懋纯	广西横州	
24世	马从金	1766—?	以镰	广西贵县	
19世	邹宇光	1767—1814		广西贵县	
25世	邹继柏	1831—?		广西贵县	商号本立堂
25世	邹继善	1834—?		广西贵县	商号本立堂
26世	邹森成	1874—1943		广西贵县	商号本立堂
24世	邹恒聪	1883—1913	慕亶、颖徵	广西贵县	
25世	马伯瑝	1890—1933	象昂、启明	广西贵县	
25世	马益润	1891—?		广西贵县	
25世	邹肇隆	1893 1935	时中	广西贵县	商号怡经堂
25世	邹肇钦	未详	敬夫、明甫	广西贵县	商号怡经堂

续表

世系	姓名	生卒	字号	经营地区	备注
25 世	邹肇极	未详	品三	广西贵县	商号怡经堂
24 世	邹恒均	1907—1955	硕儒、盛珍	广西贵县	
28 世	邹洪钧	1904—1943		广西贵县	商号本立堂
25 世	邹式沐	1932—?	懋丰、英才	广西贵县	
21 世	邹丕崇	1777—1814	元贵	广西百色	
26 世	邹远昌	1893—1953		广西百色	商号印务书局
28 世	邹洪熙	1901—1971		广西百色	商号大同书局
24 世	邹恒培	1903—1969	硕滋、养志	广西百色	商号印务书局
24 世	邹子中	1906—1974		广西百色	商号印务书局
28 世	邹洪臬	1922—?		广西百色	商号印务书局
23 世	邹建言	1863—?	新仁	广西平马	商号上达号
23 世	邹建达	1871—1942	新上、誉开	广西平马	商号上达号
24 世	邹恒焕	1907—1979	慕添、德斋	广西平马	商号上达号
24 世	邹恒春	1922—1989	慕赛、日旺	广西平马	商号上达号
19 世	邹上才	1777—?	明厚、训吉	广西抚安	卒于抚安
	邹春华	1819—?		广西抚安	
25 世	邹邦彦	1833—1879	腾光、高翔	广西桑州	商号万卷楼
25 世	邹邦钰	1843—1881	蕴光、玉兰	广西桑州	商号万卷楼
24 世	邹恒监	1894—1944	慕衡、藻轩	广西隆安	
20 世	邹泰和	1782—1838	亮孔、志信	广西振安	
17 世	邹贵臣	1690—?	祖祈	广西	
19 世	马昌麟	生于康熙间	合周	广西	定居广西
20 世	马先富	生于康熙间	光崇	广西	定居广西
22 世	马履智	1724—1788	学夫、海亭	广西	

续表

世系	姓名	生卒	字号	经营地区	备注
19 世	邹上达	1735—?	明辉、先吉	广西	
19 世	邹秉椿	1755—1805	鸣保、喻生	广西	
20 世	邹孔斌	1792—1843	子廷、璘轩	广西	
23 世	邹宜善	1862—1884	为庆、三余	广西	
25 世	邹理后	1881—?	光前、文轩	广西	
	邹祖荣	未详	立仁	广西	
20 世	马隆玺	1652—1722	麟玉	湖南益阳	
19 世	马学彭	1663—1709		湖南益阳	
20 世	马增凤	1665—?		湖南益阳	
19 世	马孝彭	1668—?		湖南益阳	
20 世	马玠	1673—1715	锡勋	湖南益阳	
19 世	马七彭	1677—?		湖南益阳	
20 世	马龙珩	1678—1735	楚文、文生	湖南益阳	
20 世	马龙琏	1683—?	商文、忠潭	湖南益阳	
21 世	马洪厚	1705—1767	世忠	湖南益阳	
21 世	马洪饶	1708—1755	饶周	湖南益阳	
19 世	马士长	未详		湖南益阳	定居益阳
19 世	马士茂	未详		湖南益阳	定居益阳
21 世	马太纶	1719—?	翰经	湖南临武	
22 世	马祚澄	1751—?		湖南临武	
22 世	马祚淳	1752—1825	博文	湖南临武	
22 世	马祚霖	1759—?		湖南临武	
22 世	马祚淮	1762—1817	彬文	湖南临武	
22 世	马祚雯	1765—?		湖南临武	

续表

世系	姓名	生卒	字号	经营地区	备注
23 世	马源崇	1776—?	德修	湖南临武	
23 世	马殿材	1781—?	升用	湖南临武	
22 世	马祚武	生于乾隆间		湖南临武	
22 世	马祚敖	1738—?	音玉	湖南永兴	
23 世	马源厚	1749—?	广存	湖南永兴	定居永兴
22 世	马祚观	生于乾隆间		湖南永兴	
22 世	马祚卓	生于乾隆间	厚杰	湖南永兴	
20 世	马隆佑	1656—?	麟祥	湖南安化	
20 世	马隆统	1686—1734	成德	湖南安化	
	马济国	1690—?		湖南安化	
21 世	马松林	1701—1735		湖南桂阳	
21 世	马赓	1757—1837	先显、着山	湖南桂阳	
21 世	马洪迪	生于康熙间	六禾	湖南桂阳	
24 世	马从立	1771—?		湖南桂阳	
22 世	马祚玩	1732—?	赏玉	湖南茶陵	
24 世	马从礼	1739—?	宗姬	湖南耒阳	
22 世	邹希皋	1818—1841	克允、弼亭	湖南常德	
23 世	马源渡	1796—?		湖南光华	
20 世	马隆光	1660—?		湖南	流动
24 世	马从儒	1836—1892		湖南	流动
21 世	邹际唐	1781—?	元暲	浙江温州	
22 世	邹希天	1801—1847	克圣、穆天	浙江温州	
22 世	邹希道	1815—1884	克任、毅夫	浙江温州	商号天甲号
22 世	邹希福	1823—1889	克佑、天甲	浙江温州	商号天甲号

续表

世系	姓名	生卒	字号	经营地区	备注
23世	邹宜桢	1830—?	为翰、邦屏	浙江温州	
23世	邹宜青	1844—1903	为松、长龄	浙江温州	商号天甲号
23世	邹宜赵	1855—1915	为城、土生	浙江温州	商号天甲号
23世	邹宜瞻	1858—?	为淇、竹友	浙江温州	商号天甲号
23世	邹宜正	1865—1892	为泳	浙江温州	商号天甲号
23世	邹宜德	未详	长生	浙江温州	
24世	邹日木	1881—?	从棠	浙江温州	
24世	邹日永	1895—?	从荣	浙江温州	
24世	邹日林	1898—?	光森	浙江温州	
23世	邹宜和	1862—1898	为乐、石珍	浙江金华	商号宜舜号
23世	邹宜舜	1835—1885	为韶、来仪	浙江金华、兰溪	商号宜舜号
21世	马洪年	生于康熙间		浙江	定居浙江
20世	邹立萃	1768—1839	拔荣	浙江	
24世	马从堂	1816—?	文登	浙江	
22世	邹希慎	1818—1889	克德、懋齐	浙江	
22世	马其九	未详		浙江	定居浙江
22世	马祚欲	未详		浙江	定居浙江
20世	马顺珍	1680—1725		四川	定居四川
21世	马洪斌	生于康熙间	洪望	山东曲阜	定居曲阜
21世	马洪章	生于康熙间	怀山	山东曲阜	定居曲阜
17世	邹让国	1700—1768	德让、逊臣	山东	
17世	邹储国	1705—?	飏臣、长潮	四川重庆	
23世	马源佐	1749—?	宜任	四川乾阳	

续表

世系	姓名	生卒	字号	经营地区	备注
19 世	邹占南	1667—1736	首声、梅友	广东、广西	
18 世	邹麟史	1710—1760	孔章、清玉	广东、广西	
19 世	邹观辉	1734—1815	怀光、尚宾	广东、广西	
19 世	邹上达	1735—?	明辉、先吉	广东、广西	
22 世	邹谦	1742—?	益官、受亭	广东、广西	
19 世	邹上连	1744—1804	明镇	广东、广西	
20 世	邹朝锦	1770—1848	立亮	广东、广西	
23 世	邹步蟾	1793—1878	完士、桂林	广东、广西	
22 世	邹希财	1805—?	克敏、文澜	广东、广西	
20 世	邹泰文	1818—?	亮锦、志尹	广东、广西	
25 世	马伯伊	1855—1924	宇望、赞汤	广东、广西	
23 世	邹新位	1860—1933	弼卿、建中	广东、广西	
20 世	邹圣雍	未详	潘彦	广东、广西	
26 世	邹宜祚	未详	衍昌	广东、广西	
24 世	邹恒裕	1877—1931	慕容、享饶	广东、 广西永淳	
15 世	邹孝庵	1650—?		江西、广东	
21 世	马翔	1731—1815	逊翔、云庵	江西、广东	
23 世	邹夫邦	1780—1854	崇瑞、德标	江西、广东	
20 世	邹孔音	1764—1820	子琴	江西、广西	
20 世	马隆辉	1656—1734	麟瑞	湖南、广东	流动
22 世	马祚吉	1704—?	允谦	湖南、广东	流动
18 世	马应凤	生于康熙间	士祥	湖南、广东	流动
21 世	马洪景	生于康熙间		湖南、广东	流动

续表

世系	姓名	生卒	字号	经营地区	备注
21世	马洪瑾	1727—?	美徵	湖南、广东	流动
23世	马成形	1733—?		湖南、广东	流动
23世	马源长	1740—?	世远	湖南、广东	流动
22世	马祚瑞	1754—?	周华	湖南、广东	流动
22世	马祚皇	1762—?	周伍	湖南、广东	流动
22世	马祚雄	1768—?	道辉	湖南、广东	流动
22世	马祚九	1769—?	道田	湖南、广东	流动
22世	马祚武	1770—?	道汉	湖南、广东	流动
23世	马田材	1797—?	畴用	湖南、广东	流动
24世	马从芳	1814—?	宣景	湖南、广东	流动
24世	马从右	1824—?	宣昌	湖南、广东	流动
19世	邹秉衡	1707—1778	鸣魁	江西、福建	
19世	邹秉均	1718—1796	永生、鸣盛	江西樟树、福建武夷	
16世	邹启观	1627—1683	宾王	浙江、江苏、广东	
20世	马定韬	1688—1729	则龄、渭溪	浙江、江苏、广东	
15世	邹士节	1630—1689	孟和	江苏、广东	
20世	马定策	1677—?	则升、敬峰	江苏、广东	
21世	马烈	1709—1752	斯扬、缵庵	江苏、广东	
16世	邹大贞	1632—1681	启壮	江苏、浙江	
20世	马定略	1680—1718	则忠	江苏、浙江	
16世	邹启萃	1634—1693	大亨	浙江、江西、福建、广东	

续表

世系	姓名	生卒	字号	经营地区	备注
20世	邹孔瑞	1765—1835	子琪、瑞轩	广东嘉应、广西邕州、福建武夷	
24世	邹序和	1808—1881	易熙、康山	广东潮州、惠州，广西贵县	
21世	邹廷仁	1750—?	寿山、毅斋	福建漳州、广东潮州	
20世	邹世山	1765—1804		福建漳州、广东潮州	
21世	邹廷璜	1736—1810	徵璜	福建漳州、广东潮州	
21世	邹廷师	未详	尊山、南溪	福建漳州、广东潮州	
20世	邹孔茂	1752—1829	子华、松轩	广东、广西、江西	
20世	邹孔嘉	1760—1838	子瑶、玮轩	广东、广西、江西	
25世	邹云经	1845—1892	肇梯、成远	江西南昌、广西贵县、广东潮州	商号文兰书局
19世	邹凤	未详	凤飞、岐山	福建漳州、广东	
23世	邹国良	1822—1896	同德、佐臣	福建武平、广东平远	
24世	邹卓学	1816—1865	序宛、翰堂	湖南卢阳	
19世	邹鸣基	1738—1800	宇云	湖北江汉地区	
20世	邹孔椿	1747—1832	子荣、龄轩	湖北江汉地区	

续表

世系	姓名	生卒	字号	经营地区	备注
16世	马孟吉	1585—1664	汝贞、南阳	各地	
18世	马大昭	1624—1683	炳元	各地	
16世	邹启赞	1636—1713	德襄、在公	各地	
20世	马定一	1676—1727	则周、逸庵	各地	
22世	马祚宽	1689—1754	厚贻	各地	
22世	马履堂	未详	肯夫、构轩	各地	
23世	马萃大	1768—1858	正存、厥中	各地	
20世	邹斌才	1778—1839	圣相、均亭	各地	
22世	邹松	1740—1810	寿官、芳林	未详	
22世	邹经元	1756—1801	启祥、东园	未详	

附录二：邹序恩翠云堂书目清单

此书目清单册现藏翠云堂邹序恩后人处，这并不等于翠云堂当年的刻书书目。美国学者包筠雅教授说："就一家书坊刊印的书籍而言，860种似乎是多得超出了常规。文海楼账本所列书目是251种……最长的分关仅列出了107种。因此，这份清单看起来可能属于一种参考手册。……若干家书坊可能就是通过这个清单来计算它们需要订购的纸张数的。"这个说法比较中肯。这份清单可视为清乾隆、嘉庆年间四堡书业鼎盛时期整个族群刊刻图书的清单，而非一家书坊的出书品种数，充分证明了这一时期四堡刻书业的辉煌。原件分为天部（文章）、地部（四书）、人部（经史），记有作者、书名（多简称）、开本、用纸数等，弥足珍惜，附此供研究者参考。

天部文章

《钦定四书》（纸）

《元墨正宗》（纸，长毛边割，七角一部）

谢溶采《闱墨文腋》（纸，大毛边割十五张）

李矩香《五科墨卷脱颖》（纸）

许球玉《墨选大观》（纸）

梁保庆《墨选观止》（纸）

梁保庆《墨选精锐》（纸）

梁保庆《墨选精诣》（纸）

《墨选质言》（纸）

《墨卷酌宜》（纸）
《墨鹄约刊》（纸，大毛边十三张）
《墨卷衡品》（纸）
周白顺《举业前新模》（合纸）
张补山《花样集锦》（纸）
鲍西评《袖珍集锦》（纸）
王步青、于惺芥《前八集分编》（纸）
王罕皆《后八集分编》（纸）
浦子香《偶钞五编》（纸）
吴兰陔《天崇百篇》（纸）
朱衡佩、吴兰陔《天崇欣赏》（纸，大毛边割十张）
李鸣谦、吴承绪《注释春霆》（纸，长毛边割十张）
朱衡佩《高批天崇欣赏》（纸）
吴兰陔、李文山《注释八铭》（纸，长毛边割十张）
《批注存真汀注》（纸，大毛边割十张）
《本朝卅名家》（纸）
吴兰陔《姓氏题文》（纸，大毛边割张）
余之俊、马谧斋《注释英雅初集》（纸）
《英雅二集》（纸，长毛边割十二张）
余秀民《英雅三集》（纸，长毛边割十二张）
陈澹岩《批点名文约编》（纸）
史卓峰《时文备法》（纸，长毛边割十张）
王容周《狐白初二集》（纸，长毛边割十张）
《制义腋班》（纸，大毛边割十张）
钱开仕昆玉《同怀制义》（纸，大毛边割十张）
李桢《分类文腋》（纸）
张声有《小题明文解》（纸，长毛边割十张）
楼季美《小题明文贯》（纸）
茹古香《吟花初二集》（纸）
李矩香《巧对生花》（纸，长毛边割十张）
李矩香《小题偶钞初编》
《注释利试文楷》（纸，大毛边割十张）
郝廷显《注释利试文中》（纸，长毛边割十二张）
余秀民《注及锋集》（纸，大毛边割十张）
吴钟骏、宋清寿《小题拾芥初

二》（合纸，初）
张跃鳞《小题濬灵》（合纸）
路德《时艺九种》（合纸，话、综、课、引、阶、核、钎）
欧居士《小题指南初二三集》（合纸，内失五页）
舒恭受《小题薮芥》（纸）
高敏《小题锥颖》（纸）
《小题圆润》（纸，大毛边割十张）
吴退旃《小题采风》（纸）
高敏《小题英锐》（纸）
张芦香《小题锐锋》（纸）
林志澄《小题课虚》（纸）
《小题秀器》（纸）
王式金《闽峤文约》（纸）
《小品文粹》（纸，大毛边割十张）
黄砚北、潘衡斋《屑琼初二集》（初纸）
林志澄《小题神技》（纸，大毛边割十二张）
王逊斋、袁枚《发蒙针度》（纸，长毛边割十张）
李锡钻《映雪斋时文》（纸）
张仙槎《名文秘要》（纸）
葛一荣、马德纯《注释禹门课艺》（纸，大毛边割十张）
杨鹤鸣《三山时文》（纸）
周苍士《时文拓胸》（纸）
陈兆崙《陈勾山改本》（纸，内课）
鲁庆元《小题灵源》（纸）
云溪居士《小题尖锋》（纸）
《小题利锋》（纸）
吴肖元《小题秘诀》（纸，内破承法则）
郑咸九《袖珍芹宫新谱》（纸，即《入泮金针》）
楼季美《濬灵秘书》（纸）
鲍西评《中式花样》（纸）
梁昌和《振西课艺》（纸，内赋诗）
黄位中《石龙课艺》（纸）
刘文蔚、高文宗《述德斋加批》（纸）
慕甲荣《述德堂》（纸）
蔡源远泉《注释小题文津初编》（纸，长毛边割十二张）
汤修来《小题登龙》（纸，长毛边割十二张）
仲柘庵《制义贯弗》（纸，大毛边割十张，内《芹宫墨谱》）
钟屿《文津指要》（纸）

王步青、纪昀《注张晓楼》（纸）
张江《百川塾课》（纸）
管世铭《管缄若时文》（纸）
柏谦、向日贞《注释分类文腋》（纸）
柏谦《碧山堂归正》（纸）
《槐阴堂稿》（纸）
阙文稿《阙疑斋稿》（纸）
方椠如《集虚斋稿》（纸）
孙谦《孙益斋初二》（纸）
陈烺《东村晚存》（纸，大毛边割十张）
陈烺《东村掇余》（纸）
庞大猷《庞沙园稿》（纸）
彭蕴章《鹤和楼稿》（纸）
范容经《乐育堂稿》（纸）
曹昌《小题时尚》（纸，大毛边割十张）
来宗敏《懋斋小题》（纸）
来宗敏《懋斋时艺》（纸）
李矩香《考卷约选初二三集》（纸，大毛边割十张）
周芾堂《三江考卷英华》
《小题文粹》（纸）
《小题文钞》（纸）
《考卷选腴》（纸）
蔡赓飏《山西试艺》（纸）
翁遂龠《考卷隽快初二三集》（纸，初、二、三）
李矩香《考卷脱颖》（纸，大毛边割十二张）
李矩香《巧卷脱颖》（纸）
缪文溶《截搭新编》（纸）
《截搭云锦》（纸）
顾元恺《截拾斯盛》（纸）
岑灼文《联章长搭》（纸）
许也秋《搭题文粹》（纸）
童春庵《巧搭观成》（纸）
《巧搭文选》（纸）
徐宗幹《截搭观止初二集》（纸）
《搭题备法》（纸）
吴逾龙《初学文范》（纸）
郝象周《初学指掌》（纸，长毛边割十二张）
汤修来《初学鹏程》（纸，长毛边割十二张）
伍奎府《初学入门》（纸）
郝象周《引蒙易晓》（纸，大毛边割十二张）
吴肖元《采芹捷诀》（纸）
《初学编锦》（纸）
《初学宝锦》（纸）

《初学快心》（纸）
郑应元《初学先程》（纸）
黄梅峰《作文意路》（纸）
徐敬轩《初学玉玲珑》（纸）
乐梅溪《初学文矩》（纸）
吴耀宗、郑应元《注释追琢集》（纸）
《举业定程》（纸，大毛边割十张）
黄庭闻《文法指南》（纸，长毛边割十张）
许竹斋《文法入门》（纸，长毛边割十张）
胡延绮《文法金针》（纸）
纪晓岚《文法度针》（纸）
郑应元、吴昌门《注青云路》（纸）
张声有、陈衡斋《小题拆字》（纸，长毛边割十二张）
《初学绳墨》（纸，大毛边割十张）
《初学引机》
黄焕林《法门引进初二集》（合纸，初、二）
陈长发、王焕林《龙门必初跃》（合纸，初、二）
郑之琮、潘起庵《初学正风》（纸）
谢入成《课童金锐》（纸，长毛边割十二张）
郑之琮《童子问路》（纸，长毛边割十二张）
张引生《三家俚言》（纸）
李鲁瞻《十岁能文》（纸，长毛边割十二张）
曹晓庐《十四层捷诀》（纸）
朱曾武《时文笔谱》（纸）
唐翼修《片作文谱》（纸）
《小题别体》（纸）
《明文明》（纸）

地部四书

（中板）《四书正文》（纸，大毛边割十张）
（中板）《四书集注》（纸）
（中大）《四书朱注》（纸）
（大板）《四书离句》（纸，长大纸割八张）
（大注）《四书章句》（纸）
（大板）《四书备旨》（纸）
（中板）《四书备旨》（纸）
邓林（大板）《四书补注》（纸，长大纸割八张）
（中板）《四书补注》

邓退庵、邹汝达（大板）《四书题窍》（纸，长大纸割八张）

浦泰、张大中（大板）《四书阐注》（纸，长大纸割八张）

（大板）《四书阐备》（纸）

（大板）《四书体注》（纸）

邓林、范紫登（中板）《四书体注》（纸，长大纸割八张）

林于九（大板）《四书审鹄》（纸，长大纸割八张）

翁克夫（大板）《四书合讲》（纸，割八张）

翁复、詹文焕（中板）《四书合讲》（纸，大毛边割九张）

（袖珍）《四书合讲》（纸）

（片板）《四书合讲》（纸）

邓菉岸、伍大缙（大板）《四书引解》（纸，长毛边割八张）

邓林（大板）《四书合解》（纸，长毛边割八张）

（大板）《四书辑考》（纸）

（大板）《四书摘要》（纸）

（大板）《四书择粹》（纸，大毛边割六张半）

（大板）《四书经注》（纸，大毛边割九张）

胡斐才、纪晓岚（大板）《四书撮言》（纸，大毛边割九张）

（片板）《四书撮言》（纸）

王步青（大板）《四书汇参》（纸）

（片板）《四书汇参》

曹万为、庄有恭（大板）《四书详说》（纸，长毛边割八张）

金澂（大板）《四书味根录》（纸）

金澂（片板）《味根录》

（袖珍）《味根艺林萃珍》（纸，内文）

（大板）《朱子条辨》（纸，长毛边割八张）

（中板）《四书心印》（纸，长毛边割十张）

曹之升（大板）《四书摭余说》（纸）

张甄陶、钱屿沙（片板）《四书翼注》（纸，大毛边割十五张）

黄仲霖、陈榕门（片板）《四书聚考》（纸，大毛边割十五张）

甘驭麟（中板）《四书类典赋》（纸，长毛边割十二张）

（片板）《四书类联》（纸，大毛

边割十五张）
阎若璩（片板）《四书释地》（纸）
王瑞亭、王罕皆（小板）《四书典考》（纸）
汪灵川（片板）《四书题镜》（纸，三纸割十五张）
臧讱斋（片板）《四书串珠》（原纸，大毛边割十五张，少纸）
臧志仁（袖珍片板）《串珠》（纸，大毛边割十七张）
（片板）《四书典腋》（纸，大毛边割十张）
（袖珍）《典腋》（纸）
陈慎思（袖珍）《四书典要》（纸）
郑文焕（片板）《学文资典》（纸，汇）
孙延（片板）《行文语类》（纸，多）
（中板）《四书绎注》（纸）
刘尽侯（中板）《二论引端》（纸，长毛边割十二张，五经堂）
李九我（中板）《二论串文》（纸，长毛边割十二张）
孙子未（中板）《进学解》（纸，长毛边割十张）
孔荣（中板）《学庸爽心》（纸，大毛边割十张）
（大板）《孟子点睛》（纸，大毛边割九张）
苏老泉、赵氏批（大板）《苏批孟子》（纸，廉纸割八张）
际虞（大板）《学庸图说》（纸）
（袖珍）《中庸义疏》（纸）
江慎修（大板）《乡党图考》（纸，大毛边割九张）
《四书捷解》（纸）

人部经史

（大板）《五经捷》（纸）
（小板）《孝经小学备旨》（纸）
陈士贤（大板）《小学集注》（纸）
王藻儒、陈大士（片板）《小学从圣解》（纸）
徐扬贡、杨尔茂（片板）《经史辨体全集》（纸）
阎其渊、臧志仁（袖珍）《文典经史撷芳》（合纸，内串）
郭子彦（片板）《经史问答》（纸，失五页）

（袖珍）《杜林六经》（纸）
（片板）《经传联珠》（纸）
黄淦（片板）《七经精义》（合纸，大毛边割十五张）
袁翥云（片板）《七经字训》（纸）
顾炎武（片板）《日知录》（纸）
梧冈（大板）《御案五经备旨》（合纸）
（大板）《五经体注》（纸，长大纸割八张）
（片板）《五经体注》（纸）
（袖珍）《五经择粹》（纸）
周章成（袖珍）《五经编义》（纸）
（片板）《五经句解》（纸，大毛边割十五张）
许宝善、周蕙田（大板）《五经揭要》（纸）
（大板）《五经旁训》（纸原，少）
（中板）《五经正文》（纸，大毛边割十张）
朱宗腾（大片板）《五经集字》（片纸，大纸，大毛边割八张）
（片板）《五经文荟》
（大板）《五经辨体》
（袖珍）《五经揭要》（纸）
（大板）《四书读》（纸）
（中板）《易经正文》（纸）
李明新（中板）《易经离句》（纸）
《易经来注》（纸）
韩了心（大板）《易经了心义补》（纸）
（大板）《易经折中》（纸）
（大板）《易经监本》（纸，斗方割四张）
王登、莫宝斋（中板）《易经指掌》（纸）
梧冈（大板）《易经备旨》（纸）
黄淳耀、严而宽（大板）《一见能解》（纸，长毛割八张）
（大板）《御案易经备旨》（纸，斗方割八张）
（大板）《易经体注》（纸，长大纸割八张）
薛嘉颖（大原）《易经精华》（纸，割八张）
（大少）《易经精华》（纸，大毛边割八张）
（大板）《易经旁训题旨》（训，题）

《书经正文》（纸）

钱在培（大板）《书经离句》（纸，大毛边割）

（大板）《书经旁训题旨》（纸）

蔡沈集（大板）《书经监本》（纸，斗方割四张）

谢凝道（大板）《书经备旨汇参》（纸）

卢文弨、郑康成（大板）《尚书大传》（纸）

（大板）《书经翼注》（纸）

蔡沈、梧冈（大板）《书经备旨辑要》（纸）

（大板）《书经体注》（纸，长大纸割八张）

（大原）《书经精华》（纸，贰百零五张，大毛边割八张，外加禹贡图）

薛嘉颖（大少）《书经精华》（纸，壹百八十六张，大毛边割八张）

（中板）《诗经正文》（纸壹百五十九）

（大板）《诗经旁训题旨》（纸壹百八十三张，纸壹百廿九张）

朱夫子（大板）《诗经监本》（纸）

（大板）《诗经监本删补》（纸）

邹述古辑（大板）《诗经备旨汇参》（纸三百廿张，内图十八页）

（大板）《诗经汇参》

邹梧冈（大板）《诗经备旨善本》（纸三百七十九张）

（大板）《诗经备旨辑要》

（大板）《诗经合讲》（纸）

江晋云（大板）《诗经备旨》（纸三百八十七张）

薛嘉颖（原少）《诗经精华》（纸三百四十九张，三百十五张）

江晋云注（大板）《诗经衍义》（纸三百四十五张）

（中板）《礼记正文》（纸三百四十三张）

（大板）《礼记旁训题旨》（纸三百六十九张，贰百六十一张）

陈澔集说《礼记监本》（纸八百卌九张，大毛边割九张）

《礼记述注》（纸）

《御案礼记备旨》（纸，斗方割四张）

《礼记疏意》（纸，长毛边割八张）

彭观吉辑（套板）《礼记汇参》（纸，高廉割八张）
彭观吉（套板）《礼记省度》（纸，割八张）
（全文）《礼记体注》
范荣登（省文）《礼记体注》（纸，长大纸割八张）
（中板）《春秋正文》（纸）
《春秋旁训题旨》（纸）
《春秋监本》
梧冈《御案春秋备旨》（纸，斗方割四张）
《春秋体注》（纸，长大纸割八张）
《春秋五传》（纸，长毛边割八张）
韩菼、张天如（中板）《左传句解》（纸，大毛边割十张）
吕伯恭、朱书字绿评《东莱博议》（纸）
张岐然《左传白文》（纸）
饶谦《分国左传要诠》（纸，长毛边割八张）
杜元凯、姜希辙《左传统笺》（纸）
《左传杜林》
《左绣汇参》（纸，长大纸割八张）
杜元凯、冯李华《华川左绣》（纸）
胡必相加批、冯人瑞《朱批周礼贯珠》（纸，高廉割十五张）
高宝超、邓恺《周礼节要》（纸）
黄崑圃、姚培谦《周礼节训》（纸，大毛边割十七张）
连叔度《周官精义》（纸，大毛边割十七张）
李光坡《周礼述注》（纸）
陈龙标《周礼精华》（纸）
《仪礼章句》（纸）
（大板）《三礼图》（纸）
（中）《三礼便读》（纸）
于光华《古文分编》（纸，大毛边割八张）
林西仲《古文析义》（纸，割十五张）
沈德潜批点《唐宋古文》（纸）
纪昀编、林西仲评《古文发硎》（纸）
余诚《古文释义》（纸，大毛边割九张）
陈宏谋《古文详解》（纸，大毛

边割九张）

杭永年《古文快笔》（纸，大毛边割九张）

《古文集宜》

《古文喈凤》

《古文节解》

《古文检玉》

《古文评注》

钟敬伯六十种《汉魏丛书》（纸）

毛奇龄、郑宝峰（片板）《唐诗金针》（纸）

任福祐（片板）《灵通解》（纸，长大纸割十八张）

王翼云（小板）《唐诗合解》（纸，长大纸割十八张）

杨涑水集（大板）《余堂集句》（纸）

（大板）《唐诗贯珠》

刘豹君《唐诗合选》（纸）

（大板）《注三百首》（大片纸外）

刘后村、谢枋得、王晋升（大板）《图注千家诗》（纸）

（中板）《图注千家诗》

汤世君、吴世钦（大板）《槐轩名家诗稿》（纸）

（大板）《昌黎诗》

易云纪、孙夺杨（片）《咏物诗》（纸）

纪晓岚（片）《庚辰集》（纸）

朱诞之、冯泉（片）《采丽集》（纸）

屈宗、钟嘉猷（片）《子史诗》（纸）

吴锡麒（片）《有正味诗》（纸）

黄爵滋、秋林（片）《汇海诗》（纸）

（片）《紫云初集》（纸）

（片）《紫云二集》（纸）

高敏选（片）《紫云三集》（纸）

纪昀、郭斌（片）《纪晓岚》（纸）

聂铣敏（片）《寄岳云初稿》（纸）

聂铣敏、张眉山（片）《寄岳云》（纸）

聂铣敏、张学苏（片）《批寄岳云》（纸）

朱兆凤、聂蓉峰、张眉山（套板）《寄岳诗》（纸）

蒋义彬（片）《清华诗》（纸）

（小板）《吟秋诗》（纸）

（片）《悬鹊诗》

杨昌光、杨延亮（片）《醉芸窗》（纸）
杨昌光（片）《花样诗》
杨逢春（片）《青云诗》（纸老，新）
陆纾江（片）《金针诗》（纸）
陈宝璐、周友松（片）《瑯琊诗》（纸）
魏茂林（片）《九家诗》（纸）
吴纯夫（片）《千家诗》（纸）
张遐宇（片）《七家诗》（纸）
《加注七家诗》（纸）
《套注七家诗》（纸）
黄叙园、植斋（袖珍）《寓惠集》
黄金学（片）《仙样诗》（纸）
（片）《景物诗》（纸）
曹治川（片）《月令诗》（纸）
倪建中（小板）《分月诗》（纸）
（片）《序时诗》
李桢（片）《分韵诗腋》（纸）
王家相《袖珍大观诗》
舒孔安（片）《云璈诗》（纸）
（袖珍）《唐别裁》（纸）
沈德潜（袖珍）《宋别裁》（纸）
沈确士（袖珍）《元别裁》（纸）
沈确士、周钦莱（袖珍）《明别裁》（纸）
沈德潜（袖珍）《国朝别裁》（纸）
《唐宋诗醇》（纸）
（片）《唐评选》（纸）
袁子才（片）《小仓山房》（纸）
李桢、宓如椿（片）《帖体诗》（纸）
徐文弼（片）《诗法度针》（纸）
游艺（中板）《诗法入门》（纸）
游子六（片）《诗法入门》（纸）
王玉（片）《四书诗韵》（纸）
（片）《六经正葩》
杨昌光（片）《插花诗》
黄岩《观海诗赋》（纸）
（片）《诗赋准绳》
刘豹君《诗韵含英》（纸）
刘豹君《诗韵辨同》（纸）
甘芳谷《诗韵题解》（纸）
余照春《诗韵集成》（纸）
王起鹏《诗韵编义》（纸，少）
邓恺《韵府约编》（纸）
（大板）《韵府群玉》（纸）
葛为焕（袖珍）《韵府珠机》（纸）
（袖珍）《诗韵合璧》（纸）
刘豹君（片）《诗学含英》（纸）

刘豹君、向群增《增韵诗含英》（纸）
杭堇浦（片）《诗学琳琅》（纸）
马闳肆（片）《诗学汇典》（纸）
余象斗（片）《活法大成》（纸）
（大板）《圆机活法》（纸）
《子史精华》（纸）
秦嘉谋、王忠遂、吴日（片）《干支集锦》（纸）
萧藜庭（片）《骈字类珠》（纸）
车万育、王忠遂、夏次临（片）《启蒙对类》（纸）
欧达彻、李天淇（片）《韵对屑玉》（纸）
雷林（片板）《咀华念七种》（纸）
（片）《声律启蒙》（纸）
方伯海（大板）《文选集成》（纸）
顾施祯、金维宁（片板）《文选六臣》（纸）
（片）《文选集评》（纸）
（片）《文选集腋》（纸）
李善注（大）《昭明文选》（纸）
华希闵、吴淑（片）《广事类》（合纸）
吴世旃《广事类赋》（纸）
张均《事类补遗》（纸）
王凤喈《续事类赋》（纸）
（片）《唐人赋》（纸）
郑伯壎（片）《锦标赋》（纸）
金镇、王家相（片）《韵兰赋》（纸）
（片）《宛虹赋》（纸）
（片）《刘亮赋》（纸）
任聘三、荣子怀（片）《青选赋》（纸）
吴锡麒、胡王树（片）《有正味赋》（纸）
顾鹤巢评（片）《鸣盛赋》（纸）
陈鹤年编（片）《凤芝赋》（纸）
张维城（片）《鸡跖赋》（纸）
余炳照（片）《赋指南》（纸）
夏思沺（片）《少嵒赋》（纸）
徐斗光（大）《赋仙丹》（纸）
（大）《凌云赋》（纸）
（大）《丽则赋》（纸）
张维城（袖珍）《鸡跖赋》（纸）
（大）《历朝赋》
（中）《赋钞笺略》
刘垣之评（大）《试策法程》（纸）
张北拱评（大）《天下要书》（纸，即国策评林）

(片)《策纂要》
鲍彪注（大)《战国策》
袁子才（片)《山房全集》(纸)
(大)《杜少陵》(纸)
江浩然（大)《杜集说》(纸)
《太白全集》
(大)《东坡集》
李笠翁（大)《一家言》(纸)
吴锡麒（片)《有正味全集》(纸)
(大)《西堂全书》(纸)
蓝鼎元（片)《鹿洲集》(纸)
(小)《随园诗话》(纸)
袁子才（片)《随园诗话》(纸)
李调元（片)《雨村诗话》(纸)
蒋云会（袖珍)《艺名言》(纸)
伍芝轩（片)《读乐趣》(纸)
邱琼山、杨界右（中)《幼学寻源》(纸)
邹梧冈（大)《幼琼林》(纸)
程元升（大)《幼珠玑》(纸)
(大)《幼故事聚锦》(纸)
(大)《幼直解》(纸)
王伯厚（大)《徐氏三种》(纸)
马闳肆（大)《启蒙全镜》(纸)
王伯厚（大)《启蒙必读》(纸)
马勺园（大)《四民十锦》(纸)
(片)《东园杂字》(纸)
熊峻运（大)《姓氏谱》(纸)
吴继缓（片)《算统宗》(纸)
(中)《算统宗》(纸)
(片中)《指明算法》(纸)
蔡（片)《官话音》(纸)
(中)《明心镜》(纸)
石天基（片)《传家宝》(纸)
(大)《传家宝》(纸)
《传家初编》(纸)
王缵堂（片)《通天晓》(纸)
陶朱公（中)《致富奇书》(纸)
徐倬，本朝名家杂著（片)《说铃前后》(合纸，前)
(片)《康熙字典》(纸，大板样)
(片)《道光字典》(纸)
(片)《校士录》(纸)
汪武（片)《正字通》(纸)
韩菼、汪武（大)《正字通》(枕芸纸)
(中)《正字通》(纸)
(大)《增补字汇》(纸)
廖百子（大)《正字通真本》(纸)
(大)《篆字汇》(纸)
(大)《草字汇》(纸)

卢绍麟、杨占鳌（片）《辨字摘要》（纸）
（大）《芥子园》（纸）
（大）《千竹斋》（纸）
（大）《芥子园画谱》（纸）
邹梧冈（大）《书画同珍》（纸）
邹梧冈、名家墨迹（大）《书画二刻》（纸）
（大）《书锦秀》（纸，梅兰竹菊）
（大）《丹山帖》（纸）
（大）《分体帖》（纸）
（大）《赠书帖》（纸）
丁康、陈纪（大）《四体帖初二集》（纸）
王世贞、朱子百家（片）《凤洲纲鉴》（纸）
吴芝才、周之灿（片）《易知鉴》（纸）
（片）《了凡鉴》（纸）
（大）《了凡鉴》（纸）
（片）《神仙鉴》（纸）
李九我、梧冈（大）《鉴略妥注》（纸）
（大）《明纪本末》（纸）
青霏子（片）《明弹词》（纸）
杨守勤（中）《孔子家语》（纸）
杨守勤（片）《孔子家语》（纸）
（大）《近思录》（纸）
（大）《南华经》（纸）
（大）《庄子因》（纸）
（大）《道德经》（纸）
（大）《百子金丹》（纸）
陈简侯（片）《留青集》（纸）
（大）《行厨集》（纸）
邹可庭、谢梅林（大）《酬锦囊》（纸）
可庭、邹梧冈（片）《酬锦囊》（纸）
谢梅林（小）《酬续编》（纸）
邹汝达（片）《酬精华》（纸）
邹谏果（片）《酬探囊》（纸）
马廉侯（片）《应酬便览》（纸）
黄始静（中）《应酬四六新编》（纸）
（片）《应便书》（纸）
（中）《应酬合璧》（纸）
（片）《酬世宝要》（纸）
（片）《酬八宝》（纸）
（片）《家广类》（纸）
（片）《文公家礼》（纸）
（片）《文家四宝》（纸）
（片）《家礼集要》（纸）
（中）《疑难式帖》（纸）

(片)《联帖贯珠》(纸)
(片)《联合选》(纸)
(片)《诗联集成》(纸)
(片)《对联英雅》(纸)
(片)《对联山房》(纸)
(片)《对汇海》(纸)
黄载庄(片)《对联集成》(纸)
(片)《对联雅品》(纸)
(片)《对联不俗》(纸)
(片)《对采精》(纸)
(片)《对丽句》(纸)
(片)《对丽句》(纸)
(片)《对雅集》(纸)
(片)《桥梓绣林》(纸)
(片)《饮香尺牍》(纸)
(片)《山房尺牍》(纸)
(片)《江湖尺牍》(纸)
(片)《嘤求尺牍》(纸)
(大)《证治淮绳》(纸)
(片)《医金鉴》(纸)
(大)《薛氏医案》(纸)
(大)《冯氏锦囊》(纸)
(大)《张氏医通》(纸)
(片)《张氏类经》(纸)
(大)《东垣十书》(纸)
(大片)《景岳全书》(纸)
(大)《医汇亟》(纸)
(大片)《医法律》(纸)
(大片)《医心悟》(纸)
(片)《医说要》(纸)
(小)《医宝镜》(纸)
(小)《公余医录》(纸)
(片)《华花镜》(纸)
(片)《寿保元》(纸)
(片)《万回春》(纸)
(大)《云林神彀》(纸)
(中)《医从众录》(纸)
(大片)《医方解》(纸)
(大片)《石秘录》(纸)
(大片)《嵩崖尊生》
(片大)《本草纲目》
(片大)《本求真》(纸)
(大)《吕氏医贯》(纸)
(片大)《本备要》
(片大)《本合刻》(纸)
(小)《本经读》(纸)
(大)《灵素医论》(纸)
(中)《医药性》(纸)
《药性赋》(纸)
(中)《汤头药性》(纸)
(片大)《雷公炮制》(纸)
(片大)《伤寒浅注》(纸)
(中)《伤寒论》
(中)《金匮注》(纸)

(大)《叔和脉诀》(纸)
(片)《叔和图注》(纸)
(大)《脉学经考》(纸)
(中)《医学实在易》(纸)
(片)《医脉诀》
(大片)《济阴纲目》
(大)《妇人良方》(纸)
(大)《妇人科》(纸)
(中)《女科旨》(纸)
(小)《新八阵》(纸)
(小)《八阵贬》(纸)
(大片)《医一盘珠》(纸)
(片)《集古良方》(纸)
(片)《集验良方》(纸)
(大)《经验方》(纸)
(片)《海上奇方》(纸)
(片)《醒医六书》(纸)
(小)《医学三字经》(纸)
(片)《外科监》(纸)
(大片)《外正宗》(纸)
(大片)《幼科铁镜》(纸)
(大片)《活幼心法》(纸)
(片大)《幼指南》(纸)
(大片)《幼幼集成》(纸)
(大片)《钱氏小儿》(纸)
(片)《小儿推拿》(纸)
(大片)《嘤百问》(纸)
《铜人针灸》(纸)
(片)《针灸大成》(纸)
(大)《针灸大全》(纸)
(大)《采艾编》(纸)
《痘疹》(纸)
(片)《种痘书》(纸)
(片)《活痘十全》(纸)
(片中)《审眼科》(纸)
(中)《银海精》(纸)
(片)《眼外精义》(纸)
(片)《眼纂要》(纸)
(中)《祝由科》(纸)
(片大)《牛经》(纸)
(片大)《马经》(纸)
(片)《协纪辨方》(纸)
(大)《六壬大全》
(大)《订六壬》
(大)《刘家藏》
(大)《鳌通书》(纸)
(大)《发通书》(纸)
(大)《象吉通书》(纸)
(大)《陈氏藏书》(纸)
(大)《通类情》(纸)
(片大)《神峰阙缪》(纸)
(大)《仪六壬》(纸)
(大)《炉传斗首》(纸)
(大)《催福通书》(纸)

（大）《奇门五总龟》（纸）
（大）《三元选择》（纸）
（片）《选求真》（纸）
（片）《六壬课选》（纸）
（中）《切要通书》（纸）
（中）《诹吉通书》（纸）
（片）《玉匣记》（纸）
（大）《地大成》（纸）
（大）《地理大全》（纸）
（大）《天会元》（纸）
（大）《人子须知》（纸）
（大）《五秘窍》（纸）
（片）《四秘全书》（纸）
（大）《仙□集》（纸）
（片）《地托要》（纸）
（片）《河洛精义》（纸）
（小）《地原真》（纸）
（片大）《地条贯》（纸）
（片）《山法全》（纸）
（片大）《地啖蔗》（纸）
（大）《地易简》（纸）
（中）《山指迷》（纸）
（片）《风水书》（纸）
（片）《天一贯》（纸）
（大片）《一堪舆》（纸）
（中）《堪舆三昧》（纸）
（片）《地录要》（纸）
（中）《穿山透地》（纸）
（中）《搜龙语》（纸）
（片）《地点睛》（纸）
（片）《水法全书》（纸）
（大）《青天白日》（纸）
（片）《乾坤窍》（纸）
（大）《天玉经》（纸）
（大中）《雪心赋》（纸）
（片）《玉亟经》（纸）
（片）《红囊经》（纸）
（大）《青囊经》（纸）
（大）《拨沙经》（纸）
（片）《四弹子》（纸）
（片大）《铝弹子》（纸）
（大）《琢玉斧》（纸）
（大）《不求人》（纸）
（片）《三元地理》（纸）
（大）《地理纲目》（纸）
（大）《金锁秘》（纸）
（大）《顶门针》（纸）
（大片）《罗经解》（纸）
（片）《入地眼》（纸）
（片）《五详明》（纸）
（中）《地五诀》（纸）
（中）《阳藏书》（纸）
（中）《阳井明》（纸）
（大）《滚盘珠》（纸）

(大)《鬼灵经》(纸)
(片)《宅明鉴》(纸)
(中)《放水经》(纸)
(片)《阳三要》(纸)
(大)《鲁班经》(纸)
(大)《地辨正》(大中纸)
(片)《辨补义》(纸)
(大)《双剑阁》(纸)
《长新周地学》(纸)
(大)《玉髓经》(纸)
(大)《果老宗》(纸)
(大)《星会海》(纸)
(片)《五集腋》(纸)
(大)《子四言》(纸)
(中)《子渊海》(纸)
(片)《神峰阙缪》(纸)
(片)《三命通》(纸)
(大)《紫斗数》(纸)
(片)《滴天髓》(纸)
(片)《六示斯》(纸)
(大)《易补遗》(纸)
(大)《卜正宗》(纸)
(片)《卜正宗》(纸)
(片小)《增卜易》(纸)
(袖珍)《袖珍卜易指南》(纸)
(片)《断天机》(纸)
(大片)《神相编》(纸)
(大片)《人相水镜》(纸)
(大)《麻衣相》(纸)
(片大)《柳庄相》(纸)
(大片)《梅花数》(纸)
(小)《先天数》(纸)
(大)《学政全书》(纸)
(片大)《大清会典》(纸)
(片大)《福惠全书》(纸)
(片大)《吏悬镜》(纸)
(片大)《资治新书》(纸)
(片大)《大清律例》(纸)
(大)《名法掌》(纸)
(大)《道光新纂条律》(纸)
(片大)《刑驳案》(纸)
(片中)《致君书》(纸)
(片中)《透胆寒》(纸)
(片中)《惊天雷》(纸)
(中片)《两便刀》(纸)
(片中)《法家书》(纸)
(中片)《洗冤录》(纸)
(大片)《英雄谱》(纸)
(大板)《三国》(纸)
(中)《四大奇书》(纸)
(片)《金批三国》(纸)
(片大)《东列国》(纸)
(片大)《春秋国》(纸)
(大)《东西汉》(纸)

(片)《东西汉》(纸)
(大)《东两晋》(纸)
(中)《前七国》(纸)
(片中)《好逑传》(纸)
(片)《三才子》(纸)
(片)《四才子》(纸)
(大)《金批五才子》(纸)
(片)《五才子》(纸)
(大)《六才子》(纸)
(片)《金批西厢妥注》(纸片片)
(袖珍)《八才子》(纸)
(小板)《八才白圭志》(纸)
(片)《九才子》(纸)
(大片)《封神传》(纸)
(片)《隋唐传》(纸)
(中片)《说唐前传》(纸)
(中片)《说唐后传》(纸)
(片)《说唐复传》(纸)
(中)《说唐三传》(纸)
(大)《说唐三传》(纸)
(大)《征西传》(纸)
(中片)《反唐全传》(纸)
(片)《西游前传》(纸)
(大)《后西游记》(纸)
(大)《上像西游记》(纸)
(大片)《湘子传》(纸)
(大中)《残唐五代》(纸)
(小)《绿牡丹》(纸)
(片)《粉妆楼》(纸片小)
(小中)《南北两宋》(纸)
(片)《飞龙传》(纸)
(片)《万花楼》(纸)
(片)《五虎平西》(纸)
(片)《五虎平南》(纸)
(大片)《说岳传》(纸)
(大片)《精忠传》(纸)
(片)《三下南唐》(纸)
(大片)《金瓶梅》(纸)
(片)《四冠五才子》(纸)
(大)《后浒传》(纸)
(片)《双凤奇缘》(纸)
(小)《慈云走国》(纸)
(片)《四游传》(纸)
(片)《说呼传》(纸)
(片)《三合剑》(纸)
(片)《争春图》(纸)
(大)《平妖传》(纸)
(片)《金石缘》(纸)
(片)《水石缘》(纸)
(中)《天花七才子》(纸)
(中)《玉楼春》(纸)
(片)《五美缘》(纸)
(小片)《二度梅》(纸)

（片）《回文传》（纸）
（片）《英云梦》（纸）
（小）《雷峰塔》（纸）
（片）《两交婚》（纸）
（大小）《十二楼》（纸）
（片）《情梦拆》（纸）
（片）《蜃楼志》（纸）
（小）《驻春园》（纸）
（中大）《草木春秋》（纸）
（中）《真君铁橱记》（纸）
（片）《岭南逸史》（纸）
（大片）《洪武传》（纸）
（片大）《大红袍》（纸）
（片）《女才子》（纸）
（中片）《搜神记》（纸）
（中）《肉蒲团》（纸）
（大）《艳史》（纸）
（片）《警富新书》（纸片小）
（片）《贪欢报》（纸）
（片）《忠烈传》（纸）
（中）《五凤吟》（纸）
（片）《绣鞋记》（纸）
（片）《锦香亭》（纸）
（片）《龙图案》（纸）
（片）《海瑞案》（纸）
（片）《铁花仙史》（纸）
（片）《南史五代》（纸）
（片）《挑灯新录》（纸）
（片）《前红楼》（纸）
（片）《后红楼》（纸）
（片）《复红楼》（纸）
（片）《续红楼》（纸）
（片）《西湖佳话》（纸）
（片）《西湖小史》（纸）
（片）《今奇观》（纸）
（大）《今古奇观纂要》（纸）
（大）《拍案惊奇》（纸）
（大）《传奇六种》（纸）
（片）《镜花缘》（纸）
（片）《恬情集》（纸）
（片）《武功纪盛》（纸）
（片）《靖逆记》（纸）
（大）《东华录》（纸）
（袖珍）《东华录》（省少，纸）
（中）《九度文公》（纸）
（大）《十种传奇》（纸）
（片）《掇白裘》（纸）
（中片）《笑林广记》（纸）
（中大）《博笑珠玑》（纸）
（中片）《解人颐》（纸）
（片）《一夕话》（纸）
（片）《岂有此理》（纸）
（片）《聊斋志》（纸）
（片）《加注聊斋志》（纸）

（片）《批点聊斋志》（纸）
（片）《续聊斋志》（纸）
（片）《子不语》（纸）
（小）《虞初志》（纸）
（片）《谐铎》（纸）
（小）《夜谭随录》（纸）
（片）《奇门遁甲》（纸）
（片）《蠹楼胜览》（纸）

参考文献

[明] 黄仲昭：《八闽通志》，福建人民出版社 1990 年

[明] 冯继科等：嘉靖《建阳县志》，《天一阁藏明代方志选刊》本，上海古籍书店 1962 年

[明] 谢肇淛：《五杂组》，上海书店出版社 2001 年

[明] 余飏：《莆变纪事》，江苏古籍出版社 2000 年

[清] 梁舆等：《建阳县志》，清道光九年刻本

[清] 王士禛：《居易录》，《景印文渊阁四库全书》本，上海古籍出版社 2012 年

[清] 施鸿保：《闽杂记》，福建人民出版社 1985 年

[清] 杨澜：《临汀汇考》，清光绪四年刻本

[清] 郭柏苍：《竹间十日话》，海风出版社 2001 年

张秀民：《中国印刷史》，上海人民出版社 1989 年

朱维幹：《福建史稿》，福建教育出版社 1985 年

[美] 包筠雅：《文化贸易：清代至民国时期四堡的书籍交易》，北京大学出版社 2015 年

谢江飞：《四堡遗珍》，厦门大学出版社 2014 年

中共连城县委宣传部：《中华文化明珠四堡》，2000 年排印本

马云章：《四堡印书业的兴衰梗概》，1984 年手稿本

邹洪镇：《素位堂和素位山房书局》，2001 年打印稿本

《闽汀龙足乡邹氏族谱》，清宣统三年刻本

《范阳邹氏族谱》，民国三十六年木活字本

《长汀四堡里马氏族谱》，民国三十四年木活字本

《惇本堂马氏族谱》，民国二年木活字本

《马氏十二修族谱》，马氏孝思堂排印本

务本堂马烈乾隆三十八年分关

在兹堂马萃仲道光十九年分关

翼经堂马益保光绪年间分关

萃华堂邹步蟾道光年间分关

万卷楼邹邦彦、邹邦钰光绪二十三年分关

大文堂邹翼廷光绪二十三年分关

后　记

回想本书写作过程，特别感谢我的两位老同事唐文彬和林伯苓。唐文彬协助我摘录了千余张的史料卡片并誊抄了我的书稿。林伯苓在严冬里与我同在四堡邹、马两氏祠堂里翻阅族谱，摘录有关四堡人外出售书的资料。感谢为我提供族谱及其他资料的当地耆老及知情者，如邹日升、包发生、邹恒琛、邹火生、邹志春、马卡丹、马启祥、马嘉澍、马经奇等，他们有的已经不在人世，我深深怀念他们。感谢曾到四堡进行田野调查的美国布朗大学历史系教授包筠雅女士，当年她跟我一样年轻，却比我更能吃苦，令人敬佩。后来她到福州，与我交换了大量资料，令我受益匪浅。还有福建省出版局林平女士，帮我录入了部分书稿。

不过，假如没张丽娟、陈明森、李玲等领导的大力支持，本书也是难以问世的，在此也向他们表示诚挚的谢忱。最后，我要将本书献给四堡传统印刷文化保护协会。

吴世灯识于家乡印月楼

2018 年 2 月 5 日